本书获"华南师范大学研究生教材出版经费"资助

危机传播

与

社会治理

李 龙◎著

暨南大学出版社
JINAN UNIVERSITY PRESS

中国·广州

图书在版编目（CIP）数据

危机传播与社会治理 / 李龙著. -- 广州 ：暨南大
学出版社，2025. 6. -- ISBN 978-7-5668-4165-0

Ⅰ. G206；C916

中国国家版本馆 CIP 数据核字第 2025GY8746 号

危机传播与社会治理

WEIJI CHUANBO YU SHEHUI ZHILI

著　者：李　龙

出 版 人：阳　翼
统　　筹：陈绪泉　张慧华
责任编辑：刘　蓓
责任校对：刘舜怡　陈慧妍　王雪琳
责任印制：周一丹　郑玉婷

出版发行：暨南大学出版社（511434）
电　　话：总编室（8620）31105261
　　　　　营销部（8620）37331682　37331689
传　　真：（8620）31105289（办公室）　37331684（营销部）
网　　址：http：//www.jnupress.com
排　　版：广州市新晨文化发展有限公司
印　　刷：广州市友盛彩印有限公司
开　　本：787mm×1092mm　1/16
印　　张：14.375
字　　数：258 千
版　　次：2025 年 6 月第 1 版
印　　次：2025 年 6 月第 1 次
定　　价：59.80 元

（暨大版图书如有印装质量问题，请与出版社总编室联系调换）

前　言

　　危机传播已成为当今社会的重要组成部分，在各行各业都有其发生、发展的痕迹。在复杂的舆论生态中，危机传播不仅是一种舆论状态，在某些特定的条件下，还具备武器的性质——它可以摇身变为一把"凶器"，通过舆论伤害他人。显然，当下的舆情已经嵌入人们的生活中，并不自觉地影响人们的认知和行为，成为人们不得不面对的一种情况。

　　面对百年未有之大变局，我国的舆论生态诡谲多变，并保持较为活跃的态势。社会高速发展过程中，各个群体的利益需求也在变化，对"风吹草动"更加敏感。政策的出台和实施层面都有可能引发舆情。社会热点话题，尤其是经济议题延伸出来的舆情处于多发状态。此外，危机传播主体日趋多元化，身份重叠复杂化，境内外敌对势力相互联动，搅乱舆论生态。网络讨论发声主体呈现多元化的表达倾向，部分网民在互联网上的表达欲强烈，表达方式偏激，对主流价值观造成一定冲击。

　　互联网前沿技术的加持，使得舆论在发酵速度、表达方式、叙事策略、传播渠道等方面发生了巨大变化，给社会治理增添了难度。从情感倾向来看，产生诸多对立情绪，且极易激起网络暴力，使网络舆论呈现"构成更复杂、反转更快速"的特点。从议题来看，"中产焦虑"话题发酵点增多，"普通群体"的法理之争成为社会议题，个体利益冲突冲破网络信息桎梏上升为公共价值追求的社会探讨。从技术驱动来看，算法技术已成为舆情发展的重要工具，信息传播隐匿化明显，敏感信息难以发现，使得舆情的监测与处理难度加大。如何在当前的危机传播中加强社会治理，成为当下迫切需要解决的一个问题。

　　本教材旨在介绍危机传播与社会治理的基本概念及相关理论，在当代语境下探讨危机传播的要素、类型、特征和策略；同时突出危机传播与社会治理的利益相关者的新身份、新变化。数字化时代，舆论生态发生突变，危机传播、社会治理都出现数字化转向，在危机传播中信息的传播样态、渠道等呈现新的特征，为社会治理增加了难度。尤其是谣言在技术的催化下，也呈现新态势、新特征。对此，可以从实践经验中总结治理策略，包括话语修辞、叙事策略等，并从监测预警、处置应对、恢复管理等方面重新厘清危机管理的流程。为了让学生更好地理解危机管理知识并运用于实践，本教材在介绍理论之外还收集并分析了近年来一些具有代表性的突发事件危机管理案例，由此展开深入探讨，在理论与实践的结合中洞察危机传播的内在机制和社会治理的当代内涵。

李 龙

2024 年 10 月

目　录
CONTENTS

第一章

危机传播与社会治理的相关概念及理论

危机传播学科发展的历史由来已久，相关的理论概念也有权威的解释。本章将系统论述危机传播的概念、组成要素、类型、特征、处理原则和策略，为后续的深入分析提供基础支撑。社会治理作为公共管理的动态过程，与危机传播密切相关，危机传播相关理论可以指导公共信息的发布，为社会治理提供参考。危机传播与社会治理相互融合，有助于社会治理主体和社会治理方式的优化和改革，让社会治理体系更加完善、科学、高效。

第一节　危机传播相关概念及理论

一、危机传播的概念

（一）危机传播的概念界定

在社会治理与公共关系领域，危机传播被认为是一项非常重要的任务。危机是所有组织无法回避的挑战，危机传播是组织的义务和责任，也是一种极具说服力的沟通方式，是组织减少或避免舆论危机带来损失的常用方法之一。[①] 在危机事件中，通过各种媒介工具实现组织与公众之间的信任传递与沟通，是危机传播的核心任务之一。[②] 危机传播策略也特指公司、组织或政府在危机情况下，通过信息传播与形象建设来限制危机造成的损害。[③] 罗森塔尔等在《应对危机：灾难、暴乱和恐怖行为管理》中则将危机定义为"对社会体系的基本价值观和规范性行为框架构成严重威胁的事件，需要在时间极端紧张和高度不确定的情况下做出重要决策"[④]。

本书认为，危机传播本质上是指政府、企业或组织在遭遇危机事件时，为减少危机带来的损害与影响，所采取的信息传播、形象塑造，以及问题解决等一系

---

① 付佳，喻国明. 表达的具象度与距离感：危机传播模式中两个关键性变量的效应评测 [J]. 国际新闻界，2022，44（12）：84-108.

② 黄鸣刚，史雯. 危机传播中的受众反应和媒体引导 [M]. 北京：中国社会科学出版社，2021：3.

③ 吴宜蓁. 危机传播：公共关系与语艺观点的理论与实证 [M]. 苏州：苏州大学出版社，2005：249.

④ 罗森塔尔，查尔斯，特哈特. 应对危机：灾难、暴乱和恐怖行为管理 [M]. 赵凤萍，译. 郑州：河南人民出版社，2014：11.

列公共关系策略。在互联网语境下，危机传播呈现出新的形态，指主要单位或主导者在应对危机过程中，充分借助网络平台的力量，进行危机管理、信息扩散与协调、形象塑造，以及资源调配信息的线上发布。

（二）危机传播的组成要素

危机传播的组成要素可归结为：核心要素、次级要素、边际要素、干扰要素。在复杂多变的社会危机传播过程中，相关利益者往往希望通过获取关键危机信息来保障自身权益。然而，在危机传播的框架体系内，传播者与受众之间的信息流动呈现出一种不平衡的状态。更为复杂的是，这种信息失衡现象在多种外部因素的交织影响下，往往会逐渐加剧，给危机管理带来更大的挑战。

1. **核心要素**

危机传播中的核心要素与拉斯韦尔的 5W 传播模式密切相关。[①] 在"5W 模式"中，传播者（who）无疑占据着举足轻重的地位。传播者通过各级媒介积极塑造自身的可信度，以便在危机传播中占据绝对的主导地位。这种主导地位不仅体现在对信息传播途径的控制上，更体现在对信息传播质量、时间节点及真实度的全面操控。作为信息传播的源头及相关人，传播者在信息传播过程中，往往会基于自身的利益和需求，对信息进行筛选和过滤。只有那些符合其规定标准的信息，才能够顺利进入传播的下一环节。这种对信息的筛选和过滤，在一定程度上加剧了信息失衡的现象，使得受众在接收信息时，难以判断其真实性和准确性。

从以往的危机传播事件来看，传播者为了维护自身利益，往往会采取多种手段来有意识地控制信息。例如，通过设置议程来引导公众的关注点，转移公众的注意力；通过与社群意见领袖合作来引导舆论走向，以达到自身的目的。这些手段的运用，使得危机传播中的核心要素问题更加突出。

2. **次级要素**

次级要素在危机传播中同样扮演着重要角色，它们作为核心要素的补充和扩展，共同构成危机传播的复杂体系。这些要素涉及危机信息的起源、传播形式、传播方式、参与者，以及受众的认知和反馈等。

危机信息的起源和传播形式是次级要素的重要组成部分。明确的语言符号在

---

① LASSWELL H D. The structure and function of communication in society ［M］//BRYSON L. The communication of ideas. New York：Harper & Row，1948：37-51.

不同的语境下可能会与其本意发生偏移或扭曲，这为危机信息的传播带来挑战。此外，随着时代的发展，传播者使用的符号承载着越来越多的语义，这增加了误导和偏颇传播的可能性。有的传播者甚至刻意利用语言符号的缺陷，模糊信息概念、传播错误信息，进而淡化主体责任，模糊危机程度，以此误导受众。

编码—解码的过程也是次级要素在危机传播中不可忽视的一环。在危机传播中，传播者通过编码将意图转换为符号语言，这一过程充满主观性。危机传播的议程设置往往是预先规划好的，对受众而言可能是一种幻象。传播媒介在传播链中扮演着重要角色，但其往往在利益驱使下选择性地传播有利于自身的信息，隐瞒不利信息。这种信息筛选和审查的过程看似掌握在传播媒介手中，但实际上真正的把关权仍掌握在一级传播者手中。

在危机传播中，受众的认知和反馈也是次级要素的重要组成部分。受众知识水平和信息获取渠道的不同，导致他们对语言符号和语义陷阱做出甄别的程度不同，部分受众往往容易被传播者误导，难以用理性的态度看待危机。次级要素在危机传播中发挥着重要作用，它们与核心要素相互交织，共同影响着危机传播的效果。

3. 边际要素

边际要素是危机传播过程的外围因素，对危机传播的整体效果起着不可忽视的作用。它们涉及参与者的目的、背景、经验，以及危机传播发生的具体场域、传播制约机制等。简而言之，边际要素可以概括为劝服目的、劝服场域、劝服参与者、劝服流程等。

在危机传播中，随着危机的扩散，公众对危机事件的信息需求往往会急剧增长，这种现象被形象地称为危机的"酵母效应"。当重大危机事件发生时，公众迫切希望获取尽可能多的相关信息，以满足对危机事件的认知和应对需求。然而，若信息来源匮乏或信息质量不高，往往会引发公众强烈的危机感，甚至导致谣言纷飞和群体行为的混乱。如新冠疫情暴发初期，公众对健康信息的渴求达到前所未有的程度，但由于信息渠道不畅或信息内容不清晰，导致一系列社会乱象的出现。这种情况下，公众无法从千篇一律的新闻报道中获得安全感，反而加剧危机感的滋生。

此外，在危机社会中，人类心理在压力之下往往会产生外在投射，表现为对生活环境突变的恐惧。这种恐惧不仅源于自然灾害，还可能涉及医疗卫生、食品安全、教育等多个方面。在某种程度上，这种恐慌成为推动危机社会发展的重要驱动力，促使人们结成暂时的共同体，试图以群体的力量争夺话语权。然而，这种尝试往往以失败告终，反而加剧公众的焦虑和无助感。

值得注意的是，危机并不会因受众的探求与否而消失。当受众长期得不到信息需求的满足时，其对危机的恐慌和警惕最终可能转变为冷漠和麻木。这种情绪状态不仅影响个体对危机的认知和应对能力，还可能对整个社会产生负面影响。同时，面对危机的恐惧，受众往往选择通过群体的力量来表达自己的声音和情绪，以掩盖内心的害怕，然而，这种群体行为往往缺乏理性和思考，受众容易被情绪所驱动，从而导致盲目从众和错误信息的传播。

因此，要充分考虑边际要素的影响，在危机传播中加强信息管理和传播策略的制定。通过提供准确、及时、全面的信息，满足受众的信息需求，缓解其恐慌和焦虑情绪。同时，要引导受众理性思考和判断，避免盲目从众和错误信息的传播。

4. 干扰要素

干扰要素，即"噪音"。噪音，这一既客观存在又难以捉摸的现象，跨越了媒介、艺术、政治、声学及文化等多个领域，在各领域都有不少相关论述。[①] 不过，当前学界对"噪音"这一概念并没有统一的定义。在危机传播体系中，任何阻碍有用信息顺畅流动的因素，以及非信息原有意图的附带成分，均可被视为干扰或噪音，这一要素与危机传播的其他要素紧密相连。这些干扰要素可能来自外部环境的变化、其他利益相关者的介入，以及受众自身的认知偏差等。干扰要素的存在进一步增加了受众判断传播信息正确与否的难度，使得危机传播变得更加复杂和难以预测。

新媒体和传统媒体的跟进，使危机事件的传播系统具有噪源泛化、噪音强化的特征。[②] 在全球风险社会的大背景下，各类突发性强、破坏性大、聚合性高、传播速度快、牵连性广的危机事件通过与互联网、物联网等数据信息系统的频繁交互，使得噪音裂变式传播的现象尤为显著。这种噪音裂变式传播不仅干扰了信

---

① 吴红涛. 喧嚣太多：资本主义噪音传播的批判性检视［J］. 现代传播（中国传媒大学学报），2023，45（9）：62-70.

② 田新玲. 突发公共事件中"噪音"的传播与消解：以"日本强震引发核泄漏危机"为例［J］. 当代传播，2011（3）：47-49.

息的有效传递，而且可能加剧危机的风险和不确定性，使得危机处理与应对变得更加复杂和困难。

在传播过程中，噪音流的存在不仅会阻碍准确、真实信息的有效传递，还有可能放大传播事件的影响范围，从而加剧危机传播的复杂性和不确定性。同时，噪音的存在使得缺乏相关专业知识的受众难以分辨信息真假，无论是全盘接受还是全盘否定，都会带来负面影响，同时会反过来削弱其本身的正面价值。① 深入研究噪音的来源、干扰方式及其对危机传播的具体影响，对于优化危机传播策略、提升危机传播效果具有重要意义。因此，通过揭示噪音的本质和作用机制，传播者可以更有针对性地采取措施，减少其负面影响，确保危机信息能够准确、及时地传递给受众，为有效应对危机提供有力支持。

（三）危机传播的类型

对于危机传播类型的划分，本书根据"人与环境的复合标准"把危机传播行为划分为人为与非人为的标准、内部与外部的标准②，共四类。分别是 AOC 外部人为因素造成的危机传播；AOD 外部非人为因素造成的危机传播；BOC 内部人为因素造成的危机传播；BOD 内部非人为因素造成的危机传播。

图 1-1 中的 O 代表"燃点"（burning point），为危机传播中的要件。根据学者牛文元提出的社会燃烧理论，危机传播的燃点是引起社会动乱无序的基本动因，即社会个体之间关系不协调与社会个体与自然关系不和谐等动因。③ 目前，一些媒体做出违背新闻伦理与法规的行为，诸如发布误导公众的、夸大其词的信息。非理性的观点发布与为追名逐利而制造新闻等，被称为社会动乱中的导火线或"燃点"。燃点越低则危机爆发的可能性越高，燃点越高则危机爆发的可能性越低。危机事件传播的"高低"取决于该危机事件的社会民众预期。危机首先是由一个事件引起，随着事件的信息传播，周围有一定的参与能度，参与能度达到一定的浓度后，变成突破燃点 O 的趋势。

---

① 董天策，班志斌. 自媒体传播在公共卫生事件中的信息噪音：以《疫苗之殇》大讨论为例［J］. 新闻记者，2016（5）：64-66.

② 胡百精. 危机传播管理：流派、范式与路径［M］. 北京：中国人民大学出版社，2009：12.

③ 牛文元. 社会物理学与中国社会稳定预警系统［J］. 中国科学院院刊，2001（1）：15-20.

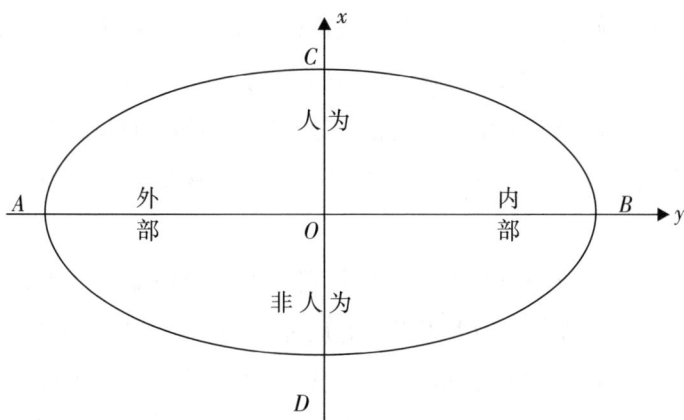

图 1-1　危机类型的划分模型

图 1-1 中的 x、y 轴分别揭示了危机类型系统中危机生存与扩散的开放性和动态性特征。在 x 轴的描绘中，箭头自 A（外部）指向 B（内部），这象征着危机总是由外部逐渐渗透至内部。由于危机传播行为的内部核心在于主体，因此，无论是外部还是内部引发的危机，最终都将转化为内部危机。在 y 轴的描绘中，箭头从 D（非人为因素）延伸至 C（人为因素），这体现了危机传播过程中人为因素与非人为因素的交织作用。尽管危机传播可能受到非人为因素的影响，但鉴于危机传播行为的主体始终是人，这些因素最终都会转化为人为因素。

在危机传播理念的指导下，社会主体应公开透明地处理危机。因为危机的产生往往源于复杂的内外因素相互作用，涉及量变和质变的过程。此外，解决危机所需的资源同样具有复杂性，需要有效地整合内部和外部的多种资源。所以，对于社会主体而言，深入理解危机类型划分的内涵，将有助于更好地应对和化解危机，维护社会的稳定与和谐。

1. AOC 外部人为因素造成的危机传播

AOC 外部人为因素引发的危机，源于外部环境变化与人为行为的相互作用，具体表现为外部造谣中伤、政策变动等人为压力因素所引发的危机传播事件。此类危机涵盖多个方面：限制性法规的出台，如 2021 年国家对教培行业的整顿与限制；市场震荡，如股票与能源价格的大幅波动，导致大范围地区经济受创，进而引发金融危机；金融风暴，如 1997 年亚洲金融危机的世界性影响；恶意竞争，市场中同行间不当竞争行为，扰乱市场秩序，如 2021 年山东省电动汽车充电市场低价竞争事件；媒体发难，媒体对企业进行不实报道，放大负面信息，如2023年部分自媒体对比亚迪新能源品牌汽车的恶意测评报道；社会抗争，冲突性社会公关危机的爆发，伴随暴力化与极端化趋势；造谣中伤，媒体或个人使用侮辱性语言与误导性信息攻击特定对象，如2021年部分自媒体对顺丰快递公司的造谣事件。

外部人为因素危机的特点在于其由不稳定的外部环境与具体的人和事物触发。值得注意的是，外部人为因素引发的危机最终往往会转化为内部危机。这是因为外部环境的不稳定性与攻击性会造成内部环境的紊乱与崩溃，诸如媒体发难、金融风暴等危机事件会直接冲击企业或组织本身，导致其内部发生危机。因此，在应对外部人为因素危机时，需要综合考虑内外部因素，采取有效的危机管理措施，以维护企业或组织的稳定与发展。

2. AOD外部非人为因素造成的危机传播

AOD外部非人为因素所引发的危机传播中，不可抗力因素占据着重要位置，如地震、海啸、干旱、洪涝等自然灾害。这类危机以极低的稳定性和强大的破坏性而著称，往往能够在短时间内引发广泛的社会关注和恐慌，属于最为棘手且难以应对的危机类型。与人为因素引发的危机相比，自然灾害的发生往往不受人类意志控制，其发生时间、地点、规模及影响范围均难以预测。这种不确定性使得危机管理面临着巨大挑战，需要响应者在短时间内做出快速而准确的决策。同时，不可抗力因素所引发的危机具有强大的破坏性。地震、海啸、干旱和洪涝等自然灾害不仅直接威胁着公众的生命财产安全，还可能导致基础设施瘫痪、社会功能紊乱及经济活动停滞。更严重的是，这类危机的传播效果极为显著。在信息高度发达的今天，自然灾害一旦发生，其相关信息便会迅速通过各种媒介传播至全球各地。这种广泛传播不仅会引起公众的广泛关注和恐慌，还可能激发社会舆论的负面效应，甚至引发社会动乱。

在应对这类危机时，不仅需要关注其直接破坏力，还需要密切关注其传播效果对社会稳定的影响，需要充分发挥"时势造英雄"的效应，即借助危机中的关键时刻，展现出组织和领导者的决策能力、应对水平和社会责任感。通过及时、准确、有效地解决社会危机，赢得公众的理解与支持，这不仅能够缓解危机带来的负面影响，还能够提升组织形象，增强社会信任。对不可抗力因素导致的外部非人为因素危机，我们需要保持高度警惕，制定科学的应对策略，确保在危机发生时能够迅速、有效地做出反应，以最大限度地减少损失，维护社会稳定和公众利益。

3. BOC 内部人为因素造成的危机传播

内部环境变化与人为行为导致的危机为 BOC 内部人为因素危机，具体表现为由内部精英管理失误、人为错误等内部人为压力因素导致的危机传播事件。危机管理与传播的主体是人，故而危机管理与传播中由人为因素造成的危机也更加复杂。具体包括战略决策危机，如 1962 年古巴导弹危机，苏联的战略决策使世界处于核战争的边缘；运营管理危机，如 2019 年韬蕴资本发布通知，表示公司现有团队难以继续运营，融资自救失败，公司出现运营危机；财务危机，企业无力按时偿还到期的无争议债务而陷入财务困境，如 2017 年齐星集团债务危机恶化，导致 7 家关联公司进入破产整顿状态；人力资源危机，外界环境与人力资源本身综合的结果危机，如 2003 年乐华电子进行中国家电企业第一场渠道变革，改变人力资源模式，结果导致乐华电子销售大幅锐减并引发债务等系列危机；内部文化认同危机，民族文化认同脆弱，演变成文化危机，如改革开放初期国内思想文化建设尚未完善，受到国外思潮涌入的影响，败坏社会风气，在国内内部产生信仰危机和文化认同危机；[①] 等等。

这类危机的特点是组织内部人为疏忽所导致的危机爆发，具有紧迫性与破坏性。因此，在处理内部人为因素引发的危机时，需要迅速组建由专业人员构成的危机处理团队，立即展开详尽调查以明确事实真相，并根据调查结果制定恰当的应对策略，包括信息披露、舆情引导、法律应对等。同时，必须审视和加强内部管理，完善制度流程以防止类似事件再发生。通过及时、坦诚的沟通，重建公众对组织的信任，并持续改进组织的危机管理能力和风险防范能力。

4. BOD 内部非人为因素造成的危机传播

BOD 内部非人为因素引发的危机，通常指的是由于企业或组织内部环境变动、技术故障或设备自然老化等非人为、非故意行为导致的意外性危机事件。这类危机包括生产设备突然失控、计算机系统崩溃、电力供应中断、自然灾害导致的设施损坏等，它们往往在企业或组织毫无预料和准备的情况下发生。它们属于意外性危机范畴，即企业或组织在无意识状态下遭遇的危机。尽管这些危机并非

---

① 周留征，刘江宁. 当代中国文化认同危机的历史成因与现实对策 [J]. 山东社会科学，2013 (8)：90-94.

企业或组织故意为之，但在面临此类危机时，企业或组织仍需承担一定责任。

在处理这类危机时，企业或组织不仅要关注短期应对措施，还需从长远角度审视企业或组织运营管理和风险控制体系，查找漏洞，加强防范，避免类似事件再次发生。此外，企业或组织还应积极履行社会责任，对受损公众和利益相关者进行必要的补偿和安抚，以维护自身的声誉和形象。总之，内部非人为因素危机虽然具有不可预测性和偶然性，但企业或组织仍需通过全面的危机管理策略，及时、有效地应对这些危机，以保障自身的正常运营和可持续发展。

（四）危机传播的特征

1. 突发性

美国学者劳伦斯·巴顿（Laurence Barton）讲道："危机是具有潜在负面影响的重大不确定事件，连同其后果可能会对组织及其员工、产品、服务、资产和声誉造成一定损害。"[①] 危机事件往往出人意料，难以预测。危机事件分为自然灾害、人为因素造成的危机和在自然灾害基础上的人为危机，无论是自然灾害还是人的行为，在许多时候依然难以预知危机到来的时间及其带来的破坏力。并且危机传播的突发性大多表现在危机曝光阶段，如果这一阶段能够及时进行危机处理，就能够使危机传播尽快平息。但是由于当前信息传播迅速，很多时候企业、组织或个体还未来得及做出反应，危机相关舆情便已在社交媒体、新闻网站等平台上迅速蔓延开来，形成一股难以逆转的舆论风暴。

在数字化背景下，危机传播的突发性与广泛的信息来源密切相关。随着互联网的普及和社交媒体的发展，危机信息的传播不再局限于传统媒体，而是扩展到各种渠道和平台。社交媒体、网络媒体、各种垂直媒体和社区论坛等都可能成为危机信息的发源地，这使得企业或个人难以全面掌握危机信息。首先，社交媒体成为危机信息传播的重要阵地。微博、微信、抖音等平台上的用户数量庞大，信息传播速度快，使得危机事件能够迅速在这些平台上扩散。无论是文字、图片还是视频，都能成为危机信息的载体，被大量转发和评论。其次，网络媒体和新闻网站也是危机信息的重要来源。这些平台通常拥有专业新闻采编团队，能够迅速报道危机事件，并提供详细的分析和解读。同时，它们还通过链接和引用其他媒体

---

① BARTON L . Crisis management：preparing for and managing disasters ［J］. The Cornell hotel and restaurant administration quarterly，1994，35（2）：59-65.

内容，进一步丰富了危机信息的来源。最后，论坛、博客等社区平台也是危机信息传播的重要渠道。这些平台上的用户往往对特定领域或话题有浓厚的兴趣，其发布的帖子和评论往往能够引起其他用户的关注和讨论，进而推动危机信息的传播。

2. 破坏性

不论舆情如何演变，危机事件的发生不可避免地会对相关组织和个体造成经济、声誉等多重损失。以 2007 年的"纸包子事件"为例，尽管最终被证实为假新闻，但在一段时间内仍对公众的食品安全信任造成影响。这种影响不仅体现在对相关组织经济声誉的破坏上，更体现在公众的信任瓦解，其修复往往需要漫长的过程。可见，危机传播对于社会信任体系的重要性不言而喻。当危机事件发生时，信息传播和接收过程往往伴随着公众的情感反应和认知变化。虚假新闻或误导性信息的传播，即便最终被澄清，也可能在公众心中留下难以磨灭的阴影，对相关组织和行业造成长期的负面影响。

同时，危机传播的破坏性通常贯穿传播的整个过程，尤其是危机事件爆发阶段。如演员张哲瀚于 2021 年 8 月被爆出曾去日本乃木神社参加朋友婚礼，还与同来参加婚礼的黛薇夫人合影。对真相的渴求驱使公众通过张哲瀚相关的信息深挖出各种各样的蛛丝马迹，使得危机事件对于其声誉的破坏性增加，其也因不当行为而遭到"封杀"。

当与公众生命财产接近的重大危机事件爆发后，由于危机的突发性和未知性，以及对自身的威胁使得公众对于相关信息有着更高的需求，还会呈现出"危机信息渴求综合征"，具体表现为：一是渴望尽快获知危机事件信息；二是渴望获知大量有关危机事件信息；三是不加分辨获知危机事件信息。例如，"某校学生坠亡"事件刚发生时只有死者家属的单方面说法，大众只能从死者家属的发言中深挖，即使后来校方和官方发表了声明，也未能使事件热度下降，甚至由于声明态度"冰冷"而受到"讨伐"。可见，当危机事件中的相关组织及个体未能充分满足公众对信息的渴求时，公众往往会对危机相关信息进行深挖。同时，部分个体为迎合公众的求知欲，甚至伪装成相关人士造谣。这些行为不仅可能误导公众，还会对产生危机的组织或个体的声誉与财产造成严重破坏。

3. 聚合性

危机往往蕴含着"危险"与"机遇"双重性质，危机处理得当反而能转化为企业的转机。以"猫大力事件"为例，2021 年 11 月 4 日，微博用户"女高工"发文控诉家中猫咪食用"猫大力"产品后呕吐并死亡，而商家起初未给予补偿。此事在社交媒体上持续发酵，11月9日，"女高工"继续发文控诉并透露其受到商家威胁。直至"双十一"期间，商家才做出正式回应，创始人详细解释了事件经过，并主动提出愿意配合警方和律师收集证据，甚至邀请对方到工厂验货。此外，商家还公开了自家产品的相关检验报告，坦诚表明因产品下架导致的损失和困境。此番回应后，"猫大力"的风评显著转变。不仅有前员工为创始人发声，更有大量网友出于同情和补偿心态购买其产品。这种危机处理方式堪称典范，不仅有效化解了危机，还将危机转化为一种宣传手段，为品牌赢得了更多的关注和支持。

然而，并非所有的危机事件都能成功实现从"危险"到"机遇"的转化。如若放任自流，其潜在后果可能极为严重，甚至对社会的稳定与发展大局构成威胁。以"演员郑爽代孕事件"为例，不仅曝出郑爽涉及代孕的违法行为，还牵扯出签订阴阳合同、偷税漏税等更深层次问题。当时，除了代孕这一伦理议题引发广泛的社会讨论外，娱乐圈的天价片酬现象也引起了强烈争议。事件的进一步发展甚至引起国家税务总局介入调查。在这一过程中，热点事件产生聚合效应，即一个事件往往会引发其他相关议题的集中爆发和讨论。

4. 迅捷性

数字化时代，信息交流的便捷性大大提高了危机事件的传播速度，使得危机从初现端倪到全面爆发的时间大幅缩短。得益于互联网的普及和移动设备的便携性，任何危机事件一旦发生，相关信息便能通过微博、微信、抖音等社交媒体平台迅速传播。这种即时性使得危机传播的范围扩大，其影响力在短时间内就能达到顶峰，对企业或个人的声誉和利益构成严重威胁。例如，2021年3月奔驰汽车因产品质量问题宣布召回部分产品。短短几个小时内，相关话题便登上微博热搜榜，阅读量迅速攀升。同时，各大新闻网站也纷纷报道该事件，进一步推动信息传播。2023年7月，游戏装备巨头雷蛇（Razer）发生大规模数据泄露。由于数据的敏感性和重要性，该事件引发网友高度关注，相关信息在各大媒体平台上被迅速传播和讨论。2023年9月，电商主播李佳琦因不当回应直播间观众对某品牌眉笔价格的质疑，迅速引发热议。微博等社交平台上的相关话题阅读量在短时间内飙升，突破80亿大关，相关讨论量高达44.7万，呈现出井喷式态势。

此类事件充分展示了数字化时代危机传播的速度之快、范围之广。即使是个人言行，在特定情况下也可能迅速演变为公共危机事件，对涉事个体和相关品牌造成严重的声誉和经济损失。因此，对于个人和组织而言，增强危机意识和应对能力显得尤为重要。在危机发生时，需要迅速、准确地掌握舆情动态，采取有效应对措施，以最大限度地减少负面影响，维护自身形象和利益。

5. 牵连性

危机的牵连性是指不同危机事件间存在关联性和因果联系。这种牵连性不仅会对相关部门产生深远影响，还可能引发一系列连锁反应，使单一危机事件迅速扩散为多个相关危机。具体而言，牵连性主要包括同质牵连、因果牵连和扩散牵连：同质牵连是指因参与危机的人员、事件或产品具有相同或相似的特性而引发的相互关联，这种牵连性不仅加剧了危机的复杂性，还使得相关主体在应对时面临更大挑战；因果牵连是指一种危机事件直接引发另一种相关危机的爆发，这种因果关系的存在使得危机事件往往呈现出连锁反应的特点，扩大了危机事件的影响和危机传播的范围；扩散牵连则是指危机事件在社会心理上的扩散和延伸，当某一危机事件发生时，人们的恐惧和恐慌情绪往往会迅速蔓延，从而将原本的危机扩展到其他并不直接相关的领域。

6. 全球化

随着互联网的普及和全球化趋势的加强，危机事件也不再局限于某个地区或国家，而是迅速传播到全球范围，引发国际社会的广泛关注。同时，网络智能语言翻译服务使得信息传播跨越语言障碍，实现危机信息的全球化传播。危机传播全球化的特征主要体现在两个方面：第一，互联网的开放性和连通性使得危机信息能够在全球范围内自由流动。无论是国内危机事件还是国际危机事件，只要有网络存在，相关信息便能迅速传播到世界各个角落。这种无国界的传播方式使得危机事件的影响范围迅速扩大，不再受地域限制。第二，全球化的社会环境也促进了危机传播的全球化。在全球化背景下，不同国家和地区之间的文化交流和信息共享日益频繁。危机事件往往能够触动人类的共同情感和关切，引发全球范围内的共鸣和讨论。这种共鸣和讨论进一步推动危机信息的传播和扩散，使危机事件成为全球性的话题。例如，2011年日本核泄漏事故发生后，相关信息迅速通过国际媒体和网络平台传播到全球各地，不仅引发了全球的关注和讨论，也促进了国际社会对核安全问题的重视和合作。

（五）数字时代的危机传播

在数字化浪潮的推动下，危机传播的形态呈现出前所未有的多元化和复杂化。这些新兴的传播形态不仅深刻反映了危机传播在数字时代的新特点，还揭示了社会治理所面临的新挑战。从传播途径来看，危机传播在数字化背景下主要表现为新媒体危机传播、传统媒体危机传播和非数字化危机传播。

新媒体危机传播是数字化时代最为显著和普遍的危机传播方式。微博、抖音、小红书等社交平台凭借庞大的用户基数和高效的传播机制，使得危机信息能够在极短的时间内迅速扩散。这些平台不仅为公众提供了获取危机信息的便捷渠道，也成为公众表达观点、情绪和态度的主要场所。在危机事件中，社交媒体上的舆论走向和情绪变化往往成为影响危机发展的重要因素。此外，公众号、视频号等自媒体渠道为个体或组织提供了发声的平台，使得危机信息能够以更加多元、灵活的方式传播。新媒体危机传播具有传播速度快、互动性强等特点，但同时存在信息真实性难以保证、舆论导向难以控制等问题。

尽管传统媒体在数字化时代受到了一定的冲击，但其在危机传播中仍然扮演着不可或缺的角色。电视、报纸、广播等传统媒体凭借其权威性和公信力，在危机传播中发挥着引导舆论、稳定人心的重要作用。特别是在危机发生初期，当公众对事件了解不足时，传统媒体的报道和解读往往能够影响公众对危机的认知和态度。

非数字化危机传播虽然不如线上传播迅速和广泛，但在某些情况下以线下的形式发挥着重要作用。面对面交流、电话沟通等传统人际沟通方式在危机传播中具有直接、深入的特点，能够更有效地传递信息和情感。在危机事件中，非数字化危机传播往往成为个体或组织之间沟通、协调和解决问题的主要方式。

此外，随着技术不断发展和创新，新的危机传播途径也不断涌现。例如，虚拟现实（VR）、增强现实（AR）、人工智能（AI）等新技术可能为危机传播带来全新的体验和形式。

二、危机传播理论流派与理论模型

(一) 危机传播理论的两大流派

管理流派和传播流派是危机传播管理发展过程中的两大核心流派。管理和传播在字面意义上就存在着不同，管理是指在一定组织和策划下，合理分配以达成目标的过程。而传播则是指传播者与受传者之间，利用一定的途径进行有目的信息传送的过程。因此，管理流派和传播流派存在非常大的差异。

从理论视角来看，管理流派强调组织内部的管理和决策，关注危机管理的策略、资源分配和组织结构等方面。它从组织角度出发，探讨如何在危机中进行有效的管理。传播流派则更关注传播过程中的信息传递、互动和影响。它从传播角度出发，研究如何在危机中进行有效的传播。从方法论的角度来看，管理流派通常使用管理学的方法和工具，如组织行为学、危机管理模型和决策理论等，以增强组织对危机的抵御力和应对能力。传播流派则借鉴传播学的方法和理论，如公共关系、传播规划和传播效果评估等，以提供有效的危机传播策略和实施方案。两个学派的研究重点也各不相同，管理流派注重组织的内部因素，如组织结构、领导行为和员工管理等，以及与外部利益相关者的关系管理。它研究如何规划和组织资源来管理危机，以最大限度地减少损失并保护组织声誉。传播流派则更关注危机传播中的信息传递、意义构建和公众态度等方面，以理解公众对危机的认知和反应，并制定相应的传播策略。

可以说，两个流派在危机传播管理中相互影响和交叉，二者的结合对于有效处理和管理危机至关重要。在现实应用中，管理流派和传播流派的理论和方法可以相互融合，以实现最佳的危机传播管理效果。

1. 管理流派

管理流派主要是针对"事"。危机事件发生后，管理流派会对该事件进行一定的了解，并制定相关的策略，而且还需要具备执行这些策略的条件，如拥有自己的专门技术小组，在对事件进行深度了解后给出一份长远的方案并且执行，这份方案必须非常明确关于这次事件的制度、技术等方面的具体安排。具体而言，我们可以从以下四个方面去理解危机传播的管理流派。

第一，管理流派认为危机传播中的公关活动至关重要。管理流派所注重的危机公关旨在通过媒体管理、舆论引导和危机信息的发布等手段，控制和引导公众舆论，形成有利于组织的声誉恢复和危机解决的社会氛围。第二，管理流派强调及时、准确、透明地向公众传递危机信息。这包括及时发布危机声明、提供详细的情况说明，以及回应公众关注的问题等。有效的危机信息管理可以帮助组织掌握舆情动态，减少谣言和误解的传播，维护组织的公信力。第三，管理流派还特别强调危机管理团队的重要性。危机管理团队通常由高级管理人员、公关专家和法律顾问组成，他们负责协调和执行危机管理策略。该团队需要具备危机沟通和危机管理的专业知识和技能，以确保危机得到适当的处理和解决。第四，管理流派还关注媒体在危机传播与管理中发挥的重要作用，他们认为与媒体的良好关系对于危机传播至关重要。组织需要积极与媒体互动，建立良好的沟通渠道和合作关系，以便在危机发生时能够得到及时、准确的报道和信息传递。

2. 传播流派

传播流派则是从"人"出发，认为一场危机之所以会爆发是因为有人扰乱了秩序。人是导致这场危机的主要原因，那么这场危机的损害就不仅仅是得失的问题，更多是建立在信任、尊严、价值观等与人相关的问题上。这就意味着危机事件发生后，传播流派会更提倡人性化地解决问题，对该事件的内外利益相关者进行沟通，并且制定一种可以快速恢复相关形象的策略方法，以重新建立互相之间的共识和信任。

具体而言，传播流派主要具备以下特点：第一，注重情感与态度的传播。传播流派认为，危机传播中的情感因素对公众的反应和态度起着重要作用。在危机传播中，组织应该采取适当的情感传播策略，包括关怀、共情、道歉等，以改善公众对组织的看法。第二，与管理流派较为相似的是，传播流派也强调对危机信息进行有效处理和解释，重视媒体在危机传播中的作用。危机传播中的信息处理对公众的认知和判断具有重要影响。组织应该积极回应媒体和公众的疑虑和质疑，解释危机的原因、后果和处理措施，以减轻公众的焦虑和不信任。媒体报道对公众对危机的认知具有至关重要的影响力。在危机传播中，组织应该与媒体保持密切沟通，提供准确的信息和资料，引导媒体在报道中传递正确的信息。第三，随着数字网络技术的发展，传播流派也关注社交媒体在危机传播中的作用。社交媒体是一种强大的传播工具，可以迅速传播信息并影响公众的态度。组织应该积极利用社交媒体平台，与公众进行互动和交流，及时回应和纠正虚假信息，以维护组织声誉。

简单来说,管理流派和传播流派最为明显的差异就在于:前者更多在于事,它的核心是对于配置、权力的管理,是一个更为完整的策划,目的是稳住事态的发展,让事态可以逐渐得到控制;而后者则更多在于人,是与人格的一种对话,会更加生动、有感染力,它注重与人的沟通,目的在于让传受双方产生共识,从而重新建立信任感。

(二) 危机传播模型及理论

1. 危机传播的四阶段模型

斯蒂文·芬克(Steven Fink)在 1986 年提出了危机传播的四阶段模型[①]:危机潜伏期、危机突发期、危机扩展期和危机解决恢复期。不同阶段的危机蔓延呈现出不同特征。第一阶段即危机潜伏期,这个阶段危机最容易应对,但也最不引人注意。在潜伏阶段,危机尚未完全形成或被公众察觉。这个阶段通常以事态的出现和媒体报道的开始为标志。在这个阶段,组织需要及早发现潜在的危机迹象,并采取相应的行动来阻止和管理危机的发展。第二阶段即危机突发期,这个阶段时间最短,但对人的心理影响最严重。在危机突发阶段,危机开始扩大影响范围,并受到媒体和公众的广泛关注。媒体报道和社交媒体的传播成为危机传播的主要渠道,危机的影响开始蔓延。在这个阶段,组织需要积极回应媒体和公众的关切,提供准确的信息,并采取措施控制危机的扩散。第三阶段即危机扩展期,这个阶段的长短取决于危机管理和危机公关的及时性和有效性。这一阶段危机管理的有效性与危机造成的损失成反比。在此阶段,危机达到最高峰,吸引了最高的关注度,媒体报道和公众讨论也达到最高峰。组织需要采取紧急措施,处理危机现场,及时更新信息,并及时与媒体和公众互动。第四阶段即危机解决恢复期。在此期间,危机已完全化解,但如果危机的主要机构不予以密切关注,可能会导致第二次危机的爆发。芬克将危机的蔓延总结为一个全面的周期性过程。在后续阶段,危机逐渐平息,媒体报道和公众的关注逐渐减少。组织可以开始从危机中恢复,并采取措施修复声誉和关系。组织需要进行事后总结和评估,以了解危机管理的成效,并采取措施避免类似的危机再次发生。

---

① ABOUDZADEH N, SHOSHTARI A H, HASHEMNIA S. Crisis management: planning for the inevitable [J]. Management science letters, 2014, 4 (6): 1191-1196.

2. 焦点事件理论

1997年，托马斯·伯克兰（Thomas Birkland）焦点事件理论①的提出，确立了危机传播研究的另一个视角。他提到了在促进公共政策辩论方面发挥关键作用的突然和不可预测的事件，并将其称为"焦点事件"。他从危机带来的积极意义解释了危机的影响。他认为焦点活动在设置公共问题方面发挥着重要作用，媒体对焦点事件的采访和报道无疑会吸引和产生舆论，从而鼓励政府或组织采取措施解决焦点所反映的问题。建立激励机制以改善相关公共政策。与此理论具有相关性的是由美国传播学者麦克斯·麦科姆斯（Max E. McCombs）和唐纳德·肖（Donald L. Shaw）于1972年提出的议程设置理论②，该理论认为媒体的报道能够塑造公众的议程和关注重点。媒体通过选择和强调特定的新闻事件，成功地将这些事件置于公众的视野之中，从而引起公众对这些特定问题的关注。根据这一理论，媒体不仅影响了公众对事件的看法，更重要的是决定了公众关注的重点和议程。这一理论的基本假设有三个要点：媒体对事件的选择和报道会影响公众对事件的认知和关注；媒体的报道不会直接改变公众的态度和意见，但会塑造公众对事件重要性的关注程度；媒体报道的议程会影响公众的议程，即媒体决定了公众所重视的问题和关注的重点。通过焦点事件理论和议程设置理论，我们可以看到媒体如何通过报道的选择和强调来影响公众的关注和意识形态。这一理论对于研究媒体的社会影响以及公众舆论的形成有重要意义，常用于分析危机事件中媒体对社会议程的塑造和影响，并在当前社交媒体环境下的危机传播中得到了证实。

3. 情境危机传播理论

危机沟通策略的早期研究人员提莫西·库姆斯（W. Timothy Coombs）等提出了情境危机传播理论（situational crisis communication theory，SCCT）。该理论将危机责任视为危机情境和策略的基础，并以公众为核心，对危机情境和危机策略进行分类。危机可以分为三类：受害者危机、意外危机和可预防危机。三种不同的危机情境与不同的危机责任决策相关联。③ 因此，情境危机传播提出了三种不

---

① BIRKLAND T A. After disaster: agenda setting, public policy, and focusing events [M]. Washington, D. C.: Georgetown University Press, 1997.

② MCCOMBS M E, SHAW D L. The agenda-setting function of mass media [J]. Public opinion quarterly, 1972, 36 (2): 176-187.

③ COOMBS W T, HOLLADAY S J. Helping crisis managers protect reputational assets: initial tests of the situational crisis communication theory [J]. Management communication quarterly, 2002, 16 (2): 165-186.

同的危机策略——拒绝策略、削弱策略和重建策略。危机责任归属通常是采用危机策略的主要依据。

情境危机传播理论基于两个核心概念：危机情境和组织的公众关系。危机情境指的是组织面临的危机事件，这可能是由内部或外部因素引起的，例如事故、犯罪行为、管理失误等。组织的公众关系指的是组织与其利益相关者之间的互动和沟通。

情境危机传播理论将危机分为突发性危机和可控性危机两种类型：突发性危机是无法预见和控制的，而可控性危机是可以预防或缓解的。根据危机的责任程度，组织可以选择采取积极的优势行动（示强、道歉、负责等）或被动的劣势行动（否认、推诿、保持沉默等）来回应危机。该理论认为危机传播的成功与否取决于公众对组织行为的感知，公众会根据组织的回应来评估其责任和可信度。基于这些概念和原则，情境危机传播理论提供了一系列传播策略和建议，帮助组织在危机中做出有效的传播决策。该理论强调透明度、诚实和负责任的传播，以及与公众的及时、一致和准确的沟通。情境危机传播理论已经被广泛应用于危机传播的研究和实践中，并为组织提供了理论指导，助其在危机发生时进行有效的传播管理，维护声誉，获取公众信任。该理论对单方面引导危机主体应对危机事件具有重大的指导意义和战略意义，是学者和业界关注的焦点。

4. 危机传播网络理论与社交媒体传播

索林·亚当·马泰（Sorin Adam Matei）是美国危机传播管理领域的知名学者之一。他在研究中强调了数字网络背景下危机传播中各个参与者之间的网络联系和交流的重要性，以及网络结构对危机传播效果的影响。[①] 危机传播网络理论（crisis communication networks theory，CCNT）是一个涉及危机传播中各个参与者之间相互联系和交流的理论框架。该理论研究危机期间组织、个人和其他相关方之间的信息传输、人际关系和决策互动，以及这些网络结构对危机传播效果的影响。危机传播网络理论关注网络中各个参与者的连接方式和组织结构。网络结构可以是中心化，其中一个或少数个体拥有较多的连接和影响力；也可以是去中心化，其中各个参与者之间的连接和影响力相对平等。网络结构可以对信息流动、

---

① ZHANG J, CHAE J, AFZAL S, et al. Visual analytics of user influence and location-based social networks [M] //MATEI S A, RUSSELL M G, BERTINO E. Transparency in social media: tools, methods and algorithms for mediating online interactions. Cham: Springer, 2015: 223-237.

消息传播的速度和范围产生影响。该理论研究信息在网络中的传播方式和路径。通过研究网络中的关键节点和传播者，可以了解信息在危机期间如何从一个参与者传递到另一个参与者，以及这些传播路径如何影响信息的可靠性、传播速度和扩散程度。

网络中参与者之间的人际关系和信任也是研究者关注的重点，这对信息传播和危机管理具有重要影响。密切联系和高度信任的关系可能会促进信息的流动和接受，减少恐慌和误解。危机传播网络理论还研究了在危机管理中的决策网络。通过分析网络中的决策者和信息来源，可以了解决策影响范围和权威性，以及网络结构对决策效果的影响。危机传播网络理论的研究有助于识别和分析危机传播中的关键参与者、信息传播路径和影响因素，为危机管理提供指导和策略。在应对危机和传播危机信息时，了解网络结构和人际关系可以帮助组织建立合适的应对策略，提高危机传播管理的有效性。

此外，马泰等人认为社交媒体已发展成危机管理中信息和态势感知的重要来源。随着危机期间通过社交网络生成和传播的信息量呈指数级增长，找到及时、可靠、关键的信息对于决策者来说尤为重要。在这种情况下，识别社交网络中有影响力的用户、检测异常信息传播模式、识别相应的地理坐标往往可以提供关键信息，并帮助相关人员及时做出决策。马泰等人提出了一个可视化分析框架，专注于利用社交媒体平台的数据来识别基于有影响力的用户和动态社交网络的异常信息传播。同时，他们通过运用可视化分析方法，允许用户分析大量社交媒体数据，以检测和调查基于位置的社交网络（location-based social network，LBSN）中的异常事件。[1] 该框架提供高度交互的过滤和地理定位，帮助对不同主题进行分类，检测有影响力的用户或特定事件中的异常信息，并探索潜在时空模式，提供信息映射功能。

---

① ZHANG J, CHAE J, AFZAL S, et al. Visual analytics of user influence and location-based social networks [M] //MATEI S A, RUSSELL M G, BERTINO E. Transparency in social media: tools, methods and algorithms for mediating online interactions. Cham: Springer, 2015: 223-237.

三、危机传播的处理原则和策略

（一）危机传播处理原则

1.5S 原则

知名危机公关专家游昌乔提出的 5S 原则包括承担责任原则（shoulder the matter）、真诚沟通原则（sincerity）、速度第一原则（speed）、系统运行原则（system）和权威证实原则（standard）五个方面。[①] 具体而言，承担责任原则就是在危机发生后，主动承担自身责任，降低公众反感，并对受害方表示同情和安慰，解决公众深层次的心理、情感问题，获得公众信任；真诚沟通原则是指通过主动联系媒体，或通过媒体与公众互动，解释真相，消除公众的疑虑和恐惧；速度第一原则就是当机立断、快速行动，迅速控制事态发展，避免事态升级、扩大、蔓延；系统运行原则即在面临危机传播的情况下，必须进行系统运作，对于其他潜在风险进行把控和监控；权威证实原则就是指解决危机需要邀请具有公信力、权威性的第三方为自己"站台"，解除公众警戒心理，重获公众信任。

在数字时代的浪潮下，社交平台交流盛行，众多危机事件频发于网络平台。传统的危机应对手法在速度上已无法与网络传播相匹配，这显著降低了应对效率，进而使得危机处理面临更多挑战。因此，数字时代的危机处理须高度重视以下三个方面：

一是在自媒体蓬勃发展的时代背景下，网络舆论的影响力日益显著。除持续关注主流媒体的报道和动态之外，还应高度重视网络上群众的声音和反馈。这些声音往往能够在短时间内迅速汇聚成强大的舆论力量，对危机事件的演变产生深刻影响。

二是危机事件的传播速度和范围也呈现出前所未有的提高和扩大趋势。社交网络平台的广泛普及使得危机事件传播给大众的时间大幅缩短，从而引发更为强烈的社会反响。此外，危机事件的曝光渠道也日趋多样化，从传统的电视、报纸等媒体扩展到如今的社交平台、社群及各类新媒体平台。这种多元化的传播渠道要求危机处理必须以更加迅速和有效的方式进行，而传统的封锁消息、延迟曝光

---

① 何舟，陈先红. 危机管理与整合策略研究［M］. 武汉：武汉大学出版社，2010：240.

等行为已经失去其实际意义。

三是负面消息在网络上具有难以消除的持久性。一旦危机事件在网络上被广泛传播和讨论，即使事件本身已经平息，相关信息仍然能够被网民轻易翻找出来并再次引发讨论。因此，不能简单地寄希望于通过删除信息来消除负面影响，而是需要采取更加积极和有效的措施来应对网络舆情。

2. 3T 原则

英国知名危机公关专家迈克尔·里杰斯特（Michael Regester）在其著作《危机管理》（*Crisis Management*）中深入阐述了危机处理中信息发布的重要性。他提出了三个关键原则，为我们理解并有效应对危机提供了重要指导。[①]

第一，"tell your own tale"（以我为主提供情况），即组织在危机处理过程中应牢牢掌握信息发布的主动权。这意味着组织需要积极、主动地对外发布信息，以自身的立场和视角阐述事实，确保公众能够获取到准确、及时的信息，从而避免谣言和误解的扩散。

第二，"tell it fast"（尽快提供情况），在危机发生时，组织应该迅速行动，不断地对外发布信息，以便公众能够及时了解事态进展。这种及时的信息发布有助于减轻公众的恐慌情绪，增强组织的公信力和形象。

第三，"tell it all"（提供全部情况），在信息发布过程中，组织应确保信息的全面性和真实性，不得隐瞒或歪曲事实。只有实言相告，才能赢得公众的信任和尊重，为组织的危机处理赢得更多支持和理解。

（二）危机传播处理策略

1. 基本策略类型

危机传播处理基本策略类型可以美国学者威廉·班尼特（William L. Benoit）提出的形象修复理论应对策略进行划分。[②]

（1）否认策略。

否认策略可分为两种方式：一种是简单否认，即直接回应否认行为的发生或者否认自己是行为的实施者。这样的应对策略优点在于简洁清晰，但会存在公众质疑、危机未能直接消除的风险。另一种方式是转移责任，将危机产生的责任归

① REGESTER M. Crisis management ［M］//BOWMAN P. Handbook of financial public relations. Oxford: Butterworth-Heinemann, 1989: 99–109.

② BENOIT W L. Image repair and crisis communication ［J］. Public relations review, 1997, 23 (2): 177–186.

咎于其他个人或组织。若采取这样的策略，虽然能够表面上将风险转移给他者，但自身还存在深层质疑和责任划分的问题。

（2）规避责任策略。

规避责任策略有两种：挑衅、缺乏信息或能力。挑衅是声称行为是对他人冒犯行为的反应。而缺乏信息或能力，则是强调因为缺少足够信息或能力而无法避免问题的产生。前者的回应是将危机主体转移，挑起他者与公众的矛盾。后者的回应是主动承认危机，但会展现自身能力不足。

（3）减少敌意策略。

减少敌意策略有三部分：增强形象、最小化和区分化。增强形象是指在危机中强调自身的积极特质，调节中和负面影响。如在危机发生后组织强调自身所承担的社会责任或公布捐款记录。最小化是指试图淡化危机事件的严重性，减轻危机事件带来的负面影响。区分化是指将事件与其他更严重的事件区分开来，通过区分性回应，渐进式地应对危机舆情。

（4）纠正行为策略。

纠正行为策略即自身承诺立即采取措施纠正行为、解决问题，防止类似事件的再次发生。如危机传播事件中，组织表示将对危机事件进行纠正解决，应对公众对危机事件的担忧，并加强内部管理措施，以防再次发生类似事件。

（5）表达自责策略。

表达自责策略指危机行为主体通过真诚地承认错误并请求危机受害方、公众的原谅和宽恕，展现出自身自责及诚意。这种策略特别适用于严重影响公众情绪的危机事件。

2. 其他相关策略

（1）同时进行沟通和行动。

在应对任何危机或舆情事件时，首要且基础之务在于向公众表达诚挚的歉意，同时深刻反思，探求避免类似事件再发生的有效策略。此外，必须迅速采取针对性措施，积极行动，尽可能地降低事件对各方造成的负面影响。这样的处理方式不仅体现了对公众利益的尊重和负责态度，也是维护组织声誉、稳定社会情绪的必要之举。

（2）及时回应不拖沓。

在数字化时代，信息传播速度之快使得迅速回应尤为重要。在危机事件发生的一小时内，即便无法立即召开记者会，组织也应通过官方社交平台、官方网站等渠道，以文字形式迅速传递信息，为后续的事件处理赢得主动权和时间。这种迅速反应与回应，对于稳定公众情绪、减轻负面影响、把控事件后续发展走向，都至关重要。

（3）利益相关者的判断。

无论是企业还是非营利性机构，其运营都涉及一系列相互交织、相互影响的利益关系。因此，在危机事件发生时，各方通常会优先考虑与媒体、公众及相关人员进行沟通和交涉，而往往忽视与政府机关、合作伙伴或其他机构进行必要的沟通。然而，这种沟通缺失可能带来严重后果。由于未能及时与相关利益方进行交涉，可能导致各方在危机事件中的口径不一致。这种情况下，一些利益相关方为了撇清关系或减轻自身责任，可能会发布一些对危机事件产生负面影响的声明。这些声明不仅可能加重危机事件的破坏力，还可能进一步损害组织的声誉和利益。在危机管理中，我们必须充分认识到与所有利益相关方进行及时、全面沟通的重要性。通过积极与利益相关方进行沟通和协调，可以确保各方在危机事件中的立场和表态保持一致，从而有效地减轻危机事件的负面影响，维护组织的声誉和利益。

（4）把控情况发展。

在应对危机事件的过程中，除了及时采取初步应对措施外，对后续事态发展的把控同样至关重要。在事件发生初始阶段，应当充分预估并做好最坏情况的准备，以应对可能出现的各种复杂局面。同时，需针对最佳和最坏事态发展情况，制定应对策略和措施，以确保在不同情况下迅速做出反应。此外，还应深入思考如何将危机控制在一定限度内，避免其影响范围进一步扩大。这需要相关人员具备前瞻性思维和敏锐的洞察力，能够及时发现并处理可能出现的风险点，从而有效地减轻危机事件带来的负面影响。

（5）承担相应的责任。

在危机事件发生时，外界声音既是压力也是责任，作为有担当的组织，理应承担相应责任，做出对应的安抚与赔偿。有些危机看似不严重或没有相应的法律责任，但如果可以在情理上补偿或安抚受害者，能够让公众看见组织的担当与责任心。可见，法律之外的行动既有助于组织挽回正面形象，也有助于提高组织在公众中的声誉度。这也是化危机为新机的方式。

总而言之，危机事件的发生是政府、企业、机构等都难以避免的，危机并不可怕，可怕之处在于错误处理和消极应对，没有诚恳地道歉，没有担当。在遇到危机事件时，最重要的是冷静处理与面对，选择正确的处理方式，尽力地把危机化为转机，挽回正面形象，虽然不可避免地会对当下利益造成损失，但是换回信誉度、美誉度能够更好地促进组织的未来发展。

第二节　社会治理相关概念及理论

一、社会治理相关概念

（一）社会治理的概念界定

党的十八届三中全会提出"创新社会治理"后，国内对治理的研究热度随之上升，主要引入西方的理论，探索各级政府在社会治理中的角色定位。[①] 社会治理发展至今形成了三种代表性观点，分别是"政治动员论"，强调社会治理是精英领导下的政治动员；"合作治理论"，认为政府职能发生转变，社会治理更多体现合作治理精神；"实用主义治理观"，将实用主义理念贯穿社会治理的全过程，如公共政策系统分析是否具有实用价值。[②]

"治理"一词，其核心内涵在于"规制与监管"，常被用于剖析权力运作机制、利益分配各级及责任归属问题。在管理学领域，"管理"一词更多地与"领导"关联，而非单纯指代"行政"行为。在这一结构清晰、层次分明的组织中，管理通常指的是通过有效运用权力，协调并整合不同成员的工作，进而达成组织的既定目标。与管理相比，治理的侧重点并不在于对被治理者权力的单方面控制，而是更加注重通过被治理者之间的协作与协调，实现组织目标的共同达成。这种基于合作、协作、协调，以及相互联系的治理模式，构成治理的核心特征。

[①] 曾庆捷. "治理"概念的兴起及其在中国公共管理中的应用 [J].复旦学报（社会科学版），2017，59（3）：164-171.

[②] 陈成文，赵杏梓. 社会治理：一个概念的社会学考评及其意义 [J].湖南师范大学社会科学学报，2014，43（5）：11-18.

它强调多元主体的参与和互动，通过协商、沟通等方式，共同推进组织的进步与发展。①

社会治理，作为当代社会发展的重要议题，是指政府、社会组织、企事业单位、社区及个体等多元主体，通过平等合作、对话协商、沟通互动等方式，依法对社会事务、组织与生活进行有序引导和规范，以实现公共利益最大化的动态过程。社会治理是为推动我国社会高质量发展，在多元治理主体平等协商、协同联动下，采取合法有效的手段谋划、组织、管理、规范各类社会事务，以治理合力实现公共利益最大化、社会进步、人民群众满意等为目标。② 近年来，随着国家现代化治理能力不断提升的需求逐渐凸显和深化，社会治理日益成为社会各界关注的焦点。2021 年，社会治理在人民网全国两会调查热词榜中位列第十。到2022 年，全国两会调查结果揭晓，社会治理的关注度跃升至第四位，凸显了其在国家治理体系和治理能力现代化进程中的重要地位。

从政治学、社会学、管理学等多学科视角审视，社会问题纷繁复杂，社会治理的提出旨在探寻治理规律，并据此总结治理模式与策略建议。党的二十大对社会治理体系和社会治理共同体的深刻论述指出，社会治理现代化不仅是全面建设社会主义现代化国家的应有之义，更是中国式现代化的内在组成部分。这一现代化过程在逻辑基础、价值追求和实践路径上均呈现出鲜明的中国特色。其根本特征在于坚持党的领导，本质属性在于坚持以人民为中心，而共建共治共享的社会治理格局则构成了其基本形态。③

社会治理已在国内外学术领域中崭露头角，引起广泛的关注和讨论。基层治理的多维度课题，如社区参与、社会组织、治理创新等，均成为学者深入研究的焦点。面对复杂多样的社会问题时，单一主体的治理手段已然捉襟见肘，而是需要政府、市场与社会三方携手合作，共同构建有效的治理体系，以实现社会治理最优化。同时，信息技术和互联网迅猛发展，为社会治理带来前所未有的机遇与挑战。一方面，这些技术为治理提供了更为便捷、高效的工具，极大地提升了治

① 王颖吉，王鑫. 突发公共事件中的谣言传播与治理 ［M］. 北京：中国传媒大学出版社，2018：19-22.

② 苏康，王佃利. 共青团组织参与社会治理的行动逻辑：基于扎根理论的多案例分析 ［J］. 中国青年研究，2024（4）：52-60.

③ 汪仲启. 全过程人民民主与基层社会治理重构：以上海虹桥街道为对象 ［J］. 社会政策研究，2021（4）：107-123.

理效能；另一方面，技术的快速更迭也对社会治理的方式和手段提出了更高要求，需要不断创新治理理念和方法。

（二）网络治理与网络公共危机

随着数字时代发展，网络治理成为社会治理的主要组成部分。美国学者柯登斯·琼斯（Candace Jones）等早在 20 世纪末就对网络治理进行了界定。他们认为网络治理是有选择的、持久的和结构化的自治企业（包括非营利组织）的集合，这些企业以开放契约为基础从事生产和服务，以适应多变的环境而协调和维护交易。[①]

网络治理与社会治理之间存在着密切关系，二者相互依存、相互促进，共同构成现代社会治理的复杂体系。

首先，网络治理是社会治理的重要组成部分。随着互联网的普及和发展，网络空间已经成为人们获取信息、交流思想、开展活动的重要场所。因此，网络治理的成效直接影响到社会治理的整体效果。网络治理主要关注网络空间的秩序维护、信息安全、网络文化等方面，通过制定相关法规、加强监管、推动行业自律等手段，确保网络空间健康有序发展。

其次，社会治理为网络治理提供支持和保障。社会治理是一个综合性过程，涉及政治、经济、文化、社会等多个领域。通过优化社会治理结构、提升治理能力，可以为网络治理提供更加坚实的基础。例如，加强社会信用体系建设，有助于减少网络空间欺诈行为；推动文化繁荣发展，有助于提升网络文化品质和水平。

最后，网络治理与社会治理在目标和手段上也相互关联。在目标上，两者都致力于维护社会稳定、促进公平正义、保障人民权益。在手段上，两者都注重发挥政府、市场、社会等多方主体作用，形成协同共治格局。通过加强跨部门、跨领域合作，实现资源共享、优势互补，共同应对社会治理和网络治理中的挑战。然而，需要特别指出的是，网络治理与社会治理在面临的具体问题和挑战上有所不同。网络治理更需要关注网络空间的特殊性和复杂性，如信息传播快速性、匿名性等特点带来的挑战；社会治理则更需要关注现实社会中的各种问题，如贫富差距、社会不公等。因此，在推进网络治理与社会治理的过程中，需要根据各自

---

① JONES C, HESTERLY W S, BORGATTI S P. A general theory of network governance: exchange conditions and social mechanisms [J]. Academy of management review, 1997, 22 (4): 911-945.

的特点和需求，制定针对性政策和措施。

网络公共危机，作为一种社会现象，往往源于现实世界中的自然灾害、群体事件或重大灾害等外部因素，同时亦可能由虚拟世界中的网络报道、权威信息发布以及公众网络搜索等网络因素所触发。这些危机信息在互联网平台上广泛传播，受到网络舆论助推，可能形成对公共财产安全的威胁和对社会治安的危害，甚至动摇保持社会正常运行的基本准则和价值体系。网络公共危机不仅是社会问题在网络空间的直观反映，更是其深远影响的延伸。"网络公共危机管理是一个公开的公共危机体系，参与治理的主体十分多元（包括政府组织、非政府组织、企业组织、公众、融媒体、一般网民和网络舆论领袖等）。参与方基于共同目标，利用数字技术和网络技术等信息技术手段，自觉对共同关注的潜在的危机或者各类公共危机采取协同联动措施，以形成有序、稳定、高效的公共治理结构的可持续过程。"[①] 随着互联网的普及和发展，传统的单向信息传输模式已被打破，公众拥有更为广泛的利益表达渠道和更高的关注度。这使得传统的公共危机治理理念亟须重新定义，事件的处理方式和舆论引导也面临着新的要求和挑战。可以说，在网络社会背景下，公共危机治理的概念已逐渐趋同于网络公共危机治理的概念。

当下，网络公共危机对社会治理提出新挑战。网络空间的匿名性、快速传播性和互动性等特点，使得网络公共危机具有更高的不确定性和复杂性。危机事件一旦发生，就很容易在网络空间引发广泛的关注和讨论，甚至形成舆论风暴，对社会稳定产生负面影响。因此，社会治理需要加强对网络空间的监管和治理，及时发现和应对网络公共危机，防止其对社会造成更大冲击。

社会治理涉及政府、社会组织、公众等多个主体，需要各方共同参与和协同治理。政府可以制定相关政策法规，加大网络监管和执法力度；社会组织可以发挥专业优势，提供危机应对咨询和支持；公众则可以通过网络参与危机讨论和监督危机处理过程。此外，网络公共危机与社会治理之间也存在着相互促进关系。一方面，网络公共危机应对过程可以推动社会治理的创新和完善。在应对危机中，政府和社会组织可以积累经验、发现问题，进而改进和优化治理手段和机制。另一方面，社会治理的提升也可以增强对网络公共危机的防范和应对能力。

---

① 武超群. 网络公共危机治理［M］.北京：经济科学出版社，2017：7.

其通过加强社会信任、促进信息公开和透明、提升公众素质等措施，可以减少网络公共危机发生概率和负面影响。

（三）社会舆论治理

舆论治理实质上是国家治理和社会治理在舆论信息领域的延伸，通过全面解析事件态势和信息结构，对舆论背后的问题进行深入分析和多方协作，利用科学情报收集、分析和推断，主动引导舆论发展，从而达成调和矛盾、应对挑战和解决问题的目的。社会舆论治理的主要目的是对社会公共舆论进行引导和管理，以防不良舆情产生，维护社会稳定，保护国家安全，促进社会发展。

社会舆论治理包括多种手段，如宣传、媒体监管、网络监控等，通过对舆论的研究、预警、分析和引导，控制信息的发布和传播，引导公众舆论，促进社会发展。这不仅是政府和相关机构的任务，也需要社会各界，包括媒体、公众、企业等各方共同参与和努力。社会舆论治理的重要性在于，它能有效避免或减轻负面舆论的影响，维护社会稳定和民生安宁。特别是在网络社会背景下，由于信息的快速传播和公众情绪的易变性，社会舆论治理尤为重要。

在网络社会蓬勃发展的背景下，公共管理问题愈发凸显，尤其在重大公共危机事件中尤为突出。这主要源于公共危机所固有的"急、难、险"特性，加之中国正处于快速转型的关键阶段，网络社会亦在经历前所未有的快速变革。从实践层面深入剖析，不难发现，传统公共危机管理领域的问题依然存在，如突发公共危机事件中，由于网络信息传播的迅捷性和广泛性，加之公众对网络舆论复杂性认识不足、相关机构间协作缺失、政府与公众沟通渠道不畅等因素，往往导致恐慌情绪蔓延。

与此同时，新媒体时代的到来也带来新挑战，如媒体主导舆论走向、网民群体极化等现象频发。因此，深入剖析新媒体时代公共危机事件中社会舆论治理所面临的困境，正确认识和分析问题的成因和核心尤为重要。这不仅是进行危机处理的前提和基础，更是提升公共危机治理效能、维护社会稳定和谐的必由之路。

1. 公共信任危机

在心理学上，信任是一种稳定的信念，它支撑着一个社会的共同价值观和稳定性，并与未知领域的行动相关联。个人之间的联系和信任构成社会人类关系基本网络，也是社会存在和发展的基本前提。与此相比，公共信任反映出更广泛、更复杂的社会关系，公共信任减弱或增强所带来的社会后果比个人信任产生的影响更深远。因此，高风险社会环境造成的信任危机，对于信任主体和客体都是一个重大的挑战，尤其是面对突发的公共危机事件，其不可预测性使得各部门主体及公众在危机爆发初期尚未做好准备。当公众情绪波动变化时，恐慌会迅速蔓延，并且极易被频繁的新闻报道所触发。

当信任危机逐渐加剧，公众往往会在相当长的一段时间内对政府机构的行为持怀疑态度，这种现象被称为"塔西佗效应"。该术语源自古罗马历史学家塔西佗，他在描述罗马皇帝时指出："一旦皇帝成了人民憎恨的对象，他做的好事和坏事就同样会引起人们对他的厌恶。"① 这深刻揭示了现代公众信任风险的核心困境：一旦公众对某个政府机构的信任度大幅滑落，其后续行动往往被视为无效，这种预设性判断将对政府的执行效率和公众信心产生深远影响。尽管"塔西佗效应"是公众信任危机的一个极端表现，其实际发生概率较低，但在这个信息传播迅捷的全媒体时代，及时控制并消除潜在风险尤为重要。特别是在面对突发性公共事件时，由于信息的快速传播和公众情绪的易变性，政府机构的每一个决策和行动都可能成为公众关注的焦点，稍有不慎就可能引发信任危机。

2. 舆论传播风险

技术的进步拉近了人与人之间的距离，互联网环境造就了"人人都有麦克风"的局面，获取信息的便利化和平民化加速社交媒体时代的到来。根据第 55 次《中国互联网络发展状况统计报告》公布的数据，截至 2024 年 12 月，我国网民规模达 11.08 亿人。其中，社交网络用户规模达 11.01 亿人，占网民整体的 99.3%。② 可以说，如今，由于互联网的强大功能、庞大的用户群体和用户的密集关注，主要社交媒体在各个阶段对网络舆论的形成和传播都有很大的影响，尤其是在突发事件中，社交媒体的初步反应和宣传对事态走向有很大影响。

此外，社交媒体的独特性使得互联网舆论存在虚假与误导传播风险。随着社交媒体准入门槛的降低，尽管信息传播范围与深度持续扩大，公众对信息需求也在日益增长，但信息生产与传播量激增同样带来了如"信息过载"等消极问题。参与网络舆论讨论的多为普通网民，其观点各异，当出现分歧时，可能对某一主题发表偏激言论。在网络环境中，由于信息的不透明性，公众容易被错误或片面的信息误导。

---

① 塔西佗.塔西佗历史［M］.王以铸，崔妙因，译.北京：商务印书馆，1981：8.
② 中国互联网络信息中心.第 55 次《中国互联网络发展状况统计报告》［R/OL］.（2025-01-17）［2025-03-17］.https：//cnnic.cn/n4/2025/0117/c88-11229.html.

（四）数字时代的社会治理

在数字网络蓬勃发展的时代，现代化社会治理的重要性愈发凸显。从数字化转型的宏大视角来审视，数字技术正以其深远的影响力重塑社会治理的方方面面。具体而言，数字技术对政府机构和公共服务的运作模式带来了前所未有的变革，推动了社会组织和民间合作的创新实践。新冠疫情期间，应用在社会治理层面上的以人工智能为核心的新技术无论是在疫苗研发、疫情防控、诊断救治，还是在民生保障、复工复产方面都产生了广泛而深远的影响，使得人工智能在新冠疫情下的场景应用加速落地，进一步激发社会对智能应用的多方面、深层次需求。[①] 数字技术推动的社会变革不仅有助于推进社会治理优化升级，而且为构建更加高效、智能的社会治理体系奠定了坚实基础。然而，在基层社会数字化治理进程中，存在着技术生产性挑战和约束性挑战的双重考验。这些挑战既来自技术本身的发展和应用难题，也涉及社会、经济、文化等多方面的复杂因素。因此，需要以更加深入全面的视角来审视和思考这些问题，以期在数字化转型的大背景下，推动社会治理的创新与发展，实现社会的和谐稳定与可持续发展。

二、社会治理相关理论

（一）西方社会治理理论发展

社会治理的重心落在"治理"一词上，因此，要参透社会治理理论的基本取向，首先需要了解治理理念的内涵及其理论指向。区别于"统治"（rule），"治理"一词在英语中为"governance"，虽然与"government"（政府）一词同源，但在愈来愈多讨论治理的著作中，它的用法和内涵都发生了转移。

作为治理理论的主要创始人，詹姆斯·罗西瑙（James N. Rosenau）对治理和全球治理都做了相应的界定。关于治理，罗西瑙的定义是："与统治相比，治理是一种内涵更为丰富的现象。它既包括政府机制，也包括非正式、非政府的机制，随着治理范围扩大，各色人等和各类组织得以借助这些机制满足各自的需要

---

① 王虎. 逻辑转变与维度构建：智能媒体参与社会治理的机制研究［J］. 现代传播（中国传媒大学学报），2021，43（9）：7-11.

并实现各自的愿望。"① 罗西瑙认为，治理指的是一种由共同目标支持的活动，这些管理活动的主体未必是政府，也无须依靠国家的强制力量来实现。这一理念将治理与政府统治进行了明显区分。

另一位治理理论代表人物罗茨（R. A. W. Rhodes）认为，治理标志着政府管理含义的变化，指的是一种新的管理过程，或者一种改变了的有序统治状态，或者一种新的管理社会的方式。治理意味着将市场的激励机制和私人部门的管理手段引入政府的公共服务，政府与民间、公共部门与私人部门之间在信任与互利基础上建立起的社会协调网络。他概括了行政学界定治理的六种含义：最低限度的国家干预、公司管理模式、新公共管理、善治治理、社会控制体系治理，以及自组织网络治理。②

英国著名学者格里·斯托克（Gerry Stoker）在其著作《作为理论的治理：五个论点》中提出以下观点：治理指出自政府，但又不限于政府的一套机构和行为体；治理明确指出在为社会和经济问题寻求解答的过程中存在的界线和责任方面的模糊之点；治理明确认定在参与集体行动的机构之间的关系中包含着对权力的依赖；治理是指行为体网络的自主自治；治理认定，办好事情的能力并不在于政府下命令或运用其权威的权力，政府可以动用新的工具和技术来掌舵和指引。③

这五个论点之间的关系是互补而不是竞争或冲突。其中每一论点都涉及某种困难或关键问题：与治理相关的决策过程这一复杂现实，与用来解释政府并证明其合理性的规范性准则之间的脱节；各方面的责任趋于模糊，会导致逃避责任或寻找替罪羊；对权力的依赖使得对政府可能产生意想不到的后果这个问题更加严重；既然有了自治网络，政府对社会应负什么责任这一条便难以明确；即使在政府以灵活方式控制和引导集体行动之处，治理仍然有可能失败。④

美国政治经济学家埃莉诺·奥斯特罗姆（Elinor Ostrom）在解决"公地悲剧"问题时提出自主治理思想，在扬弃政府管制与产权私有的传统路径之上提出公共事务治理的"第三条道路"。其核心论点在于，自主治理能在所有人都面对

---

① 罗西瑙. 没有政府的治理 [M]. 张胜军，刘小林，等译. 南昌：江西人民出版社，2001：5.

② 罗茨. 新的治理 [M]//俞可平. 治理与善治. 北京：社会科学文献出版社，2000：87.

③ 斯托克. 作为理论的治理：五个论点 [M]//俞可平. 治理与善治. 北京：社会科学文献出版社，2000：34-35.

④ 斯托克. 作为理论的治理：五个论点 [M]//俞可平. 治理与善治. 北京：社会科学文献出版社，2000：34-35.

"搭便车"、规避责任或其他机会主义行为诱惑的情况下，取得持续的共同收益。奥斯特罗姆强调将三种力量结合起来：推动自主组织的初始可能性，增加人们不断进行自主组织的能力，以及增强在没有某种外部协助的情况下通过自主组织解决公共池塘资源问题的能力。① 正是奥斯特罗姆的研究冲破了公共事务只能由政府管理的唯一性教条，冲破了政府既是公共事务的安排者又是提供者的传统教条，提出了公共事务管理可以有多种组织和多种机制（多中心主义）的新看法，形成了公共管理的制度分析学派。

1995 年，联合国全球治理委员会在联合国成立 50 周年时发表的《我们的全球邻里：全球治理委员会的报告》中提出：治理是各种公共和私人机构管理其共同事务的诸多方式的总和，它是使相互冲突的或不同的利益得以调和，并且采取联合行动使之得以持续的过程。②

西方社会治理的理论研究对政府角色进行了重新定位，治理的主体逐渐向多元化发展，政府并不完全垄断一切的合法权力：一方面，政府不应是全能的，必须成为"有效政府"，发挥有效作用；另一方面，政府不具备最高绝对权威，其职责主要是承担建立指导社会组织行为者行动的共同准则和确立有利于稳定主要行为主体的大方向。

（二）中国社会治理理论构建

"社会治理"这一概念在国内的学术研究起始可以认为是 2013 年党的十八届三中全会上通过的《中共中央关于全面深化改革若干重大问题的决定》。作为"社会管理"一词的延伸，社会治理的内涵更加丰富，其对"治理"的深刻把握也需要走深走实。其中有关推进国家治理体系和治理能力现代化的论述揭开了"社会治理"研究的序幕，此后国内相关的研究呈井喷式增长。

由此可见，"社会治理"更多情况下是作为一种政治管理方式和治国理念出现在公众视野。这一治国理念是人类公共治理学术前沿探索的思想精华，尤其是互动治理理论在中国国家治理体系现代化实践中的体现。互动治理理论认为治理是为解决社会问题和创造社会机会而采取的公共和私人互动的全部。互动是治理

---

① 奥斯特罗姆. 公共事物的治理之道：集体行动制度的演进 [M]. 余逊达，陈旭东，译. 上海：上海译文出版社，2000.

② CGG. Our global neighborhood：the report of the commission on global governance [R]. Oxford：Oxford University Press，1995.

的核心，它既是被治理系统的重要组成部分，也是治理系统的重要组成部分，治理本身就是一种互动，互动治理作为一种有意识的活动，由理论、原则、资源三部分组成，这三部分的互动影响结构实现治理目标。① 从学科上来说，目前社会治理研究多集中在政治学、社会学、经济学、管理学和传播学等领域，且经常作为交叉学科的研究方向。因此，对此概念的探索可以沿着社会实践与社会理论并行的研究道路展开。

中国学者俞可平曾提出关于国家治理体系的相关论述。他认为国家治理体系就是规范社会权力运行和维护公共秩序的一系列制度和程序。它包括行政行为、市场行为和社会行为的一系列制度和程序，政府治理、市场治理和社会治理是现代国家治理体系中三个最重要的次级体系。② 在《治理与善治》一书中，他将"治理"定义为：官方的或民间的公共管理组织在一个既定的范围内运用公共权威维持秩序，满足公众的需要。治理的目的是在各种不同的制度关系中运用权力去指导、控制和规范人们的各种活动，以最大限度地增进公共利益。③ 治理有四个特征：它不是一整套规则，也不是一种活动，而是一个过程；治理过程的基础不是控制，而是协调；治理的主体既可以是公共部门，也可以是私人部门；治理不是一种正式的制度，而是持续的互动。治理的实质在于建立在市场原则、公共利益和认同之上的合作。有学者从治理的概念及其产生的背景层面总结了治理的框架作用。从宏观层面讲，治理构建政府、市场、社会相互联系影响的横向框架，搭建起公共选择机制；从微观层面讲，治理搭建的是政府内部政治—行政行为的桥梁，是政府行政权力及行为如何运行、如何分配、如何组织的政治—行政过程。④ 有学者从国家主权的对内对外方面阐释治理理论，认为在对内方面，治理理论并未停留于对国家权力进行宪政层面制衡的古典自由主义立场，而是提出多中心治理观点，主张通过协商合作的方式来共同管理公共事务；在对外方面，治理理论强调非正式权威的重要性，认为跨国经济组织和非政府组织也是处理解

① KOOIMAN J, BAVINCK M, JENTOFTS, et al. Fish for life: interactive governance for fisheries [M]. Amsterdam: Amsterdam University Press, 2005: 17-23.

② 俞可平. 国家治理体系的内涵本质 [J]. 理论导报, 2014 (4): 15-16.

③ 俞可平. 治理与善治 [M]. 北京: 社会科学文献出版社, 2000: 8.

④ 包国宪, 郎玫. 治理、政府治理概念的演变与发展 [J]. 兰州大学学报 (社会科学版), 2009, 37 (2): 1-7.

决全球性问题的重要行动者。^① 亦有学者总结出典型的治理特征有以下几点：第
一，治理的主体未必是政府，也无须依靠国家的强制力量来实现；第二，强调国家与社会的合作，模糊了公共领域与私人领域的明确界限，而更加强调国家对社会的依赖关系；第三，治理是一个上下互动的管理过程，它强调管理对象的参与；第四，治理还意味着管理方式和管理手段的多元化。^②

由于政治结构和社会体系的不同，中西方在治理问题上的理念也不同。在中国，治理涵盖了国家治理、政府治理、社会治理、文化治理、生态治理、城市治理、乡村治理、社区治理、民族宗教事务治理等。而社会治理作为治理理论体系中的一环，尚未形成独特的理论。有学者指出，作为治国理念的社会治理，在目前的学术解读和具体实践中，要么被用作各种社会事务治理工作的总称，要么被具体化为政法介入的民政工作，即确立民生保障、完善社会服务与维护社会稳定。对社会治理的这种流行解读，不仅窄化了这一理念的适用面，而且狭化了这一理念的理论意涵，降低了其思想高度。实际上，中国社会治理的理念不只是中国国家治理经验的总结，也是人类治理思想和治理实践精华的结晶，其适用面并不限于社会事务的治理，而是广及经济、政法、文化和国际事务的治理。^③

中国的社会治理实践证明，要勾勒出社会治理作为学术研究的理论框架，需要融合公共管理、政治科学、新闻传播等多个学科，仍具有十分宽广的发展前景。

第三节　危机传播与社会治理的关系与融合探索

危机传播与社会治理之间密不可分。社会治理是一个复杂而庞大的系统，旨在维护社会稳定、促进社会和谐与发展；危机传播作为社会治理体系中的一项重

---

① 郁建兴，刘大志. 治理理论的现代性与后现代性 [J]. 浙江大学学报（人文社会科学版），2003（2）：5-13.
② 李风华. 治理理论：渊源、精神及其适用性 [J]. 湖南师范大学社会科学学报，2003（5）：45-51.
③ 顾昕. 作为治国理念的社会治理：学术传承与理论建构 [J]. 国家现代化建设研究，2024，3（1）：115-129.

要功能，其目的在于在危机事件发生时，通过有效的信息传播和沟通，协调各方资源，引导公众舆论，减少恐慌和误解，从而有助于危机迅速解决和恢复。

在危机爆发期间，有效的沟通能够迅速传递准确信息，平复公众情绪，驱散不确定性阴霾。相反，错误信息发布、谣言散播、恐惧蔓延将动摇公众对治理机构的信任。在社会治理实践中，危机传播扮演着举足轻重的角色。一个高效的危机传播机制能够及时、准确地传递危机信息，帮助政府、媒体、公众等各方了解危机的真实情况，从而做出正确的判断和决策。同时，危机传播还能够增强社会凝聚力，形成应对危机的合力，为社会治理提供坚实支撑。

由此可见，危机传播是社会治理的重要组成部分，两者相互依存、相互促进。将危机传播与社会治理的目标紧密结合，不仅有助于更好地驾驭危机，还能将其潜在的破坏性影响降至最低。危机传播与社会治理相互依存、相互促进，建立起完善的危机传播机制，能够更好地发挥社会治理的作用，进而共同构筑起一道坚固防线，维护社会的稳定和发展。

一、风险社会下的社会治理与危机传播

信息化社会，通信技术的迅猛发展使得人类信息交互变得前所未有的频繁与复杂。然而，技术进步在推动社会前行的同时，也伴随着潜在风险。当今世界正处在一个充满不确定性的时代，人为事故、灾难、公共卫生事件以及自然灾害等频频发生，这些事件在互联网的推动下迅速传播，引发公众的广泛关注与讨论。显然，世界已步入一个危机频发的时代。

当前，公共危机事件往往具有突发性、聚合性和牵连性等特点，一旦发生便能迅速扩散并产生深远影响。由于事件发生初期往往伴随着信息不对称，使得谣言和不实信息有机可乘，极易煽动公众非理性情绪，进而引发激烈的讨论。

在互联网语境下，网络舆论的发展态势尤为迅猛。当公共危机事件爆发时，各方利益主体纷纷介入，各类媒介平台竞相争夺公众注意力，使得舆论不断被放大，引发舆情危机，舆情呈现出多主体指向、偶发性增强的特点。在媒体、网民和政府共同作用下，原生舆情往往容易引发次生舆情，使得舆情形式更加错综复杂。有时，次生舆情甚至可能超越原生舆情，形成两者交织互动的局面，不断推动事件发酵和衍生。在这一过程中，谣言在网络中迅速传播，加剧公众的风险感知，激化公

众的非理性情绪，甚至可能侵蚀公众的价值观念，诱发网络上的不文明行为和暴力倾向。

（一）从总体性社会到风险性社会

总体性是马克思主义哲学的重要理论取向，它强调社会是一个有机整体，每个社会中的生产关系都形成了一个统一的整体。总体性具有四个基本特征，分别是整体性，社会一切要素都是有机构成的；系统性，社会是一个有机的系统，部分是系统的不同方面；关联性，社会诸多要素之间存在着相互作用、相互联系的关系；主体性，主导性的结构要素将各要素关联起来，形成总体性的社会。[①] 卢卡奇提出的总体性理论概括了社会和自然相互作用、总体与部分多样性的统一，认为总体性范畴指显现为历史过程的社会整体。[②] 刘正强等学者根据总体性的概念内涵，将中国 1949—1978 年的社会视为"总体性社会"。[③]

但是，由于受到国际化浪潮的影响，再加上我国社会正经历着重大转变，在越来越开放的国际经济社会中，我国自身发展也受到西方国家的影响。同时，我国社会也分担了世界性的重大社会问题与风险。而且，中国社会转型源于传统中国社会体系、经济机制和社会关系结构的本质变化，但并没有达到现代社会的合理平衡状况。此外，我国经济社会发展目前面临的许多结构断裂和制度性缺陷恰好成为社会风险的集中地带，但用以对抗风险的社会风险防范与规避系统却尚未构建或发挥作用。国际和国内各方面要素都构成我国社会风险的主要来源，从中得以窥见中国正在逐步走向风险社会。

"风险社会"的概念是由德国社会学理论家乌尔里希·贝克（Ulrich Beck）于 1986 年提出的，由于人类的利益性和危险性并存，而人类社会自始至终都是一个充满风险性的社会，因此生命个体应当意识到死亡的威胁（来自自然的威胁）。[④] 贝克认为，"风险是人类活动和疏忽的反映，是生产力高度发展的体现"[⑤]。简言之，人们的选择和行为将对自然界和社会发展产生深远影响，这些

① 戴欢欢，陈荣卓. 总体性视角下市域社会治理的内在机理 [J]. 中南民族大学学报（人文社会科学版），2023，43（2）：91-98，185.

② 贾婷婷. 试析卢卡奇的总体性理论 [J]. 东南大学学报（哲学社会科学版），2008，（S1）：44-45.

③ 刘正强."总体性治理"与国家"访"务：以信访制度变迁为中心的考察 [J]. 社会科学，2016，（6）：94-104.

④ 贝克. 风险社会 [M]. 何博闻，译. 南京：译林出版社. 2004：225.

⑤ 贝克. 风险社会 [M]. 何博闻，译. 南京：译林出版社. 2004：226.

影响也将随着人们活动区域的增加而扩大。

把开展传播活动的媒介作为一种社会角色来讲，起初媒介受"总体性社会"制约，很多情况下是作为单一工具性角色存在，起宣传、告知作用，并未参与到社会治理当中。随着"风险性社会"的到来，打破了"总体性社会"的束缚与局限，媒体传播活动日益成为公众对社会风险产生认识的主要来源，并且，不同的大众媒介也能够从不同的角度对社会进行解读，从而重新建构社会风险，让公众对社会风险形成不同程度的了解。由此，主要新闻媒体逐步摒弃了过去单纯的经济社会的管理工具性角色，转而被赋予经济社会行动主体的建设者角色。在风险性社会重大背景下，主要新闻媒体的信息传播具有较高权威性和专业性，在应对公共卫生事件风险、推动社会治理等方面，都发挥着关键性作用。

（二）从社会风险到公共危机

公共危机对社会治理、政府管理、公众安全构成严重威胁。当然，这并不代表着公共危机就无法处理，人们可以通过研究社会风险与公共危机间的内在逻辑联系，揭示社会风险向公共危机转化的方式和过程，更好地防范风险和应对危机。

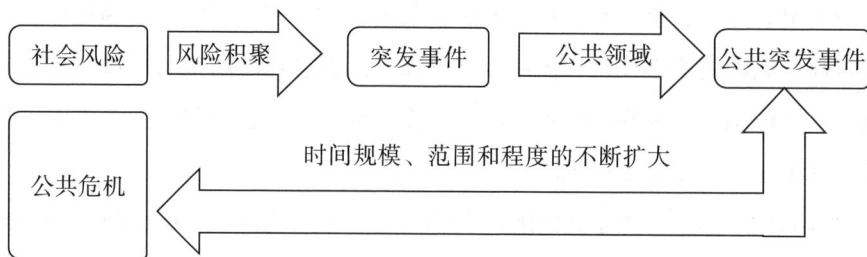

图1-2　社会风险与公共危机的转化

从社会风险到公共危机的爆发，必然会有一个风险积累的过程，这是一个从量变到质变的过程，这一过程的转化主要包括两种方式：自然转化和人为转化。[①]

自然转化是指在没有外界力量的介入的情况下，具备潜在破坏性的社会风险转变为具有破坏性的公共危机。这就像一座自然形成的活火山，危机潜伏在平静的表面之下，一旦爆发将给人类造成损失。社会风险是客观存在的，具有一定的

---

① 沈一兵. 从社会风险到公共危机的转化机理 [J]. 中国管理信息化, 2015, 18（4）: 218-219.

累积性。为了最大限度地减少社会风险演化为公共危机带来的重大损失，人们需要采取措施来化解、转移和分担潜在风险。

人为转化是指在人为助力下社会风险转化为公共危机。这一过程可能是由于人为原因或管理不善造成，最终引发恶性事故、社会危机。自然生态都有自身承受的极限和阈值，一旦超出极限，就会产生污染和危机。在工业社会发展进程中，为了实现快速发展，一些国家实行"粗放型"经济发展模式，这种经济发展模式的最直接后果就是自然环境受到严重破坏和污染，由此还可能引发一系列危险事故。此外，这些遭到严重破坏的生态环境还可能引起地质灾害、水旱灾害、气象灾害、海洋自然灾害、生物灾害等各类自然灾害。例如，全球气候变暖等问题与自然环境遭到破坏密切相关，这也成为全球的重要问题之一。

突发事件，也称为突发事故，是在一定时间、地点、环境中突然发生的事情。它是突然的、不确定的，甚至是毁灭性的。突发事件既存在于公共领域，也存在于私人领域。在私人领域，突发事件表现为一般事故，如交通事故，而公安部门往往有一个完善的处理交通事故的程序，一般在私人领域发生的事情不会引起公众注意；在公共领域，突发事件指对公共设施和公众产生不良影响的事件，会给社会带来不良后果。需要注意的是，当私人领域发生的突发事件达到一定程度时，私人领域的突发事件也可能会扩展到公共领域，使公众处于危险之中。

无论是自然转化还是人为转化，风险都需要借助一个"非常事件"载体——突发事件，以实现从潜在的危机转化为现实危机。总而言之，突发事件是风险转化为危机不可或缺的中介，通常在突发事件发生之后，社会风险会转化为公共危机。公共危机具备爆发性、高度不确定性、公开性、急迫性、高度破坏性、信息不足等特点。因此，公共突发事件处置若不及时，极易造成公共危机。但是，并非所有发生在公共领域的突发事件都会引发公共危机，公共危机也只有在突发事件得不到有效控制、突破自身临界点、产生破坏力和公共危害时才会发生。

（三）风险社会背景下的危机传播

在现代公共关系中，危机传播被看作社会治理中一个十分关键的部分，它是指对社会危机迹象或重大事件，通过利用大众媒体及其他传播手段，实施有效治理的信息传播活动。其目的是按照社会传播规律和新闻传播规则，对社会危机的处理过程进行干预和影响，从而促使社会危机更好地解决。在2003年"非典"

危机后，"危机传播"概念逐渐步入公众视野中心，并被政府部门、学界及社会各界所关注。

政府部门、公众、大众媒体是危机传播的三大主体，其中大众媒体是在危机事件出现时维系政府部门和公众良性交往关系的纽带，政府部门则是危机传播的主导者，公众是危机传播的受众，是危机传播中承担舆论宣传和社会关注的一方。

危机传播兼具突发性、集中性、快速性和危害性等特点。因此，危机传播的首要任务是弄清真相，减轻社会潜在危机，从而维持社会的和谐稳定并引导舆论正向发展。在进行危机传播时，需要及时准确地进行沟通并发挥舆论引导作用，强调以人为核心，积极主动、客观真实、实事求是，注重多方的平衡与和谐。

二、危机传播与社会治理相辅相成

危机传播与社会治理在危机时期所发挥的作用与功能，实则呈现为一种深度交织的状态。在危机之中，危机传播宛如一座桥梁，肩负着传播信息、保持透明度及引导公众看法的重任。它使得政府或组织能够迅速响应公众及利益相关者的信息需求，进而有效缓解潜在的恐慌与混乱。与此同时，社会治理则构筑起一个坚实的制度框架与机制，以系统化方式应对危机，涉及多方利益相关者与政府或组织之间的协调与合作。这一框架不仅明确责任归属，更促进合作氛围的形成，确保资源合理分配，以实现对危机的有效管理。

危机传播并非孤立存在，而是社会治理体系中一个不可或缺的部分。在更为宏观的治理框架下，危机传播战略被精心整合，旨在确保对危机事件的协调与迅速响应。当危机传播与社会治理结构深度融合时，它便成为危机管理中的重要一环。正是通过这些结构，政府、组织与公众得以紧密合作，协调各方力量，共同应对危机所带来的多元化挑战。

因此，危机传播与社会治理之间的关系，实则涉及一个合作决策的过程。在这一过程中，危机传播不仅促进各利益相关者之间的对话和参与，更培育一种共同应对危机的责任感与集体行动意识。合作决策能够整合多元化的观点、专业知识与资源，从而制定出更为明智、有效的危机应对策略。这种深度融合与协同作用，使得危机传播与社会治理在危机管理中发挥出无可替代的作用。

（一）危机传播鼓励公众参与社会治理

有效的危机沟通鼓励公众参与社会治理并包容管理者的努力。社会治理中，让不同观点和声音参与决策过程是十分重要的。通过透明的沟通渠道与公众接触，社会治理可以利用集体智慧，更好地满足受危机影响的不同社区的需求。危机时期在政府和公众之间建立开放的沟通渠道至关重要，这可以交流信息、传达关切和建议，培养双方信任和合作的意识。有效的危机沟通不仅可以确保向公众传播准确和及时的信息，缓解公众焦虑情绪，还可以为公众提供发表意见的机会，使其能够贡献宝贵的见解，并积极参与到决策过程中。

公众参与社会治理会带来若干好处。首先，增强了危机管理工作的合法性和可信度。当公众感到自己被纳入其中并了解情况时，他们更有可能信任和支持政府采取的行动。这种信任对于在危机时期保持社会稳定至关重要。其次，公众参与有助于政府更好地了解不同社区的不同需求和关切。每个社区都可能有独特的脆弱性、文化因素和社会经济背景，这需要在危机管理中给予特别关注、量身定做治理方法。通过让公众积极参与决策过程，政府可以获得宝贵的见解和观点，在此基础上制定战略和政策。最后，公众参与可以促进社会的凝聚力和复原力。当个体感到被倾听和被重视时，他们更有可能为克服危机的集体努力做出积极贡献。这种主人翁意识和共同责任感加强了社会纽带，培养了团结精神，这对有效解决危机和从危机中恢复至关重要。

需要注意的是，有效的危机传播和社会治理需要持续的努力和对持续改进的承诺。政府必须建立与公众定期对话和反馈的机制，确保公众的声音不仅被听到，而且还被纳入决策过程。这可以通过各种方式来实现，如公众咨询、社区论坛、在线平台和利益相关者参与倡议。

从危机传播中获得的实践和经验可以为社会治理提供参考和改进；从危机传播中获得的教训可以帮助确定治理系统的优势和劣势，促进持续改进。此外，将危机传播原则纳入社会治理，可以提高社会整体的危机准备和反应能力。了解危机传播和社会治理之间的相互作用，对于建立能够有效驾驭危机和挑战的弹性社会至关重要。认识到二者的互补作用并探索加强二者的合作，可以形成有效进行危机管理和维护社会稳定的强大力量。

（二）危机传播健全问责制和责任制

危机传播有助于让相关主体对其在危机期间的行动和决定负责。社会治理机制提供了一个结构，通过这个结构可以强制执行问责制和责任制。公开、透明的传播促进了政府或组织和公众之间的信任，确保危机期间采取的行动符合社会利益。

危机传播中的问责制对于保持公众对政府或组织的信心和确保对危机的反应以道德考虑和所有利益相关者的最佳利益为指导至关重要，这主要涉及以下几个关键方面：首先，它要求政府或组织对其行动和决定负责。这意味着承认错误，修复造成的任何伤害，并努力纠正这种情况。通过承担责任，各主体表明他们致力于从危机中学习，防止未来发生类似事件。其次，问责制需要有明确的沟通渠道和透明度。政府或组织必须向公众提供准确和及时的信息，让他们了解情况、应对任何潜在的风险或挑战。公开沟通可以建立信任，使公众能够评估政府或组织采取的行动，确保决策符合大多数利益相关者的最大利益。最后，危机沟通中的问责制涉及对道德原则和所有利益相关者的考虑。它要求政府或组织优先考虑公众、雇员和其他利益相关者的福祉和安全。这包括基于道德考虑做出决定，如尽量减少伤害，确保公平，促进公正。

除了对公众负有不可推卸的责任外，政府或组织须构建一套内部问责机制。这一机制的核心在于对其危机公关战略及实践进行全面而深入的评估与反思。通过严格审视自身表现，识别出存在的短板与不足，进而实施必要的改革举措，不断提升自身的危机公关能力，并强化整体问责体系的效能。问责制的引入有助于提升危机管理工作的整体效率。当政府或组织能够主动承担起责任，积极应对挑战时，一种注重责任担当与持续改进的文化便会悄然形成。这种文化不仅能够推动政府或组织内部的自我完善，更能够增强公众的信任与认可。毕竟，当公众感受到自己的关切与利益得到认真对待时，他们对管理机构的信任度自然会随之提升。

为确保问责制的有效实施，建立清晰明确的危机沟通准则、协议及标准尤为重要。这包括明确界定各方角色与责任，建立高效畅通的报告机制，以及设定科学合理的绩效指标。此外，通过定期的评估与审计，可以及时了解这些标准的执行情况，从而发现存在的问题与不足，为进一步改进指明方向。

三、危机传播与社会治理的融合探索

危机传播和社会治理都与管理学息息相关。从管理策略角度研究危机传播，重点关注危机预案与预警机制，组织的管理职责和任务就是搜集与自身相关的风险议题、识别潜在风险信息和处理好利益相关者的关系与质量信息，避免风险转化为危机事件。随着社会的不断发展，近年来有关危机传播与社会治理的研究集中在公共管理研究和新闻传播研究的交叉范畴中，由公共安全、公共卫生危机的传播中引入协同治理、全球治理等相关概念，探讨在危机传播过程中如何做好社会治理。

第一，现代社会危机的频发和传播一定程度上是完善社会有效治理的内驱力。当前国际环境的动荡不安与国内社会矛盾的持续存在，都在不同程度上催化了社会危机的滋生，加之自媒体的兴盛与发展，危机传播成了一个热点话题。危机传播强调公共危机事件的发生和传播，一旦政府在应对公共危机事件时处理不当，公众对政府的信任感便会逐渐减弱，社会治理的难度也将随之攀升。现代公共危机的频繁发生及其表现形式、传播形式的多元化，对社会治理的现代化提出了更为迫切的需求。现代化的社会治理理念要求我们更新对公共危机的认知，并不断完善与之相关的制度建设。相关主体应着重关注社会事件的多样性、突发性、易变性、高频率等特点，在治理方式上更加注重运用信息技术、统计学等现代科技手段，全面关注危机发展的整个过程，尤其要紧紧抓住预警和反馈等重要环节。

第二，社会治理理论的革新帮助健全危机传播过程中的管理运行机制，协助解决规范化缺位问题。在危机传播的视角下，管理体制的不健全主要体现在对危机的预警、控制和恢复三个方面。首先，预警程序的体制机制尚不完善，缺乏明确的程序说明来指导在发展的哪个阶段应由谁向社会发出预警，这会导致早期预警的作用大打折扣。其次，在危机控制阶段，尽管我国从中央到地方都设立了应急管理部门，但关于中央和地方应急管理部门的具体职责、社会力量的参与方式、政府管理权力的下放等问题，都缺乏相应的规定。最后，在危机恢复阶段，由于缺乏针对人们赔偿和心理干预的后续规定，以及危机管理的总结和评估机制，往往会导致各部门相互推诿责任。从上述不足可以窥见，危机传播过程中社会治理理论的革新将带来积极影响。建立完备的社会治理体系，要涵盖社会事务的各个方面，对于每个领域的每个阶段和过程都需要精心制定体制机制，并在后期设立评价体制，以反映社会治理的成效。

第三，危机传播与社会治理现代化在实践中相互促进，共同提高危机治理水平，推动政府职能优化和社会进步。对于危机传播认识的完善将进一步提高危机治理的水平，我国的社会治理就是在每一次公共危机的应对中不断发展和成熟的。近几十年来，我国各个领域发生的公共危机事件，都在不断地推动着公共危机管理的完善和发展，每一次危机都是对政府治理能力的检验。同时，社会治理现代化的实现推动危机传播应对能力的提高。社会治理的现代化标志着我国政府职能的优化，是社会化、法治化、智能化、专业化的高度体现。而做好有效的危机应对措施，总结危机事件在传播模式、传播过程中的信息差，又从内在需求上能够提升政府的社会治理能力，进而从每次危机中实现社会发展进步。

第四，现行社会治理重视对权力的依赖也在一定程度上提高了社会风险。社会治理在进行的过程本身也有出现危机的风险，最常见的便是权力依赖和职权滥用等问题。现代社会风险源的转变带来了一种隐性的社会风险，这种风险容易演变成一种新的公共危机——舆论危机。要实现社会治理的现代化就一定要把握正确的舆论导向，这涉及社会治理理念的转变。社会治理的现代化需要满足公众日益多样化的需求，不能将舆情看作洪水猛兽，可以将舆情的发生视为公众需求的反映，从中洞察出社会的需求，找出问题根源所在。

复习思考题

一、名词解释

1. 危机传播
2. 焦点事件
3. 网络治理
4. 风险社会

二、简答题

1. 危机传播有哪些特征？
2. 请简述危机传播过程的四阶段理论模型。
3. 请列举一些有效的危机传播策略，并对其进行说明。
4. 危机传播与社会治理有什么联系？

三、论述题

1. 结合案例谈一谈，在社交媒体时代，政府应如何做好社会治理的风险沟通？
2. 结合案例谈一谈，在公共卫生危机中应如何重塑并传播城市形象？

第二章

危机传播与社会治理的利益相关者

　　按照危机事件波及的群体及社会治理的主体划分，危机传播和社会治理的利益相关者主要包含政府、商业组织、社会公益组织、公众与网络意见领袖。其中政府、商业组织和社会公益组织是主要的危机处理主体，只是在不同的危机事件中承担大小不同的责任。政府主要承担社会重大突发事件的社会治理，同时肩负预防社会危机的职责。商业组织和社会公益组织主要应对组织所面临的危机事件，并在其他社会危机中充当参与者的角色。公众与网络意见领袖是危机处理的参与者，公众处在危机的第一线，能够为危机处理积极建言献策；网络意见领袖指的是网民中具有较大影响力和话语权的人，在危机处理中，网络意见领袖充当信息传播和行为表率的角色，影响危机处理的效果。

第一节　政　府

　　当前，我国发展形势总体向好。同时，我们面临的维护国家安全和社会稳定的任务仍然十分繁重艰巨。2016 年 1 月 29 日，习近平总书记在中共中央政治局第三十次集体学习时强调："要增强忧患意识、未雨绸缪、抓紧工作，确保我国发展的连续性和稳定性。各级党委和政府要增强责任感和自觉性，提高风险监测防控能力，做到守土有责、主动负责、敢于担当，积极主动防范风险、发现风险、消除风险。"[①]

　　当下，对于已经进入风险社会的中国而言，公共危机与治理是政府无法回避的问题。如何提升公共危机沟通的合作与互动仍然是重要命题，政府在其中发挥至关重要的作用。[②] 在公共危机中，政府的危机管理和关系维护工作被推到了最前沿。[③] 当前，政府部门正在不断调整信息发布和危机沟通的策略，以适应数字化时代带来的挑战。有研究结合多次公共危机应对经验发现，政府正逐步从反应

---

① 中共中央党史和文献研究院. 习近平关于防范风险挑战、应对突发事件论述摘编 [M].北京：中央文献出版社，2020：9.

② 陈力雄，苏娇妮. 公共危机情境下政府网络沟通的角色重构：基于 2010—2019 年六次地震中的政府政务微博发布情况 [J].理论探讨，2024（2）：79-85.

③ 唐怡. 公共危机情境下政务微博中政府—公众关系培养策略研究：以河南 7·20 暴雨事件为例 [D].武汉：华中师范大学，2023.

型危机应对走向预防型危机应对，并强调政府在突发事件应对中扮演的角色和承担的职责。① 重大突发事件的爆发一旦损害了公众的切身利益，就会引起社会的高度关注和公众的不安情绪，若是政府回应不及时，再加上一些网民的煽风点火，很容易加剧公众负面情绪，导致舆情高涨。在应对网络舆情危机事件时，舆情研判是否到位、传情监测是否及时、舆情回应是否达到时效性要求、议题建构和引领是否有效，都是考验政府公信力和执政能力的重要方面。

除此之外，政府要成功主导危机传播，议题的建构和引领也十分关键。政府通过建构议题来转移公众的注意力，从而转化危机议题、化解矛盾，引领议题正向发展。因此，政府对议题的有效监测和管理变得尤为重要，关系到政府能否妥善应对危机传播。在危机传播中，有效的议题管理可以引导议题正向发展并化解负面的议题，使舆论向着有利的方向发展。

一、危机传播中政府的应对策略

（一）利用社会化媒体等数字传播技术，加强建设公共信息平台

政府危机管理部门在获取危机信息时，尤其针对突发事件，其获取渠道存在局限性。在传统大众媒体时代，政府部门管理者往往通过传统媒体获取信息，但在自下而上的多级传播过程中，信息时常出现缺损、失真、严重滞后等情况，极大地损害了政府危机管理部门决策的正确性和时效性。随着社会化媒体平台的兴起，公众自发地通过社会化媒体传播各种信息，形成了庞大的信息资料库，这为快速有效地获取危机信息提供了便利。

社会化媒体平台的信息集聚功能可以帮助完善危机管理数据库，使政府危机管理部门的危机管理工作更加系统和科学：利用社会化媒体的传播功能，可进行信息的完整发布；危机出现后，及时准确地发布信息，有利于政府掌握舆论的主动权；利用社会化媒体的宣传功能，可以安抚公众的情绪，引导正确的舆论导向；利用社会化媒体的监督功能，有利于提升政府的形象，加大媒体对政府应对危机的政策、措施和效果的滚动报道，引导公众对政府的正面理解与支持。

---

① 赵新峰. 从反应型政府到预防型政府：公共危机应对的政府角色转换［J］.财政研究，2008（5）：2-5.

【案例分析 2-1】

2015 年 6 月 1 日 21 点 30 分，一艘载有 454 人的"东方之星"客船在从南京驶往重庆的途中，因遭遇罕见的暴雨而沉没于长江中游的湖北省监利县水域。此次事故造成了巨大的生命损失，除成功救助的 12 人外，其余 442 人全部遇难。这一突发事件和惨重的伤亡情况立即引发了社会各界的广泛关注。相关舆论监测系统自 6 月 1 日至 5 日对舆情进行了持续监测，结果显示，舆论量在 6 月 2 日达到了顶峰。新华网于 6 月 2 日 2 点 52 分发现，通过其网络舆论监控系统，整体舆论正在迅速扩大。特别是央视新闻官方微博账号发布的关于"一载有 400 多人客轮在长江湖北段倾覆"的报道，在网络上率先引起了广泛关注。随后，微博、微信公众号及其他在线媒体纷纷跟进，人民日报、头条新闻、中国新闻网等主流媒体官方微博账号也相继发布相关信息，使得该事件迅速成为网民热议的焦点。

政府机关在此次事件中的沟通能力和危机处理能力，直接决定了公众对其信任和支持的程度。事件发生后，习近平总书记迅速作出指示，李克强总理更是亲自赶赴现场，指挥事故救援和应急处置工作。6 月 2 日下午 5 点 30 分，长江监利沉船事件的第一次新闻发布会召开，吸引了大量关注，舆情达到了高潮。从 6 月 2 日至 3 日傍晚，政府连续召开了多场新闻发布会，自 6 月 4 日起更是每天举行三场。这些新闻发布会为媒体提供了及时、准确的信息，极大地改善了公众对事件的理解，增强了政府信息的权威性。

此次舆情处理过程中，政府充分利用互联网技术和社交媒体平台，通过及时发布信息、积极回应关切，有效地引导舆论，控制社会危机的蔓延。这不仅体现了政府机关高度的沟通能力和危机处理能力，也为今后类似事件的舆情处理提供了宝贵的经验和借鉴。

（二）联动媒体设置议程

在危机传播管理中，媒体扮演着不可或缺的角色。在某些国家，媒体作为政府危机管理的重要组成部分，不仅担任着政府"危机信息代言人"的关键角色，更是被誉为"政府危机管理形象的塑造者"。随着网络时代的来临，相较于传统媒体，新媒体以其信息传播速度快、表现形式多样、信息受众互动性强等特点，展现出了显著的优势。

为了确保媒体能够准确理解并传达政府危机工作的重心，政府需要为媒体设置议程。这一过程中，新闻通稿的发放成为一项重要举措。政府可以通过新闻发布会或事故现场直接发放新闻通稿给媒体，也可以通过传真或电子邮件传递。新闻通稿的发放，确保了所有媒体获得的信息一致，为记者提供了撰稿的可靠依据。政府可以根据自身需要，将希望传达给公众的信息按照轻重缓急的顺序进行编排，并以新闻通稿的形式传达给媒体。这一过程实际上是在间接地为媒体设置议程，引导其报道方向。新闻发布会也是政府为媒体和公众提供信息、进行双向沟通的重要平台。通过新闻发布会，政府不仅可以设置议程、传达信息，还能说服公众、引导舆论。在这个过程中，政府通过精心策划和组织，使得新闻发布会成为危机传播管理中的重要环节，有效地提升了危机应对的效果。

除此之外，政府联动媒体设置议程的还需要更多的考量。首先应该确定危机的优先级，以便在有限的资源和时间内进行有效的管理。重要的议题应该优先处理，以保障公众安全。政府针对危机的影响范围进行评估，包括受影响的地区、人口和基础设施等，有助于确定议题设置的重点和需要采取的措施。政府要评估危机的可控程度，并根据可控程度确定对应的议题设置。对于那些难以控制的危机，政府需要加大防范措施和风险管理的议题设置。在此基础上，政府再来考虑媒体的关注度，以及公众对危机的关注程度。高度关注的议题需要尽快设置和解决，以避免公众恐慌和不良影响。当然，不限于媒体层面，政府应该主动与利益相关方进行对话和协商，以获取更多的信息和意见。多方参与有助于确定议程设置的全局性，提高解决危机的效力。

（三）建立危机事后评估机制

在当前互联网技术高度普及的背景下，信息传播的门槛显著降低，甚至在某些技术层面趋于无形，互联网已然演化为一个自媒体平台，使得任何信息的流通在网络时代都可能呈现出难以遏制的态势。这一变革为危机事件的传播构筑了一个开放且广泛的媒介环境，从而给危机事件的舆论引导带来了前所未有的挑战。在现实中，众多舆论往往与危机事件相伴相生，彼此交织影响。对于舆论引导的处置，稍有不慎，就可能如同蝴蝶效应一般，在微小的变动中酝酿出巨大的社会影响。为了应对这一挑战，完善舆情联动应急机制，并强化事后评估的环节，成为政府提升网络舆情处理能力的关键所在。首先，对危机事件本身的深入评估是不可或缺的环节。在危机得以解决之后，对其进行科学且全面的审视，有助于加强对此类事件的预警，完善防范机制。特别是对于那些由人为因素或制度缺陷引发的危机，应当努力探寻预防措施，以降低其再次发生的概率。而对于那些由不可抗力引发的危机，通过评估，也能优化应对策略，以便在未来以更迅速、更合理的方式应对。其次，对危机应对过程的评估同样重要。通过科学评估危机应对的各个环节及其影响因素，可以发现机制、结构、政策和执法等方面存在的漏洞，进而提升政府部门在危机应对中的合法性和合理性。最后，根据评估报告，对相关责任者的行为进行责任追究和有效激励，可以进一步规范责任主体行为，确保责任机制运行更加高效和有序。每一次危机的反思与总结，都为应对未来可能出现的危机积累了宝贵的经验。政府投入精力和时间进行危机后的评估工作尤为重要，这不仅能有效弥补其在危机应对过程中的暴露不足之处，更能提升未来的危机管理能力。

二、政府在网络舆情中强化议题管理

（一）议题管理与舆情监测

议题管理理论，作为一种前瞻性的战略性策略，其本质在于通过预见性的政策规划工具，主动塑造和引导公共议程。自 1979 年公共关系领域的先驱查斯（W. Howard Chase）首次引入议题管理（issue manage）这一概念以来，其问题导向的管理步骤便为政策制定者提供了一个清晰而系统的框架。在重大突发事件的政府预警管理过程中，议题管理理论的应用显得尤为重要。通过"发现—分析—解决"这一逻辑严谨的问题处理流程，政府预警管理行为得以更加科学、高效地展开。[①]

当危机爆发后，利益受到侵犯的公众迫切想要了解事情的真相，需要得到政府相关部门提供的权威信息和指导。如果在危机后续的处理中，公众获取信息的需求迟迟得不到满足，就会陷入恐慌不满的情绪中，部分公众会主动开始制造不实言论，发泄情绪，造成舆论的混乱，引发舆情危机。因此，这就要求政府监管

---

① JONES B J, CHASE W H. Managing public policy issues [J]. Public relations review, 1979, 5(2): 3-23.

部门能够实时监测相关舆情，及时了解公众在危机情境下的所思所想，从而把握转化议题的有效时机，帮助政府更好地应对危机。

在公共讨论、主动响应和有效引导的基础上，议题管理有助于政府与利益相关者达成共识，形成对政府有利的主流意见，从而触发、调整和优化相关政策和法规。相较于传统危机传播的策略，议题管理更具有主动性和长效性。在网络舆情危机事件中，涉及的往往是与公众切身相关的公共利益，议题管理所要求的主动识别、主动监测等功能，使得政府在面临危机时拥有更多的主动权和反应时间，有利于降低网络舆情带来的风险和危害。议题是有周期性的，因此事件一旦爆发，议题的发展不一定会随着事件的结束而消失，相反大多议题对社会和公众的影响是极为深远的。

（二）政府在新媒体时代的舆情应对

第一时间发布信息。目前，传统媒体与新媒体的融合正在深化，信息的传播途径多种多样，普及速度快。在应对紧急情况时，政府第一时间发声，有助于获得公众的理解和支持，有利于消除公众的不安和恐慌，抓住舆论机会，掌握舆论主导权，避免舆论的进一步发酵。

处理流程开放、透明。在处理危机事件的过程中，要尽量形成快速慎重的报告，适时公开处理过程，防止出现缓慢的结论，使简单的事情复杂化。政府应提高信任、消除怀疑、及时发布权威信息、分解虚假传闻。此外，要鉴别错误的信息，巩固舆论主导权，为正确处理危机事件营造强有力的舆论环境。公众越是获得开放、透明、准确的信息，对政府处理问题的信任越高，有助于扭转不利情况。

用好网络媒体平台。政府部门要向权威主流媒体和官方新媒体发出主流声音，掌握舆论主动权，压缩虚假信息的恶意夸大途径。根据事件处理的进展情况，将在适当的时间公开后续信息。彻底准备好报道资料所需的相关资料，客观、实际地报告事件经过。

【案例分析 2-2】

在 2011 年 8 月 17 日晚间，山东省济南市一监狱的警察林某因电动汽车修理问题与谢某、穆某发生冲突。随后，林某召集其丈夫朱某到达现场，导致双方的冲突升级，造成谢某和穆某受伤，进而引发了一场群体性事件。接到报警后，公安部门迅速介入，对涉事人员进行调查和处理。然而，不明真相的围观群众情绪激动，试图阻止警方带走相关人员，形成了人墙，并要求林某和朱某下跪道歉。此事件迅速在社交媒体上发酵，围观群众上传了大量现场照片和视频，谣言四起，对事件的真实情况造成了极大的混淆。

济南市公安局（以下简称"市公安局"）在接到相关报告后，迅速采取了应对措施。基于"开放、公正、和平、团结"的原则，市公安局坚持"早说比晚说好，主动说比被动说好，快说比慢说好"的信息公开策略。局长要求迅速向公众披露事实真相，与公众在网络上进行实时互动，通过济南公安微博账号实时发布事件处理进展。这一策略有效地打破了谣言的传播，使得公正和合理的声音逐渐占据了网络舆论的主导地位。事发当晚19点31分，济南公安微博账号管理人员发布了与"8·17"事件相关的第一条微博，这距离全网与该事件相关的第一条微博上线还不到两个小时。网上有"加害者都属于公安局，派警察的警车是加害者驾驶的"等虚假陈述。现场很快就查明了加害者的身份，最权威的声音瞬间占据了网络舆论的主导位置。22点31分，局长亲笔批准的消息刊登在济南公安微博上，18日上午4点06分发布了对2名加害者的处理决定。人民网等大型门户网站和论坛接连转载。18日上午，广播和报纸等主要媒体也报道了事件，并告知情况，明确了事实关系，消除了大众的误会。

在以上案例中，济南市公安局展现出了高度的专业性和责任感。事件发生后不久，济南公安微博账号管理人员便发布了与事件相关的第一条微博，及时回应了公众关切的问题。针对网上流传的"加害者属于公安局，警车被加害者驾驶"等谣言，警方迅速查明了事实真相，并通过微博公布了最权威的信息。此外，济南市公安局还通过各大门户网站、论坛及传统媒体等渠道，广泛发布事件进展和处理结果，消除了公众的误解和疑虑。在事件处理过程中，济南市公安局始终坚持合理、和平、文明、规范的执法原则。警方在现场处理时，始终站在群众的角度，以理服人，以法服众，展现了公安机关的权威和决心。同时，警方还通过济南公安微博等渠道，及时公布事件真相和处理结果，有效地缓解了现场紧张的气氛，促进了事件的顺利解决。

此次危机事件的处理，充分展示了济南市公安局在应对线上和线下复杂情况时的专业能力和高效行动。通过及时、准确、公开的信息发布和舆论引导，有效地缓解了公众的负面情绪和误解，促进了事件的顺利解决。最终，事件的原因、过程、调查及后续处理措施均被公众所了解，网络舆论逐渐趋于理性和平缓。这一成功案例对于今后公安机关应对类似危机事件具有重要的启示意义。

第二节　商业组织

"商"在法律上指营利性的行为，主要是指出于营利目的交易、买卖或其他经营活动，而"商业"则是指有组织地提供顾客所需的商品与服务的行为，即商品和服务的有偿交换。在这个意义上，可以将商业组织（企业）界定为"以营利为目的，提供商品和服务的经济实体及相关组织"[①]。商业组织的主要目的是通过生产和销售产品或提供服务来获得利润。因此，与政府不同，商业组织是以营利为核心开展危机传播管理的。有研究指出，商业组织危机传播作为危机传播的一个特定领域，是针对商业组织危机现象，如何采取大众传播及其他管理手段，对危机加以有效控制的信息传播。[②] 对危机传播活动进行有效的管理，让商业组织和公众（包括普通公众、媒体、政府）进行良好的沟通，使危机对商业组织形象的损坏程度降到最低，最根本的目的是消除信息在传播过程中出现的偏差，继而保护商业组织声誉、控制危机信息、保护利益相关方、减少经济损失，以实现危机应对的最佳效果。

一、商业组织发生危机事件造成的影响

（一）负面形象相关性增加

"企业形象的建立，就如同鸟儿筑巢一样，从我们随手撷取的稻草杂物中建

---

① 马忠法，赵建福. 全球治理语境下的商业组织与国际法 [J].学海，2020（1）：166-176.
② 张保英，丁茜茜. 新媒体环境下企业危机传播的特征和策略 [J].新闻世界，2010（S1）：108-109.

立而成。别小看了这些稻草杂物般的细枝末梢，正是它们奠定了一个企业形象的坚实基础。"① 危机传播往往伴随着负面信息的扩散，这些负面信息一旦与商业组织产生关联，便会在公众心中形成挥之不去的负面形象。而负面形象一旦与商业组织绑定，往往会长久留存，难以消除。即便在互联网技术高度发达的今天，商业组织一旦发生危机事件，其负面形象的形成与影响仍难以避免。尽管有些商业组织可能会尝试通过策划负面"阴谋"来吸引公众关注，但在信息透明度越来越高的当今社会，公众对此类行为的识别能力也在不断提高。因此，这种刻意制造的负面事件往往难以获得公众的信任和支持。负面舆情对商业组织品牌形象的影响是深远的，远超过其可能带来的短暂关注度或利润增长。因此，商业组织在面对危机传播时，应高度重视其可能带来的负面影响，采取积极有效的措施进行应对和修复，以维护商业组织的品牌形象和声誉。

【案例分析 2-3】

在 2024 年中秋节前夕，某白酒品牌于西安举办"中秋盛唐夜宴"活动。其间，该品牌邀请了一位颇具争议的网红扮演唐代诗人李白进行诗朗诵，并事先将其作为"神秘嘉宾"进行大肆宣传，此举在网络上初步引发争议。

随后，舆论风波在抖音直播间进一步升级。该网红身着传统长衫，手持折扇，装扮成李白形象，在西安大唐不夜城游玩时意外跟跄摔倒，相关视频片段迅速在网络上广泛传播。众多网友将此次摔倒事件与此前该网红因"电梯夹头"事件而引发的热议相联系，纷纷发出"这次不夹头，改磕头了""幸好门是开着的，要不然又夹头了"等讽刺与嘲笑之声。

活动结束后，主办方在推广文章中对该网红的参与给予了高度评价，称其为"独立学者""社会评论家""拨冗赴宴"，并强调其是"本届盛唐夜宴的一大亮点"。然而，这些赞誉之词在舆论的发酵过程中被网友反复吐槽，进一步激发了公众的抵制情绪。

一旦负面形象与品牌紧密绑定，将迅速转化为对品牌不利的公众认

---

① 郭占民. 提高员工素质，维护企业形象 [J]. 经营管理者，2008 (13): 1.

知，进而对品牌发展造成严重影响。在此背景下，该白酒品牌被部分网友戏称为"夹头酒""夹香型"，并在互联网上迅速传播开来。其直播间也遭受了大量刷屏，面对巨大的舆论压力，其官方旗舰店直播间一度关闭了评论功能。

意识到问题的严重性和舆论的持续发酵，该品牌紧急发表声明，称此次事件系经销商行为，与厂家无关。9 月 19 日，该品牌在官方微信公众号上发布了《关于规范市场推广活动的通知》，明确要求相关营销管理公司、品牌运营公司的所有市场活动必须实行书面报备管理制度，并需经过营销管理公司市场推广部的审查同意后方可实施。

然而，声明并未能有效平息舆论风波。社交媒体上抵制该白酒品牌的声音持续高涨，尽管公司采取了一定的危机公关措施，但效果并不显著。9 月 20 日，新黄河·大鱼财经记者致电该白酒品牌营销管理有限公司进行求证，工作人员表示通知确为该公司所发，但对于如何安抚消费者情绪、修复品牌形象等关键问题，该工作人员并未给予明确回应。

以危机公关的基本原则审视该事件，首先，该品牌并未承担应有的责任，而是试图将责任转嫁于经销商，以此降低自身的责任承担。这种策略显然违背了危机公关中坦诚面对、积极解决问题的原则。其次，该品牌在沟通中缺乏真诚与深度。其回应并非出于真正的沟通意愿，而是在形势所迫下做出的临时应对。仅以一纸声明进行回应，后续处理态度消极，缺乏真诚与深度的沟通难以赢得公众的信任与理解。最后，该品牌未能抓住危机处理的黄金时间。回顾整个事件，舆情的发酵与品牌方的一次次营销推动紧密联系。由于对舆情危机的敏锐度不足，任由危机事件在社交平台持续发酵后，该品牌才被迫做出回应，并且这种回应仅仅是单方面的信息发布，缺乏与公众的双向沟通与交流。

（二）品牌忠诚度降低

所谓"品牌忠诚度"，主要是指消费者对特定品牌的偏好，是基于产品质量、知名度、品牌归属感等因素购买选择的心理活动。根据理性行动理论，购买行为的前因是购买态度和主观规范。有学者指出，如果将购买行为的前因整合起来预测和测量品牌忠诚度，那么对品牌忠诚度的预测和测量将更加长期稳定和准确。① 正面的品牌传播能有效提高品牌忠诚度，因此，这对商业组织来说非常重要，也对商业组织未来的发展起着重要作用。

品牌忠诚度与危机传播管理是相互关联的概念，两者之间存在很强的联系。品牌一旦发生了危机事件，人们对品牌的忠诚度就会降低，并且当人们有购买行为的时候，往往会避开该品牌，转而选择同类型的其他品牌，这会对品牌的未来发展产生巨大影响。一方面，品牌忠诚度可以帮助品牌渡过危机。当品牌面临危机时，忠诚的消费者倾向于给予品牌支持和信任，购买其产品或服务，从而帮助品牌渡过难关。相反，如果消费者对品牌没有忠诚度，可能会选择转投其他品牌，进一步加剧品牌的危机。另一方面，危机传播管理可以影响品牌忠诚度。危机对品牌形象和声誉的损害，可能会导致消费者对品牌失去信任和忠诚度。因此，有效的危机传播管理可以减少危机对品牌忠诚度的负面影响，甚至有机会提升消费者对品牌的忠诚度。

二、危机传播中商业组织的预防措施与应对

在商业组织的日常运营中，危机管理始终占据着举足轻重的地位。近年来，新媒体的迅猛发展，使其在网络空间中的语言力量日益凸显，展现出惊人的传播爆发力。这种力量的崛起，不仅为商业组织带来了前所未有的机遇，更带来了潜在的巨大威胁，深刻影响着商业组织的危机管理工作。新媒体的传播速度和广度，使得危机事件一旦爆发，便可能迅速蔓延至整个网络空间，给商业组织带来难以估量的损失。因此，如何在新媒体时代更为有效地开展商业组织危机管理的相关工作，已成为众多管理者亟待解决的重要问题。

（一）增强商业组织内部员工对潜在危机的安全意识

在商业组织日常工作中，许多员工往往容易忽视自身个体所带来的潜在影响力。然而，在舆论的放大镜下，即便是普通员工的微小失误也可能被媒体过度渲染，进而直接损害商业组织的整体形象。因此，商业组织在危机预防阶段应当致

---

① HA C L . The theory of reasoned action applied to brand loyalty ［J］. Journal of product & brand management, 1998, 7（1）: 51–61.

力于提升员工的危机意识，确保他们时刻保持清醒的认识，做到未雨绸缪。特别是对于商业组织的管理层而言，他们如同组织的名片，拥有更多与外部接触和代表企业发声的机会，因此也更容易成为媒体关注的焦点，稍有不慎就可能引发危机。因此，管理层更应当时刻保持警惕，居安思危，以避免任何可能对商业组织造成负面影响的行为。

为了提高员工的安全意识，商业组织日常可以做到：①面向员工开展定期的培训和教育，以增强他们对潜在危机的认识和理解。培训内容可以包括识别潜在危机的标志和风险、危机响应和处理的基本原则，以及相关危机管理策略和技巧。②模拟危机事件，并邀请员工参与其中，以提高他们应对危机的能力和意识。通过情景演练，员工可以亲身体验并了解应对危机所需的行动和决策，从而更好地理解和认识潜在危机的安全意识。③建立良好的内部沟通机制和信息共享平台，及时向员工传递与潜在危机相关的信息。通过及时、透明和准确的沟通，员工可以了解所在组织对潜在危机的关注和应对措施，从而增强其对危机的安全意识和信任。④设立奖励机制，激励员工积极参与危机管理，推动安全意识的提升。例如，可以表彰员工在面对潜在危机时采取的积极行动和有效措施，鼓励其他员工效仿和学习。通过奖励和认可，可以增强员工对危机管理的重视和主动性。总之，商业组织应倡导和建立一种安全文化，将安全意识融入组织的价值观和行为规范中。领导层要起到榜样的作用，注重员工的安全和危机管理，营造一个安全、可靠的工作环境。

（二）建立舆情管理系统与研判预警机制

新媒体环境下，各种危机具有较强的不确定性及较快的传播速度。为了更好地对各类危机进行预防，商业组织需要积极构建起完善的危机预警机制。对于一些规模较大的商业组织来说，甚至有必要成立专门的部门，由专业的工作人员负责相关工作，利用各种网络实时监控手段，依托即时电子传输技术和网络预警技术等，对通过不同新媒体产生的各种与商业组织相关的网络信息进行监控和筛查，从而及时发现可能会导致危机的信息，并上报给相关部门处理。专业的团队能有效地挖掘潜在的危机，并及时做出反应，有助于降低谣言滋生或舆论向错误的方向发展的可能性。

商业组织要注重建立信息收集渠道和机制，及时获取与商业组织相关的内部和外部信息，具体可分为：①通过媒体监测、社交媒体分析、客户反馈等方式收集信息，并对收集到的信息进行综合分析和评估，识别潜在的危机因素和风险。②利用现代技术手段建立危机预警监测系统，包括使用数据挖掘、人工智能、机器学习等技术，对大数据进行分析和挖掘，识别异常和变化，并预测可能的危机风险。③在预警系统中设定合适的通知和应对机制，在预警触发时向相关人员发送及时的预警通知，以便他们能够做出快速有效的应对措施，包括建立预警通知链路、成立危机管理团队等。④定期组织危机预警演练，测试和评估预警系统和机制的有效性和可靠性，并根据演练结果，及时优化和改进预警机制，确保其持续有效。

（三）加强与商业组织关联方的沟通机制

很多舆情事件的发生其实都是因为一些"小事"未被重视发酵而成，大部分在事情发生初期都是有挽回余地的，可能只是因为公众未能与商业组织进行有效的沟通，因此只能通过网络的力量对商业组织表示不满和抗议。商业组织的消费者有部分属于比较敏感的群体，因此商业组织需要与他们进行有效的沟通，并提供渠道接收他们的意见，做出反馈。有效的沟通不但有助于降低潜在危机的发生，也有利于商业组织的发展，商业组织可以通过沟通机制了解到自身更多不足的地方，及时处理问题。有效的沟通机制也能树立良好的组织形象，让商业组织关联方感受到商业组织的诚意，若问题得到有效解决，甚至能提高客户黏度和关联方忠诚度。

【案例分析2-4】

2020年12月29日，某电商平台一名员工在深夜一点半下班路上突然晕倒，经急救无效，不幸离世。其男友在朋友圈发文，好友在知乎发文，直到2021年1月3日进行火化，该平台官方也没有对外公开相关信息，此时也并未引起舆论危机。1月4日，该平台官方创建了知乎账号并发帖，原文是："你们看看底层的人民，哪一个不是用命换钱，我一直认为不是资本的问题，而是这个社会的问题，这是一个用命拼的时代，你可以选择安逸的日子，但你就要选择安逸带来的后果，人是可以控制自己的努力的，我们都可以。"虽然在一分钟后该平台官方自行删除了帖子，但是相关内容被网友截图发出，在社交平台引起了讨论与不满。当日下午，该平台官方发布公告称网传截图不实，请网友不要相信谣言及不知名的该平台账号回应，将矛头指向知乎的身份审核。

当晚，该平台官方第二次回应，对跨年晚会供应商及账号的把控不严格表示歉意。在逝者员工家属的回应下，该平台本没有大问题。对于知乎账号把控不严格使自私无情的言论发酵，虽然做到了及时回应处理，但沟通的内容没有责任心，没有站在公众及内部的员工角度思考，不主动交代事实，反而否认了相关事件，并将矛头转向知乎，这才是造成危机事件的根本。该平台的沟通措施更像是为了平息舆论而进行的，得到了家属的回应，却没有针对知乎账号的言论进行事实澄清，也没有向公众交代为何发布不负责的言论。这种逃避的沟通态度，使危机事件第二次上热搜，知乎的回答证明了该平台的谎言，一个小时后，该平台官方的第二次回应，才对员工猝死事件进行说明并表示惋惜。

该平台官方三次发文，一次是员工私自发布，两次是回应，都在危机处理的"黄金24小时"内，却是一次失败的危机沟通。该平台没有交代事实，推卸责任，缺乏安抚，企业文化也受到了网友的质疑，引发二次危机。若该平台主动与家属沟通，认真交代事实，对逝世员工表达惋惜等，也许能将危机降到最小，且进一步对家属关心安抚，给予一定的赔偿都是能让事件快速降温的做法。

在每一次危机管理中的沟通措施、沟通态度和处理方法，都能反映出商业组织的内部文化。危机沟通是用言行去衡量一个商业组织的社会形象，社会形象则是一个企业发展的重要因素，商业组织的价值观偏差才是最根本危机。要想让危机沟通措施成功发挥作用，除了坚持正确的原则，还要做到有良心、有态度、有温度的双向沟通，才能成功管理危机。

（四）在舆论引导中传递出承担责任的态度

商业组织面对突发危机，往往容易低估负面新闻在社交网络媒体中的传播广度和深度。2018年5月，在社交媒体上备受关注的"空姐网约车遇害案"中，从一开始网约车公司只是将其作为一件普通的刑事案件进行危机公关，却不料这一事件借助社交媒体平台，在公众舆论场中产生了不可估量的负面影响，使该公司的辩解和努力淹没在了滔天的负面讨伐声中。这是因为面对负面新闻时，公众往往会倾向于以有罪进行推定，认为商业组织的负面新闻并非空穴来风。

因此，面对危机传播的商业组织，先采取向公众传达自身不逃避、敢承担的负责任态度的应对措施十分重要，此后再利用多渠道联合的手段向公众辟谣，揭露负面新闻中的失实部分。在危机发生后，商业组织应立即回应，并进行公开的沟通。这可以通过新闻发布会、社交媒体平台、官网等多种渠道进行，向公众传达商业组织的负责任态度和承诺。如果负面新闻中存在失实部分，商业组织可以利用包括发布正式声明、提供证据和事实、与媒体合作等方式，使公众正确了解事实，避免传播或信任错误的信息。这都有助于提升公众对商业组织的信任和理解，减少危机对商业组织声誉和形象的负面影响。

第三节　社会公益组织

社会公益组织，通常是指那些设立于政府之外，不以追求利润最大化为首要目标，而是以推动社会公益事业发展为核心宗旨的社会组织。这些组织的历史可追溯至早期的人道主义救援和贫民救济活动，其中不少组织源自慈善机构。在西方学术界，这些组织常被归类为非政府组织。而在我国，一些学者则倾向于称之为第三部门或非营利机构，以明确其与政府机构和商业组织的区别。尽管社会公益组织在社会发展中发挥着重要作用，但关于其定义，学术界尚未形成一致且普遍认可的观点。此外，除了专门的社会公益组织外，还有一些媒体以报道公益活动为主要任务之一，为社会公益事业的传播和推动发挥了积极作用。

社会组织是共建共治共享社会治理制度建设的重要主体。[1] 随着我国社会的不断发展，社会各方面得到不断完善和发展。其中，社会公益组织起到了非常大的作用，特别是慈善机构，为减小我国贫富差距、合理进行第三次分配起到了重要的作用。相对而言，社会公益组织是一个"舶来词"。由于特殊的国情，我国社会公益组织的发展自20世纪90年代开始才逐渐成为一个社会话题，并伴随着网络不断发展壮大。社会公益组织在如突发公共卫生事件的社会救助与灾难救援中扮演着重要角色。

---

① 王名，李朔严. 十九大报告关于社会治理现代化的系统观点与美好生活价值观 [J]. 中国行政管理，2018 (3)：60-63.

一、社会公益组织形象分化

社会公益组织存在形象分化是一个不容忽视的现象。

一是正面形象与负面形象的分化。社会公益组织建立的出发点是促进社会和谐稳定发展。但是在某些情况下，由于处于社会公众的监督下，组织中的个人或群体行为会对其产生整体效应，正面形象和负面形象的转化往往在朝夕之间。相较而言，一些基金会、校友会、非常正规的社会组织和网络型的志愿组织通过自媒体、专业媒体的宣传，公益形象得以广泛传播，特别是抖音一类的视频传播，形成了极强的公益传播效应，一定程度上在大众心目中重塑了公益形象。

二是简单与复杂的分化。以突发公共卫生事件为例，一方面，一些社会公益组织基本是以筹集物资与款项为主，也就形成了较为简单化的媒体形象，筹款、筹物、运输、投送、发放等环节被反复传播，被形塑成较为简单的公益形象，在地公益服务、远程支持服务、专业社工介入、医院支持服务、社区替代服务、社区保障支持等工作，在事件早期的传播中都处于隐形状态。另一方面，随着事件的发展，长投影特征逐步显现，其影响从一般公共卫生领域开始投射到其他领域，波及经济层面的企业危机与市场危机，社会层面的社会心理危机与社会生活危机，国际关系层面的外交危机，等等。

三是草根与专业的分化。草根公益组织通常是由个人或小团体自发集结而成，它们秉承着非营利性的原则，汇聚了一群热心公益的志愿者，致力于解决社会问题、改善社会环境等任务。这些组织往往以民间力量为基石，贴近基层，灵活多变，能够迅速响应社会需求，为弱势群体提供及时援助。相较之下，专业公益组织则呈现出一种更为系统化和专业化的形态。它们通常由具备专业知识和技能的人士组成，经过专门的培训和组织运作，专注于某一特定领域的公益事业。这些组织在人员配置、项目管理、资金筹措等方面更为成熟和规范，能够更好地发挥专业优势，推动公益事业的深入发展。

草根和专业组织形象分化的原因可以从多个方面来看。首先，草根公益组织由于其自发性质，往往在资金、资源和组织能力上存在一定的局限性。相比之下，专业公益组织更加专业化和规范化，拥有更多的资源和专业知识，能够更有效地推进公益事业的发展。其次，草根公益组织在推动公益事业时，常常受限于个人的能力和时间，难以在规模和影响力上与专业公益组织相媲美。而专业公益组织通常能够获得更多的资金支持和政府合作，拥有更多的人力资源和媒体关注，从而可以产生更大范围、更深入的社会影响。此外，由于社会对公益事业的认可度逐渐提高，越来越多的草根公益组织涌现出来。虽然这些组织起初可能是基于个人热情和理想主义，但由于资源有限和组织能力不足，一些草根公益组织在实际运作中可能出现管理混乱、透明度不高等问题，这也进一步加剧了草根公益组织和专业公益组织的分化。

尽管存在形象分化的问题，但草根公益组织和专业公益组织都在推动社会公益事业发展方面发挥着重要的作用。草根公益组织以其自发性和基层特点，能够更加贴近社区和个人需求，在小范围内产生持续影响；而专业公益组织则能够发挥更大的规模效应，引领和改变社会进程。例如，在新冠疫情早期防控中，"公益正规军"在某些方面比不过自发的"散装游击队"。相比于官方的公益组织，很多志愿者组织利用社群、自媒体的便捷和人数多、成员多元化的优势，在采购、物流、通关等方面的接通能力远超一般组织。在传播形象上，志愿者组织确实比较松散，但行动非常有效果，很多医院需要的物资通过志愿者组织在全世界范围内购买填补，收效显著，使这些组织的公益形象得到了极大的提升。

四是"在场"和"不在场"的分化。公益组织呈现出互联网技术形象与传统公益技术支持形象两个类型。最先在网络上进行公益组织传播的是西奥多·哈特（Theodore R. Hart），他将电子公益（ephilanthropy）描述为"相对新型的筹资和捐赠技术在公益活动中的运用"①，后来逐渐发展壮大，利用互联网的特性开展公益活动。但这也一定程度上影响了公众对公益组织的看法：传统公益组织更多的是线下开展"在场"公益活动，但是由于新冠疫情的特殊性，导致大部分公益机构与公益服务无法到现场展开，传统的公益组织无法有效开展相关活动。公益组织必须通过互联网提供"不在场"服务，通过网络进行心理抚慰，开展网络社会工作、网络社区支持、网络团购、网络物资保障等活动，通过不在场的工作方式、运用新技术不断解决问题，就呈现新的远程"不在场"形象。②

---

① HART T R. Ephilanthropy: using the Internet to build support [J]. International journal of nonprofit and voluntary sector marketing, 2002, 7 (4): 353-360.

② 何双秋，方欣晨. 危机传播中公益组织形象的矛盾与冲突 [J]. 传媒观察，2021 (11): 72-76.

二、社会公益组织的危机传播挑战

在危机传播应对的复杂场景中，社会公益组织往往面临着来自组织内部、外部环境及公众期待等多重困境与挑战。这些挑战不仅考验着组织的应对能力和危机管理能力，而且一定程度上影响着其社会公信力和持续发展。

从内部视角审视，在面对突发危机时，一些社会公益组织在危机管理方面会暴露出明显的机制与流程缺陷。具体而言，这些组织缺乏有效的危机预警机制，导致在危机初露端倪时难以迅速察觉并做出反应。同时，危机应对预案的制定也显得不够完善，缺乏针对性和可操作性，使得组织在面临危机时无法按照既定方案有效应对。此外，危机管理团队的专业性不足也是一大问题，其成员往往缺乏危机管理方面的专业知识和实践经验，难以在危机发生时做出科学、合理的决策。

由于上述问题的存在，当危机事件真正发生时，这些社会公益组织往往难以迅速、有效地做出反应。他们可能无法及时启动应对机制，也可能在应对过程中出现混乱和失误，导致危机处理不当或进一步扩大。这不仅会对社会公益组织的声誉和形象造成损害，还可能对社会公益事业的健康发展产生负面影响，具体而言：

（1）社会公益组织在危机传播过程中，常遭遇信息透明度不足和沟通渠道不畅的困境。组织内部若存在沟通障碍或信息封锁现象，外部公众和媒体便难以获取准确、全面的信息，最终会导致误解和猜疑的滋生。更为关键的是，部分社会公益组织在应对危机时缺乏主动沟通的意识和策略，未能及时、主动地与公众和媒体建立有效的沟通桥梁，这在一定程度上加剧了危机的负面影响，使组织的声誉和形象进一步受到损害。

（2）社会公益组织在危机应对过程中，还常常受限于资源方面的问题。由于资金、人力等资源的有限性，一些组织在面临危机时难以迅速调动足够的资源进行有效应对。这种资源不足的情况可能导致危机应对措施不力，甚至可能加剧危机的发展，进而引发更为严重的社会问题。

（3）社会公益组织还面临着公众期望与信任方面的双重挑战。作为公益事业的代表和引领者，公众对社会公益组织的期望往往较高，期待其能够在危机来临的时刻展现出卓越的应对能力和高度的责任感。然而，一旦社会公益组织在应对危机时出现失误或不当行为，很容易引发公众的失望和不满情绪，进而对组织的公信力和形象造成严重的损害。这种信任的破裂不仅会影响组织在危机中的应对效果，还可能对组织的长期发展产生不利影响。

三、危机传播中社会公益组织的应对策略

一般来说，公众对公益领域普遍缺乏专业认知，因此，一旦发现任何的"小错误"都很有可能将其上升为舆论热议话题，进而由于某种舆论导向而陷入一种非理性的状态。社会公益组织发生危机的原因可分为以下两类：外部环境影响和内部管理不善，而外部环境影响又可分为经济形势的变化、媒体负面报道、社会文化环境的变迁等；内部管理不善则可分为机构设置不合理、制度不健全、人际关系不协调等。这些危机事件一般都具有主体被动性、过程庞杂性、宗旨社会性、效益多面性的特点。对此，社会公益组织可以从以下四个层面进行应对：

（1）坦然应对危机。当危机事件骤然降临，媒体的聚焦与公众的质疑如潮水般涌来，社会公益组织必须秉持坦诚之态，勇于直面公众的疑虑与指责，及时担责并采取改进措施。面对危机，消极抱怨绝非良策，而应积极开动脑筋，寻求最佳解决方案。这需要拓宽思路，寻求外部支持与合作，以共同应对挑战。

（2）危机应对贵在迅速。在这个信息传播日新月异的时代，危机事件一旦爆发，消息便如病毒般迅速扩散。若不能迅速查明真相并向公众、媒体合理解释，误解、猜测与谣言便可能乘虚而入，导致问题愈发复杂，最终失去控制。因此，社会公益组织必须第一时间发声，不给谣言留下可乘之机。

（3）权威机构助力，客观求证为要。危机发生后，社会公益组织不仅需展现承担责任之诚意，更应积极寻求权威机构如监管机构、评估机构、媒体等支持，共同发声以消弭公众疑虑。在信息泛滥的互联网时代，应审慎对待来源不明或质疑声较高的信息。在筛选信息时，务必查明其来源，验证其真实性与可靠性。对于重大问题，应从多个权威、可靠渠道获取信息，并进行对比分析。同时，可请教相关领域的专家学者，以获取专业中肯的建议。

（4）统一口径，明确发言人至关重要。危机发生后，社会公益组织应明确指定发言人，杜绝擅自发声现象，并审慎把握发言尺度，以免问题进一步复杂化。此外，诚恳道歉亦不可或缺。相关负责人应及时出面道歉，以尽可能减轻事

件对组织声誉的损害。组织应及时发布信息、提出解决方案及补救措施，并通过各种媒体向公众传达歉意，以确保信息传达的有效性。

第四节　公众与网络意见领袖

一、公众

长久以来，"公众"得到了学界和业界广泛的研究及探讨。我们很难对"公众"下一个精确的定义，它是一个有机的概念，即公众是"政治身体"；是个人化的概念，即公众是由社会类别组成的个人的集合体；也是关系的概念，即公众是通过交流的流动、共同的故事、公民或其他集体关怀三者相联结的行动者的开放网络。[①] 在信息传播领域，公众的核心地位不容忽视，他们不仅担任着信息接收者的角色，更是信息传播过程中的核心主体。特别是在公共危机传播的语境下，公众的作用尤为显著。公众对于信息的解读、传播与反馈，对于危机的应对和处置具有决定性影响。步入信息社会，网民作为公众的重要组成部分，其媒介素养在公共危机传播中占据着举足轻重的地位。高媒介素养的网民能够运用批判性思维，客观冷静地分析新闻事件，有效地辨别信息的真伪，进而传递权威、准确的信息。他们不仅能够弘扬社会主流价值观，传递正能量，还能在一定程度上遏制虚假信息的扩散，维护信息的真实性和可信度。而低媒介素养的网民则可能在网络上传播不实信息，甚至造谣和发泄，造成网络生态的混乱。

对于公众而言，保持独立思考和判断力，在海量信息的传播中坚守自己的立场和观点，避免盲目跟风和从众行为，是应对公共危机传播的关键。这需要公众具备较高的媒介素养和批判性思维，以正确、积极的态度面对危机传播，共同维护社会的稳定和发展。提升媒介素养，对于引导公众正确面对公共危机，增强公众自制力，避免从众行为，具有极其重要的意义。通过提升公众的媒介素养，我们可以有效减少危机传播中的负面影响，推动公共危机事件得到平稳、有序的解决。

---

① STARR P. The relational public [J]. Sociological theory, 2021, 39 (2): 57-80.

（一）公众角色

在危机事件与社会治理的复杂交互中，公众扮演着多重角色。作为危机事件的直接影响者，他们深受危机事件的影响；而在危机信息的传播过程中，公众又是积极的参与者。公众不仅是危机事件的主体，还由于其信息甄别能力较弱，往往表现出非理性的群体特征。这种特性使一部分媒介素养较低的公众极易受到不实传闻的误导，一旦恐慌情绪蔓延，公众的从众心理便会加剧动荡局面的形成。

从信息传播的角度来看，公众既是危机信息的接收者，也是传播者。随着社会的不断进步，公众获取信息的渠道日益多元化，获取途径和数量在不断增加。这使得公众能够更加积极、主动地获取危机信息，形成对事件的全面认知。新技术与新媒体的迅猛发展，特别是手机终端与互联网技术的普及，为公众获取和处理信息提供了更大的自由度和便利性。如今，公众不仅能够迅速接收信息，还能作为第二传播者，将信息传递给更广泛的群体。这种信息的二次传播不仅加速了信息的流通，也在一定程度上影响了公众对危机事件的认知和理解。

（二）公众的危机传播困境

随着信息网络技术的不断发展，网络平台的功能属性不断更新升级，不仅简化了信息传播的流程，还在一定程度上提高了信息传播的效率。网络空间成了现代社会的缩影，也成了危机舆情的发酵场所。网络水军通过制造热点话题、挑拨网民，使其内部产生分歧、对立、极化思想，激化网民情绪。一些居心不良的造谣者在危机事件中作梗，使用夸张的标题和虚构的情节内容，吸引网民注意力，从而达到博取流量的目的。

在上述背景下，普通网民亟须提高信息的鉴别能力。网民在参与危机事件的讨论和分析时，主要表现出激情有余而理性不足，对于公共事件的深度认知不足的特点。且部分网民有仇视的心理，他们局限于眼前，醉心于娱乐，缺少对真相和事实的追求，只会谩骂以满足情绪上的宣泄。

因此在危机传播中，公众要提高媒介素养，不传谣、不信谣，对自身言语和行为做出约束。网民群体结构复杂，不同年龄、不同文化程度、不同素质、不同法律意识等都会导致网民的不同观点，这与传统媒体环境下大众情绪传播的滞后性是不同的。在网上，网民可以自由表达对公共危机事件的看法和情绪，网络空间的隐匿性和开放性也极大地增强了互联网用户的情绪敏感性。当他们意见相同时，舆情将会扩大并引来更多关注，而持相反意见的网民会引起激烈的争论，攻击性的语言会刺激不平衡的社会心态，导致矛盾持续恶化。

与此同时，各种混淆是非的谣言与"阴谋论"不断涌现，扭曲了事实，在网络平台上散播焦虑和恐慌情绪，导致部分网民在网络上进行无端攻击和谩骂，发泄情绪，微博、微信等社交媒体的流行加速了信息的传播，使人们的情绪容易受到感染。一旦这种情绪感染机制开始运作，网络空间将会迅速被某种观点攻占并造成混乱，加剧舆论危机。

（三）公众的调试策略

公众要加强自律和角色调适，遵循舆论引导。公众自律是其角色扮演成功的前提条件和可靠保证。在一定程度上，公众的道德自律和道德警醒，将直接影响其在网络言论中的基本态度与立场，进而影响其在舆论实践中对自己社会责任的认识。

首先，公众进行角色调试要明晰自身的角色定位，若不能明确自己的角色，公众的责任感和自律意识会被弱化，从而引发利益冲突，造成角色混淆和角色失范等问题。对此，公众必须认识到自己的言论不仅是一种个体的行为，而且是一种社会性的网络群体传播。

其次，公众的角色调适还需要增进其道德慎思。当前我国正处于社会转型期，在对突发事件发表看法时，公众一是应谨慎地表达观点，以利于形成良好的社会共识。二是要慎重考虑意见表达在社会管理中的作用。在社会不公正的情况下，公众能够主动为自己发声，对社会的不公正进行批评，这将是一股推进社会管理的强大力量。相反，若公众只是单纯地宣泄不满情绪，而没有找到有效的方法来解决问题，则会加剧危机矛盾，从而影响到社会的和谐与稳定。三是要慎重考虑言论对网络用户观点的作用。随着互联网上信息的泛滥，一些错误的观点偶尔也会浮出水面，危机事件的"热点"问题可能被泛政治化炒作。这就要求公众在发表自己的观点前，要更加慎重、全面地考虑，才能更好地扮演好自己的角色。

最后，公众进行角色调试要提升自身的媒介素养，树立"媒介公民"的自觉意识。需要不断地加强学习，做到正确甄别信息、解读信息，利用信息，提高对虚假信息的免疫能力。

二、网络意见领袖

（一）网络意见领袖的类型划分

"意见领袖"这一概念最早是由美国传播学者保罗·拉扎斯菲尔德（Paul F. Lazarsfeld）在与其他学者合力撰写的著作《人民的选择：选民如何在总统选战中做决定》一书中提出。[①] 意见领袖作为二级传播现象的重要基础，对于大众的信息传播也起到了重要影响。而网络意见领袖是伴随着互联网的发展而出现的一种新的社会个体或群体。在不同视角下，关于网络意见领袖类型的研究可以做出不同的划分。

按照主体划分，可分为公众人物型意见领袖、领域专家型意见领袖、自媒体型意见领袖和官方型意见领袖。

公众人物型意见领袖是指在现实生活中具有足够高的知名度和影响力，并且有一定数量的粉丝群体的社会个体，如明星、企业家等。他们在网络平台运营个人账号，知名度和影响力也相应地在网上得到放大和量化。本身自带的流量使得这些公众人物能随时形成一种强烈的粉丝效应，成为话题的直接生产者和引导者。

领域专家型意见领袖指根据自己擅长的领域，以丰富的专业知识或一些积累的经验在自己的账号上发布质量高、有独特见解的言论的专家、学者等。他们的受众群体一般都是该领域内的兴趣爱好者或者从业者。他们在媒体平台如微博、知乎等分享相关知识，逐渐积累粉丝。当达到一定知名度后，他们的影响力在其相关知识领域中不亚于公众人物的影响力，且更具有说服力。

自媒体型意见领袖多为一般网络用户，他们通过网络等途径向受众发布信息，多倾向于针对社会大众所着重关注一些热点问题发言，以评论性文章为主。自媒体型意见领袖的言论一般具有相当的感染力和号召力，能抓住受众心理并积累大量的读者群体，使其在网络中意见领袖的地位得以巩固。这类意见领袖在微信公众号中表现得尤为明显。

官方型意见领袖指的是企事业单位官方账号、政府职能部门官方账号。如政

---

① LAZARSFELD P F, BERELSON B, GAUDET H. The people's choice：how the voter makes up his mind in a presidential campaign [M]. New York：Columbia University Press, 1968.

府、医院、学校、国有企业等开设的微信公众号、微博等官方账号。随着互联网科技的不断发展进步，一些企业事业单位也顺应发展，在网上各个平台注册官方账号并发布相关信息。这些单位只是以网络的形式面向大众以提供更好的服务，并不承担媒体职能，属于非媒体性质的官方账号。这些官方账号促进了单位和服务对象的互动，拉近了单位和大众的距离，并且能在一些相关的具体事件中起到网络意见领袖的作用。

按照按影响力划分，网络意见领袖可以分为阶段活跃型及长期持久型。

一方面，网络作为一个虚拟世界，要与现实生活分开来看。人们在网上的互动可以不受现实的羁绊，是在一个宽松自由的环境下进行的。网络交往的双方一开始只停留在某一个事物上，比如同一个兴趣爱好。一旦脱离这个事物，双方这种互动交流的关系就很可能会被打破。网络意见领袖如果与现实没有联系，他们与受众之间的联系也是虚拟的，是缺乏持续性的。另一方面，在快节奏生活的今天，网上的议题层出不穷、话题广泛。要想在议题多变的网络世界持续处于意见领袖的地位并不是一件简单的事，网上昙花一现的人和事数不胜数。因此，阶段活跃型意见领袖往往只在某一特定社会事件中有其独到深刻的见解或体会；或者掌握着第一手信息来源而发挥出其个人影响力吸引大众的关注，通过传播自己的信息与观点来影响关注者的观点，进而引导舆论。事件过后，这类意见领袖也就不再受到强烈的关注了。

尽管网络世界的人际交往具有一定的虚拟性，人与人之间的联系没有现实生活中紧密，但还是存在一些在网络世界与其关注者建立起稳定关系的人，如具有专业知识且在其领域得到大多数人认同的人。这类群体与一些现实生活中本就存在巨大影响力的群体都属于长期持久型意见领袖。这类意见领袖往往以个人知名度高、信息资源深厚的优势抢占舆论先机，在某一领域颇有影响。这类意见领袖的价值取向总是和相应群体的主流想法相一致，同时是该群体中较有威望的成员，是群体成员主观认定和尊崇的对象。

（二）网络意见领袖在危机传播中的特征

网络意见领袖不能简单地视作传统意见领袖的延伸。因互联网产生发展出的新的传播模式颠覆了信息话语权，而网络意见领袖是其中介者。随着网络媒介技术的发展变革及传播平台的不断演进，网络意见领袖的影响力也随着传播范围的扩大更加明显。其与网民不再是单向的二级传播关系，而是双向的互动关系，网民的行为表现也因此更为活跃，这是新的信息中心，是其对网民产生重大影响的根源。

一般而言，重大危机事件的发生必然会引起整个社会公众情绪的波动甚至造成社会秩序的混乱。在危机事件发生时，陷入迷茫或恐慌的公众和利益相关者，在不清楚事实的情况下，为了满足自己的探索欲，会第一时间把目光投向网络上的意见领袖。此时，意见领袖对事件及时、到位的解释分析，对事实的阐释和引导就显得格外重要。因此，在危机状态下，一些网络意见领袖通过传播危机事件信息，其主观性强的言论通常会形成新的舆论中心。现今网络言论缺乏规范性、滥用话语权的现象也极易导致话题呈现出极化趋向。

与一般信息传播不同的是，在危机事件所引发的危机情境中，受众除了是信息的接收者，在很大程度上也是利益相关者。因此，在危机传播中正常的信息系统会被打乱，往往会出现符号紊乱、意义扭曲、利益损害等特点。尤其是随着媒介融合的发展，传播渠道的不断扩大，更是加剧了整个社会舆论的混乱。事件导向成为网络意见领袖的行动中心。在危机状态，具有出色的表达能力与较强的人际吸引力的网络意见领袖是舆论导向的关键所在。网络虚拟空间中的人际交流是一种基于文本的计算机中介交流，在交流的过程中，人们无法根据年龄、性别、教育程度、收入、职业等社会线索来确定社会身份，意见领袖在网络中的个人形象主要依靠文本等符号来塑造，人们会加倍关注语言信息中所透露的个性特征。面对成千上万的言论表达，个性化的表达使意见领袖脱颖而出，通过这种表达影响受众"怎么想"和"想什么"，进而使他们的态度、想法发生变化，引导事件走向预想的结果。

（三）作为网络意见领袖的专家

专家作为网络意见领袖中的特殊存在，其权威性和专业性尤为显著。政府在制定和执行政策时，常常需要借助专家的深厚专业知识和丰富经验，以全面而客观地分析政策涉及的各个方面，为决策提供有力支持。政府聘请专家，正是希望借助其独立的分析能力和专业知识，获取全面而深入的政策建议。

专家凭借其深厚的领域知识和实践经验，能够为政府提供关于政策制定的最新科学和技术动态、社会经济影响评估、环境影响分析等方面的专业见解。他们针对特定问题展开深入研究和分析，提出具有针对性的政策建议。此外，专家还负责组织研究项目、收集和分析数据、评估政策效果等工作，为政府的决策制定提供有力的支持。

政府在决策过程中高度重视专家的意见，旨在确保政策的科学性、可行性和社会效益最大化。然而，政府在制定政策时还需综合考虑其他因素，如政治考量、经济利益平衡、社会需求满足等。因此，政府决策是一个多因素、多利益平衡的复杂过程，专家的建议虽然重要，但并非唯一决策依据。

在信息爆炸的时代，公众往往面对着海量的信息，难以判断其真实性和可信度。此时，专家的存在和意见成为公众甄别信息的指南针。专家凭借专业知识和经验，对特定问题进行深入、客观的分析和解释，为公众提供正确的信息导向，增强公众对信息的信任感。专家不仅可以帮助公众理解复杂的科学、技术、医学等领域的信息，还可以通过提供准确的背景知识和解读，帮助公众做出明智的判断。鉴于公众在相关专业领域的认知水平普遍有限，对于专业信息的解读能力较弱，专家在危机事件中更应积极面对媒体，公开表达自身的意见和见解，避免他人对信息进行错误解读。他们通过专业的分析和解读，为公众提供准确、可信的信息，帮助公众在复杂的信息环境中保持清醒和理性。

需要强调的是，在风险挑战增多、网络舆论众声喧哗的现实背景下，意见领袖主要扮演了传播性角色、引导性角色和动员性角色，而角色表现并不都是正面的，也并非都满足了公众对其的期望，还存在着意见领袖舆论引导力不足、意见领袖非理性表达加剧群体极化、意见领袖忽视信息核实环节和意见领袖存在舆论审判嫌疑等行为失范和角色失调现象。这种做法不但容易误导公众，加剧社会的紧张感，更有可能对事件的解决起到负面或制约作用。尽管网络意见领袖的"失序"现象难以彻底消除，但是公众和相关部门仍然需要给予足够的关注，而网络意见领袖也应该根据自己的问题，调整自己的角色。以下将结合"某新能源汽车车主车顶维权事件"的案例，探讨网络意见领袖在危机传播与社会治理中的影响。

【案例分析 2-5】

2021 年 4 月 19 日，在上海国际车展上，一位身穿"刹车失灵"字样 T 恤的车主站在一辆新能源汽车展车的车顶，大喊"刹车失灵"，因言行过激，被保安带走。随后媒体的传播、政府机构的发声，以及该新能源汽车品牌的公告等，在网络上掀起了一股讨论热潮。

在该案例中，意见领袖主要分为两大类，一是即瞬型意见领袖，二是稳定型意见领袖。其中由于某些特殊原因，一些人成为这一热点事件的中心，发挥着较大的个人影响力，但是在事件过后或者其他热点事件中，他们并非意见领袖，例如在该事件中，车主和该品牌汽车官方。稳定型意见领袖指的是在微博上具有一定影响力且拥有微博认证的人，其中微博认证金V指的是最具有影响力的用户，即个人认证用户需满足30天阅读量大于1 000万、粉丝数大于1万、遵守社区公约的条件；蓝V属于微博机构认证，是政府、企业、学校、媒体等大型组织认证的标识。在"某新能源汽车车主车顶维权事件"发酵时，根据知识背景、微博发布内容，可以将稳定型意见领袖分类为公共知识分子、专业领域知识分子。其中"萝卜报告""陈震同学""闫闯"等微博账号是汽车专业领域内的意见领袖，"长安数码君""锋潮科技""奥卡姆剃刀""巍岳钦禹"等微博账号是公共知识分子类型的意见领袖。

该事件的讨论按照舆情的潜伏期（3月10日—4月19日新能源汽车车主上海车展维权前）、爆发期（4月19日—4月21日）、波动期（4月22日—5月7日）、消弭期（5月7日至今）进行划分。

意见领袖在此次网络舆情演进中的作用，体现在以下四个时期：

1. 潜伏期

潜伏期指的是事件从舆情发生到舆情信息快速爆发之间的时期，这个时期微博平台上相关舆论发文量和转发量较少，话题单一，难以引发大规模的关注。官方主流媒体暂未介入时，微博等平台由于网络意见领袖的存在，发挥着传播及时与增强话题参与感的作用，因而微博成为这一时期的主要舆论场，而网络意见领袖是这个舆论场中舆情扩散的主要构成，他们通过设置网络议程，把受众的关注力引向他们所提出的观点上，在一定的范围内形成较高关注度。

此次事件中的网络舆情潜伏期可以追溯到2021年3月。车主的父亲在同年2月驾驶某新能源汽车载家人回家，经过红绿灯发现刹车失灵，最后撞击道路边的水泥防护栏才停下，导致车主父母在这次事故中受伤。事后车主要求该新能源汽车品牌将车辆退回无果，于是在3月9日坐在该品牌新能源汽车车顶维权，用白布黑字写"×××刹车失灵"，同时用喇叭播放"×××刹车失灵，引发交通事故，一家四口险丧命"的录音。相关视频在微博等平台传播。4月11日，车主雇用车模在河南郑州大河车展的会场门口维权，展示其刹车失灵的新能源汽车车辆。这两次维权虽然在互联网上引起相关的讨论，但是热度不高，车主也没有得到有效的解决方案。

这一阶段中，在车主维权时，此前报道该事件的官方媒体较少，网络意见领袖成为网络舆情扩散的主要推动者，他们通过发布相关微博、视频、转发微博，将事件在网络上传播开来。接着，河南广播电视台民生频道《大参考》栏目官方微博"大参考"首先对这一事件进行曝光与报道，记者现场采访，拍摄视频，与车主一同去询问4S店相关负责人。更多自媒体则是将该事件进行延伸，贴上"国外品牌""国产品牌"等标签，引来网民对事件进行诸多角度的评析与猜测。在这一阶段中已经有"学者"参与讨论，利用专业知识从不同角度对事件性质、发生原因进行分析讨论，但是由于互联网的"匿名性"，其身份存疑。

2. 爆发期

舆情爆发阶段是指舆情信息发布数量呈现爆发性增长，在短时间内维持较高的热度并且达到了顶峰。在这个时期，公众的关注度急剧上升，微博发布与评论转发呈现激增状态，相关话题不断被讨论。这一时期由于事件已经受到一定程度的关注，除了网络意见领袖，专业学者、官方主流媒体甚至是政府机构也加入了意见领袖的队伍。

4月19日，维权车主被强行带走后，该新能源汽车品牌全球副总裁接受采访称"没有办法妥协"。当天晚上该新能源汽车品牌微博再次回应"对不合理诉求不妥协"，维权车主因扰乱公共秩序被处以行政拘留5天。相关话题登上微博热搜，开始引发媒体和网友的广泛关注和热议。紧接着，央视等权威媒体报道点评该事件中"不妥协的底气何在？"4月20日晚，该新能源汽车品牌在其官方微博道歉。4月21日，中央政法委、国家市场监管总局、中国消费者协会等政府机构纷纷发声，关于"车顶维权"的讨论达到顶峰。

在这一事件中，"车顶维权""某新能源汽车品牌全球副总裁回应""维权车主被行政拘留""某新能源汽车品牌道歉"等相关话题短时间内持续发出，为事件的进展提供了讨论热度。在这一阶段，更多专业领域的用户与学者加入讨论，因为是汽车领域的事件，因此意见领袖多属汽车行业。在十大影响力汽车大 V 排首位的车手"陈震同学"，从汽车性能角度入手，一直强调让该新能源汽车品牌公开数据，凭借数据说话，同时他也注意到维权方式的正确性。由于其微博影响力较大，其提出的"人出错比机器出错的概率大，偏向相信数据记录做出来的判断"的观点遭到部分网民的反对，网友认为"有时候数据没有信服力"。

同时我们可以看到，在舆情爆发阶段，官方媒体发声频繁。央视新闻连续 3 天发表 7 条相关微博，话题从督促相关方展开调查到责令该新能源汽车品牌公开数据再到尊重消费者，最后延伸到智能汽车存在的相关问题，讨论热度居高不下。由于该新能源汽车品牌来自美国，央视新闻发表的微博内容站在中国消费者角度，比较坚定地维护中方合法权益，并延伸到中美交往、中国在国际上的地位等相关问题的讨论。

3. 波动期

舆情的波动期持续时间较长，微博发布与转发评论呈现下降趋势，相关话题讨论比较分散，有多个焦点，不断出现与"某新能源汽车维权事件"相关的新议题，引发一定的讨论。在这一阶段网络舆情主要围绕该新能源汽车品牌提供出事前一分钟数据、维权车主不认可其行车数据，维权车主起诉该新能源汽车品牌全球副总裁侵犯其名誉权，以及另一新能源汽车品牌卷入事件并回应等展开。由于此阶段涉及话题较多，因此更多领域的意见领袖也广泛参与讨论。互联网科技博主"巍岳钦禹"，以及资深汽车达人"闫闯"等对该新能源汽车品牌发布数据这一话题进行讨论，发布视频表达自己的看法，并对数据进行分析，表示相关数据可以证实刹车失灵。在相关评论中，网民持认可态度的占大多数。

4. 消弭期

在经过较长的波动期后，舆情事件微博发布、评论转发量处于一个较低的水平，在这一阶段中，伴随着其他突发事件进入受众的视野，网民的注意力开始分散，对于事件结果的关注力也下降，直至 12 月 24 日，"维权车主一审开庭"等相关话题都没有引发广泛讨论。由于网民数量的庞大，关注点各异，因此仍有部分网友对事件进行持续关注，网络意见领袖在这个时期引发的讨论虽然没有办法再掀起浪潮，但是讨论也没有消失。时隔三年，2024 年 5 月关于"维权车主败诉"的结果也再未在网上掀起波澜。

但是随着社会的发展，当今社会早已不再是"魔弹论"的时代，传播媒介并没有不可抵抗的强大力量。网友会综合事件当事人的说法，对微博意见领袖的言论进行质疑。根据相关意见领袖微博下的评论，我们可以看出，网民并非全是盲目跟从意见领袖的说法。同时，对比官方主流媒体发布的相关微博与网络意见领袖微博转发数、评论数可以发现，在一定程度上，官方主流媒体仍然具有权威性与高关注度，在不否定部分意见领袖的信息发布更能引发网友的讨论与关注的同时，也要认清官方主流媒体仍在网络话语权方面占据一定的主导地位。

随着互联网的快速发展，更多网络意见领袖拥有话语权和表达权，其影响也愈加深远。网络意见领袖站到大众的面前发表自己的看法，让话语权进一步集中。他们发表的内容也具有一定的影响力，引发部分网民的认同与拥护，实现了媒介"软控制"，使其观点在公众间进一步传播。一方面，网络意见领袖通过在社会热点、突发公共事件中表达观点，满足其设置议题、改变舆论走向的目的，他们在一定程度上可以发挥唤醒"沉默的螺旋"的作用，通过对热点事件的引导与把关，让理性的话语回归，使网民不再只进行情绪化的表达，唤回网民的理性思潮。[1] 另一方面，也要谨防网络意见领袖为了争夺话语权，在还未知事件全貌时，发表片面的言论，影响网民判断的客观性。

---

[1] 曹欣. 后真相时代的舆情反转与引导策略研究：以"鲍毓明事件"为例 [J]. 新闻研究导刊，2021，12（18）：169-171.

复习思考题

一、名词解释

1. 网络意见领袖

2. 社会公益组织

3. 公众

二、简答题

1. 危机传播管理有哪些常见的相关主体，他们之间有什么区别与联系？

2. 请分别简述政府、商业组织、社会公益组织进行危机传播管理时应采取的措施。

3. 公众在危机传播管理中发挥什么作用？

三、论述题

1. 请论述政府危机传播的挑战与对策。

2. 结合实际，分析不同危机传播管理主体与利益相关者的地位及作用。

第三章

危机传播与社会治理的数字化转向

数字化，是信息化时代下出现的新浪潮。而数字化转向是在数字化转型、数字化升级的基础上，延伸到社会不同领域、不同行业的新趋势。危机传播与社会治理在理论上和实践上将会融合数字化技术，如云计算、大数据、人工智能、物联网、区块链等，驱动传播路径的重构和治理方式的革新。面对数字化时代的危机传播和社会治理，习近平总书记指出，完善社会治理体系，健全城乡基层治理体系和乡村治理协同推进机制，推进社会治理数字化。[①] 这对新时代的危机传播与社会治理提出了新的要求，即在充分发挥数字技术，为社会治理赋能增效的同时，使用数字技术强化危机传播、危机舆情、意识形态安全等领域的防线。本章将从数字化时代对舆论生态的挑战、危机传播的数字化转向、社会治理的数字化转向三个方面展开。

第一节　数字化时代对舆论生态的挑战

一、数字化时代舆论生态的特点

（一）数字化时代舆论生态的媒介化

如今，舆论的主要发生渠道呈现出鲜明的媒介化特点。媒介化，即信息技术和新媒体技术的普及、发展与应用，对新闻、信息、交流的传播方式和互动方式产生了深远影响。[②] 随着数字技术的不断革新，信息传播的速度得到了极大的提升，人们获取信息的渠道也变得更加多元和便捷。无论是新闻报道、社交媒体上的热议话题，还是个人在自媒体平台上的发声，都有可能迅速在数字世界中扩散开来，形成广泛的舆论影响。

每个人都可以成为信息的发布者和传播者，舆论的生成不再局限于少数精英或权威机构。这种变化带来了更多的言论自由和互动空间，但同时给社会带来了

---

① 华若筠. 充分发挥数字技术的赋能作用　不断提高社会治理水平 [N]. 人民日报, 2023-11-22.

② 杨月海，杨馨淏. 媒介化社会下的数字舆情治理：效能、风险与完善 [J]. 学术探索, 2024（4）：1-16.

新的伦理挑战和意识领域风险。

在数字世界中，信息的真实性变得更加难以判断。虚假信息传播、网络谣言滋生等问题屡见不鲜，给社会舆论带来了极大的干扰和误导。此外，数字世界中的舆论往往容易受到情绪化、极端化导向的影响，导致一些不理性、偏激的观点占据主导地位，这些问题都给社会的稳定和发展带来了新的挑战。

（二）数字化时代舆论生态的智能化

中国互联网络信息中心（CNNIC）第 55 次《中国互联网络发展状况统计报告》显示，截至 2024 年 12 月，我国网民规模达 11.08 亿人，较 2023 年 12 月新增网民 1 608 万人，互联网普及率达 78.6%。[①] 这意味着中国已基本建成数字型社会，舆情场域呈现智能化特征。从传播政治经济学角度来看，学者文森特·莫斯可（Vincent Mosco）称"传播过程和传播科技对经济学中的商品化的一般过程起了推动作用"[②]。这一观点在当下的舆论生态中得到了生动的体现。传播科技的发展和迭代推动舆情扩散，并不断推动舆论商品化，使网民成为产销者。人工智能、大数据技术的应用为治理舆论生态提供新的方向，[③] 即运用新科技的智能统计与分析，降低人工监测舆情的难度和压力，并精准掌握舆论主流观点和社会心态走向趋势，但现阶段无法避免新兴科技背后的商业逻辑和设计者的主观意志，从而产生算法监视、全景监狱等技术异化风险。[④]

党的二十大报告中明确提出："增强维护国家安全能力，提高防范化解重大风险能力，严密防范系统性安全风险，严厉打击敌对势力渗透、破坏、颠覆、分裂活动。"[⑤] 作为维护国家安全的重要部分，舆情治理是维护国家安全的重要议题，舆论生态是维护国家安全的重要方向。在数字化时代人工智能、大数据技术引领舆论生态变革的背景下，舆论生态逐渐显现智能化特点，而智能化发展背后的资本、技术、情绪等因素给中国意识形态领域安全带来新的风险，诱发更为复

① 中国互联网络信息中心．第 55 次《中国互联网络发展状况统计报告》［R/OL］．（2025-01-17）［2025-03-17］．https：//cnnic.cn/n4/2025/0117/c88-11229.html.

② 莫斯可．传播政治经济学［M］.胡正荣，张磊，段鹏，等译．北京：华夏出版社，2000：138.

③ 袁子桐，杨馨漠．舆情智能化的原理解析及治理优化：基于传播政治经济学的视角［J］.哈尔滨工业大学学报（社会科学版），2024（2）：133-141.

④ 王婧怡．数字时代算法技术异化的伦理困境与治理路径［J］.自然辩证法研究，2023，39（10）：128-131.

⑤ 习近平．高举中国特色社会主义伟大旗帜 为全面建设社会主义现代化国家而团结奋斗［N］.人民日报，2022-10-26.

杂的话语博弈。

（三）数字化时代舆论生态的泛娱乐化

近年来，随着数字化技术的飞速发展，媒体领域展现出了前所未有的变革态势。其内容碎片化、受众年轻化、主体多元化的特征，标志着新媒体时代的到来。中国拥有超过11亿的网民，这一庞大的群体所构建的网络舆论生态场，与传统舆论生态场有着显著的差异。这种差异不仅体现在传播渠道和形式的变革上，更在于其内在属性的深刻转变。

社交属性和开放属性让当前的网络舆论生态场带有更为明显的"广场狂欢"属性，这种狂欢性既体现了网民对于言论自由的渴望，也反映了在数字化时代信息爆炸的背景下，人们在信息筛选和消化方面遇到的困境。与此同时，后现代主义浪潮的涌现，进一步加剧了舆论生态的复杂性和多变性。后现代主义强调去中心化、反权威、解构传统等理念，这些理念在网络舆论场中得到了充分的体现，使得舆论的走向更加难以预测和控制。

资本操控和文化消费的合谋，使得网络舆论日趋呈现"泛娱乐化"的趋势。这种泛娱乐化不仅消解了严肃议题的重要性，更使得享乐主义和消费主义成为网络舆论的主流。正如尼尔·波兹曼（Neil Postman）在《娱乐至死·童年的消逝》一书中所言："一切公众话语都日渐以娱乐的方式出现，并成为一种文化精神。我们的政治、宗教、新闻、体育、教育和商业都心甘情愿地成为娱乐的附庸，毫无怨言，甚至无声无息，其结果是我们会成了一个娱乐至死的物种。"①

泛娱乐化的具体表现多种多样，如低俗娱乐议题的涌现、娱乐新闻的过度曝光、对公共事务的调侃等。这些现象不仅削弱了公众对于严肃议题的关注和思考，更在潜移默化中弱化了公众的主体意识。更为严重的是，这种泛娱乐化趋势可能会加速西方思潮的渗透，给国家政治和意识形态安全带来潜在威胁。

二、数字化时代舆论生态的发展趋势

（一）趋势一：场域变迁明显，虚拟与现实世界的藩篱逐渐打破

随着数字化技术的飞速发展和普及，网络舆论的发生场域正经历着深刻的变

---

① 波兹曼. 娱乐至死·童年的消逝 [M].章艳，吴燕莛，译. 桂林：广西师范大学出版社，2009：4.

迁。过去，舆论主要形成于传统媒体，如报纸、电视等，其传播范围相对有限，影响力也较为可控。然而，随着互联网的崛起和社交媒体的普及，网络舆论的形成和扩散速度呈指数级增长，波及范围已不仅局限于虚拟空间，更深刻地影响到现实世界。

这种发生场域的变迁首先体现在舆论参与者的数量和多样性上。传统的舆论场主要由专业媒体和意见领袖主导，而现在，任何拥有智能终端的个体都能成为舆论的参与者和传播者。这导致了舆论信息源的极度多元化和碎片化，使得舆论场变得更加复杂和难以预测。

另外，网络舆论的波及范围不断扩大。以往，地域性和时空性的限制使得舆论的传播和影响受到较大局限。在全球化和数字化浪潮下，网络舆论可以轻松跨越国界和时区，实现即时、广泛的传播。这不仅加速了信息的流通，也加剧了不同文化、价值观之间的碰撞和融合。

更为重要的是，网络舆论对现实世界的影响日益显著。网络上的热点事件、舆论风波往往能迅速引发现实世界的关注和行动。这种影响力不仅体现在对社会现象和问题的揭示与批判上，更体现在对个体行为和社会秩序的塑造上。可以说，网络舆论的强烈反响往往能推动相关政策的制定和调整，甚至引发社会运动的兴起。

因此，必须正视网络舆论发生场域的变迁及其对现实世界的影响。这需要在加强网络舆论监管的同时，也要注重提升公众的媒介素养和批判性思维能力，以应对日益复杂多变的舆论环境。同时，政府和企业也应积极探索有效的治理手段和技术手段，以实现对网络舆论的科学引导和有效管理。

（二）趋势二：情感起伏波动较大，各种负面社会心态显现

在数字化时代的浪潮下，网络舆论场中情感起伏波动成为一种明显的现象，伴随着这种波动，各种负面社会心态也逐步凸显。这种情感波动不仅反映出社会心理的复杂性，也揭示了公众在面对快速变化的社会环境时的不确定性和焦虑感。

网络舆论场中，情感传递和扩散的速度远超以往。一则消息、一张图片或一段视频，都可能迅速点燃公众的情绪，引发大规模的讨论和关注。在这种环境下，情感往往成为舆论的主要驱动力，导致理性思考被边缘化。与此同时，负面社会心态的凸显也不容忽视。在网络舆论的放大效应下，一些消极、悲观、怀疑

的情绪被无限放大，形成一种负面的社会舆论氛围。这种氛围不仅会影响公众对于社会现象和问题的判断，也会加剧社会的不稳定。

此外，网络上的匿名性和距离感也助长了负面社会情绪的滋生。在缺乏面对面交流的情况下，人们更容易通过网络发泄情绪、表达不满，这种情绪化的表达方式进一步加剧了舆论场的复杂性。因此，我们需要认识到情感起伏波动和负面社会心态显现的严重性。在加强网络舆论监管的同时，也应注重引导公众理性思考、客观看待问题。同时，提高公众媒介素养，培养批判性思维能力，也是应对这一问题的重要途径。

（三）趋势三：重大议题事件频发，国内国际舆论相互影响

在全球化与数字化的双重影响下，重大议题事件频发已成为舆论场的新常态。这些事件不仅在国内引起广泛关注，而且常常跨越国界，对国际舆论产生深远影响。

在国内层面，重大议题事件的多样性和复杂性日益凸显。从社会热点到政策调整，从自然灾害到公共安全事件，每一个议题都可能成为舆论的焦点。这些事件通过各类媒体平台快速传播，迅速聚集起大量公众关注和讨论。在这一过程中，不同群体、不同观点之间的碰撞和交融，使得国内舆论场呈现出多元化、动态化的特点。

一方面，国内议题事件往往引发国际舆论的关注。全球化背景下，国家的内部事务与外部世界紧密相连。国内事件可能通过国际平台或社交媒体被国际社会所知晓，进而产生国际舆论效应。这种影响可能表现为国际社会的关注、评论甚至干预，也可能引发跨国界的共鸣或争议。另一方面，国际舆论对国内议题事件的影响也不容忽视。国际社会的态度、观点和评价，往往通过媒体传播或外交渠道影响国内舆论。这种影响可能促使国内舆论场对某些议题进行重新审视，也可能加剧国内舆论的分化和对立。

在议题事件频发的当下，需要更加关注国内国际舆论的相互影响。要加强对国内舆论的引导和调控，确保国内舆论场的健康有序；也要积极应对国际舆论的挑战和影响，维护国家的形象和利益；还要加强国际交流与合作，推动构建更加和谐稳定的国际舆论环境。

（四）趋势四：参与者年轻化，网红和大 V 影响力显著

在数字化时代，网络舆论场的参与者呈现出年轻化趋势，与此同时，网红和

大 V 的影响力也日益显著。这一变化不仅重塑了舆论生态，也深刻影响了信息传播和社会认知。

年轻群体作为网络舆论场的主力军，其活跃度和参与度均居高位。年轻群体熟练使用社交媒体，对新鲜事物保持高度敏感，并热衷于通过网络表达自己的观点和情绪。这一群体的参与，使得网络舆论更加多元、鲜活，也更具创新性和活力。

网红和大 V 作为网络舆论场的重要角色，其影响力不容小觑。他们拥有庞大的粉丝群体和高度的话语权，能够迅速将信息传递给广大网友，并引导舆论走向。在某些情况下，网红和大 V 的言论甚至能够左右社会热点事件的发展方向和结果。然而，如此显著的影响力也带来了一系列问题。一方面，部分网红和大 V 为了追求流量和关注度，不惜制造虚假信息或夸大事实，导致网络舆论场中出现大量不实信息和误导性言论。另一方面，他们的言论往往带有强烈的个人色彩和主观性，容易引发争议和冲突，甚至对社会稳定造成威胁。因此，需要正视参与者年轻化及网红和大 V 影响力显著这一趋势。在鼓励年轻群体积极参与网络讨论的同时，也应加强对其言行的规范和引导；同时，对于网红和大 V 的言行应进行严格的监管和约束，确保其发布的信息真实、客观、公正。

（五）趋势五：政府深度参与，治理手段日趋智能化

随着网络舆论场域的扩展和复杂性的增加，政府对于网络舆论的治理不再停留在表面，而是参与度日益加深，治理手段也日趋智能化。

政府深度参与网络舆论治理，主要体现在对舆论动态的实时监控、对关键议题的主动引导，以及对不良信息的及时处置等方面。通过构建完善的网络舆情监测体系，政府能够实时掌握网络舆论的走向和变化，为决策提供及时、准确的信息支持。同时，政府还积极通过官方渠道发布权威信息，主动引导网络舆论的健康发展。

在治理手段上，政府正逐步实现智能化。借助大数据、人工智能等先进技术，政府能够更精准地分析网络舆论的特点和规律，为社会治理提供科学依据。例如，通过数据挖掘和分析，政府可以识别出网络舆论中的热点话题和关键意见领袖，从而有针对性地开展引导和管理工作。此外，政府还能利用智能算法对海量信息进行筛选和过滤，有效遏制不良信息的传播。

政府深度参与和治理手段智能化，对于维护网络舆论场的健康有序具有重要

意义。它不仅有助于提升政府在网络空间的治理能力，也能够更好地保障公众的知情权和表达权。然而，也需要注意在政府智能化治理过程中，确保尊重和保护公众的隐私权和信息安全，避免过度干预和侵犯个人权利。

三、数字化时代舆论生态的挑战

（一）资本介入

随着市场经济的深入发展，资本介入在多个领域产生了广泛而深远的影响，其中尤以舆论生态为甚。舆论生态作为社会信息的集散地和公共意见的交汇点，其平衡直接关系到社会的稳定与和谐。

资本介入舆论生态，首先表现在对信息传播渠道的掌控上。资本通过投资媒体平台、掌握信息发布权，影响舆论的走向和议题设置。[1] 这在一定程度上加剧了信息的不平等，使得部分弱势群体难以获得发声的机会，导致舆论生态的失衡。其次，资本介入也改变了舆论的生成机制。在资本的推动下，一些媒体和自媒体为追求点击率、收视率等指标，往往忽视对信息真实性的核查，甚至制造假新闻以博取眼球。这不仅损害了媒体的公信力，也导致了舆论的混乱和失真。此外，资本介入还加剧了舆论场的极化现象。在资本的操控下，一些媒体和意见领袖往往选择性地传播符合其利益诉求的信息，加剧了不同群体之间的对立和冲突。[2] 这种极化现象不仅不利于社会的团结和稳定，也阻碍了理性、建设性舆论的形成。然而，我们也不能忽视资本在推动舆论生态多元化、活跃化方面的积极作用。资本的介入使得更多的声音得以被听见，不同的观点得以在舆论场中交锋、碰撞，这在一定程度上促进了社会的开放和进步。

（二）技术异化

在数字化时代，技术的迅猛发展给舆论生态带来了前所未有的变革，其中技术异化现象尤为引人关注。技术异化是指技术在应用过程中，逐渐脱离了其初衷，成为影响甚至主导社会舆论的力量，从而对舆论生态产生深远影响。

---

① 张爱军，朱欢. 智媒时代资本影响舆论的方式、逻辑及其风险规制 [J]. 公共治理研究，2022，34（3）：14-21.

② 黄楚新，彭韵佳. 透过资本看媒体权力化：境外资本集团对中国网络新媒体的影响 [J]. 新闻与传播研究，2017，24（10）：68-78，128.

一是技术异化促使舆论信息的泛滥和碎片化。随着大数据、人工智能等技术的广泛应用，信息生产和传播的速度空前加快，舆论场中充斥着海量的信息。然而，这些信息往往缺乏深度和系统性，导致公众难以形成全面、客观的认知。同时，信息的碎片化也使得公众容易陷入片面、偏激的观点，进一步加剧了舆论的混乱和失序。二是技术异化加剧了舆论场的极化现象。在社交媒体等平台上，算法推荐等技术往往根据用户的兴趣和偏好推送信息，形成"信息茧房"。这导致不同群体之间的信息隔离和观点固化，加剧了舆论场的对抗和分裂。这种极化现象不仅不利于社会共识的形成，也可能引发社会矛盾和冲突。三是技术异化还可能导致舆论被操控和误导。在资本和权力的影响下，一些主体可能利用技术手段操纵舆论走向，制造虚假信息或放大某些特定观点，这不仅损害了公众的知情权和表达权，也威胁着社会治理的公正和公平。

（三）情感动员

情感动员作为一种策略性手段，在舆论生态中扮演着不可忽视的角色。它通过对个体或群体情感的激发与引导，深刻影响着舆论的生成、传播与演变，进而对整体的舆论生态造成多重影响。

一是情感动员会强化舆论的传播效力。通过调动公众的情感共鸣，情感动员能够迅速集结起大量的关注和支持，使特定的舆论观点在短时间内得到广泛传播。[1] 这种传播效力的增强，会推动舆论话题的迅速升温，形成舆论热点。二是情感动员也可能导致舆论的失真和偏离。在情感动员的过程中，为了达到特定的目的，有时会对事实进行选择性呈现或夸大其词，从而引发公众的误解和偏见。这种失真和偏离的舆论，不仅可能误导公众的判断和决策，还可能对社会稳定和秩序造成威胁。三是情感动员还可能加剧舆论场的极化现象。极化现象会导致社会秩序失范，不同群体之间的圈层难以突破，对危机的解决造成极大的困扰。

在数字化时代运用情感动员策略时，需要谨慎权衡其利弊得失。既要充分利用情感动员在舆论传播中的积极作用，又要警惕其可能带来的负面影响。同时，还需要加强对舆论生态的监测和调控，确保情感动员在健康、有序的舆论环境中发挥作用。

---

① 欧阳果华，王琴．情感动员、集体演出和意义构建：一个网络慈善事件的分析框架——以"罗一笑"刷屏事件为例［J］.情报杂志，2017，36（8）：68-75.

四、数字化时代网络公共危机治理的困境与应对

（一）网络公共危机治理的现存困境

数字时代的到来，为网络公共危机的治理带来了许多便利，网络技术的革新也提供了许多治理新思路，如治理主体可以借助互联网更快速地了解各种利益群体的诉求，进而沟通、协商，达成共识。但在这样的时代背景下，公众的媒介素养远远低于媒介接触率，网络空间中的利益主体相互争夺话语主导权，难免出现网络公共危机治理的困境。

1. 政府及其他治理主体权威的消解

在众多案例中，政府作为社会治理的主体缺乏对应的专业管理人才，政府公职人员在相关方面的媒介素养不足，难以完全匹配数字化时代的技术要求。当某一危机事件发生的时候，由于信息的流动变成了"先发布后审核过滤"的机制，网络上的舆论会病毒式地迅速传播开来，而在政府话语权下放的情况则导致了政府无法第一时间"堵住"悠悠众口，甚至无法在第一时间把握好向公众解释清楚的机会，导致处于网络舆情的"风口"，在治理中政府的权威逐渐瓦解。就目前的治理体系来看，当网络公共危机舆情形成，若治理主体冷处理或处理不当，缺失与公众共情的态度，甚至利用权力管控网络舆论，隐瞒事实真相或不允许有多元观点的出现，政府公信力就会受到公众质疑，造成两者在网络公共危机发生时无法及时、有效地沟通和相互理解，引起公众强烈不满，治理主体掉入"塔西佗陷阱"中，政府的权威性更是大大下降。

除此之外，在新媒体生态环境下，把关人身份的"泛化"导致传统意义上的传受双方界限消弭，而网络的匿名性和普遍性致使信息在传播上出现伦理问题。个体的媒介素养良莠不齐，知识背景也存在差异，危机事件信息碎片化，而治理主体在传统媒介时代的把关人身份却在新媒介语境下缺位，导致了许多信息未经筛选就直接流入平台，信息失去客观性价值的同时，也成了谣言传播的载体。由于这种把关人身份的缺失，信息的碎片化会加剧公众对危机的恐惧感和不安，侵蚀公众对社会的信心以致消解各治理主体的权威。

2. 时代背景下的"信息超载"与"信息匮乏"并存

在数字化时代，我们不可否认的是海量信息的涌入，公共危机的各相关方都

能通过各种渠道，借助网络新媒体技术发布各种信息，受众的信息来源逐渐多元化，出现信息超载的现象。由于海量信息同时呈现，使得真正有价值的信息被掩埋，尤其是一部分受众没有辨别真实信息的能力，面对浩瀚如海的信息很容易手足无措，从本质上也导致了一种时代乱象——信息匮乏。新媒体中的海量信息对普通网民的信息处理要求更高，可普通网民对于网络上所传播的信息阅读、理解、反应的速度都远低于信息传播开来的速度，海量的信息早已超出了普通网民的承受能力，而有些危机信息甚至观点对立、真假难辨，严重干扰了他们对有价值信息的提取和处理。随着互联网发展的速度越来越快，网络谣言涌现的速度和伪真度不断增强，对普通网民来说，辨识信息真伪的难度也在不断加剧。这意味着在数字化时代，信息超载导致的本质上的信息匮乏比起前数字时代更容易造成公共危机事件的舆情爆发和社会恐慌，增加了社会治理的难度。

3. 传统网络治理思想的局限

在中国的网络公共危机治理策略上，作为治理主体之一的政府与互联网平台构成"双主体"的治理体制，也就是说关于网络社区的运营上，政府作为监管者，而互联网平台则承担直接的管理责任，包括对信息进行筛选、过滤，控制所有在社区中有可能出现的有关分裂、煽动社会对立的信息，以阻止信息进一步传播。而在"信息大爆炸"的数字时代，互联网平台难以做到完全人工审核的程度，因此众多网络社区平台都采取大数据计算审核管理机制，但这种做法很容易造成"误判"，或者造成信息已经被网民看到了再屏蔽的情况，这种传统的治理思想往往用简单粗暴的方法屏蔽部分信息，也不加以解释或法律说明，所有的信息都处于不透明的状态，极易激起网民的逆反心理和集体想象，引起质疑情绪高涨，作为治理主体的政府和平台更不被相信，增加了危机治理的难度。比如"红蓝黄幼儿园事件"，平台未经核实就将各相关方的信息屏蔽干净，由此可以看出网络删帖在某种意义上已经成为网络公共危机治理上的肌肉记忆，可这种处置方式却只会因为信息的不公开、不透明而让公众对其遮遮掩掩的态度引发更多猜测，问题非但难以解决，更有可能引发公众的恐慌情绪和对公共危机事件的探索欲，转向轻信谣言甚至质疑政府，致使各治理主体的权威被消解。

4. 利益至上诱发"本位主义"

不可否认的是，"利益"是危机治理各主体开展协同合作的基础原因之一，尤其是在我国的制度下，大多地方政府和各相关职能部门都在追求利益最大化，在危机治理的过程中也必然会对本区域内的有形和无形资源进行争夺，造成利益冲突。这种利益需求上的差异也带来了行为选择上的差距，而利益至上的主体之间的博弈也将诱发"本位主义"，致使各方缺乏整体概念，严重降低各方的协同效率。由此，各治理主体会在网络公共危机治理的过程中权衡利弊，选择只对自己的区域负责，可由于数字时代的变革，网络公共危机的发生本就不是固定的，甚至有可能出现在 A 地发生公共危机，却影响着 B 地的情况。这种"各人自扫门前雪"的本位主义突出，加上网络公共危机的"外溢属性"明显，部分治理主体有可能会选择"划水"的做法，也就是不投入任何治理成本，并从其他主体的治理行为中获益，就比如明明是 A 地发生公共危机，可 A 地却不做出任何预防或补救行为，而是让受影响的 B 地去做进一步的管理；另一可能的情况是，部分主体会做出"风险转嫁"的行为，将本身应该投入的治理成本转嫁到其他主体身上，从而获取更多利益，致使治理的难度进一步上升。

5. "群体极化"下的公共意识缺失

在新媒介生态下，互联网成为公众获取信息的主要来源，而网民的媒介素养远比媒介接触率低，因此无论是价值判断还是思想观念都深受网络媒体的影响，可在"拟态环境"的理论下，网民所认知到的世界大多是网络媒体所建设的拟态环境，同时在算法推荐的作用下，网民只会持续关注自己选择的信息，甚至长期处在"回音壁效应"的"信息茧房"中，这就导致了在网络公共危机发生时，舆论场上持有相同意见的民众聚集在一起，持有的意见和价值观不断强化，形成一种圈层化的传播环境，最终导致意见的"群体极化"。针对这个概念，桑斯坦做出了最具影响力的总结：团体成员一开始就有某些倾向，在商议后人们朝偏向的方向继续移动，最终形成极端的观点。① 一旦出现这种群体极化的舆论场，圈内人和治理主体的沟通壁垒也将越来越厚，最终造成无法有效沟通和互相理解，这种传播壁垒导致社会在网络公共危机上的公共意识缺失，治理主体无从下手，危机愈演愈烈。

（二）网络公共危机治理的创新路径参考

数字化时代下的网络公共危机在治理方面出现问题是无法避免的，如果不及时优化国家治理措施，则有可能对社会稳定带来威胁，在此基础上，笔者提出几

---

① 虞鑫，许弘智．意见领袖、沉默的螺旋与群体极化：基于社会网络视角的仿真研究 [J]．国际新闻界，2019，41（5）：6-26．

项建议，以供参考。

1. 优化治理体系，完善相关法规，培养网络公共危机治理人才

随着数字化时代的到来，网络上公共危机的不确定性在不断增加，复杂性也越来越强。在面对特殊的危机事件时，仅仅依靠政府作为治理主体的网格化合作早已无法适应时代的需求，需要建立一个由政府—社会组织—公众三个层次构成的多元公共危机治理体系，并且在每个层次的危机治理网络中都需要设置相应的决策机构，设定无争议的、清晰的机构形式及职能，以此来整合该层次治理网络中各个成员组织间的协同行动。①

与此同时，作为网络公共危机治理的主体，应该在优化治理体系方面明确针对网络公共危机事件的指标体系，防止概念模糊、责任划分不清晰的情况发生。否则在网络公共危机如何分类、何时介入最有效、危机客体利益该如何诉求、有何治理手段等问题上犹豫不定、模糊不清，只能层层上报，让领导层做最后决定，不仅错过了事件的最佳时效性，更可能因为所提供的材料滞后而缺少针对性，所以在这方面更要建立完善的治理体系，作为治理主体的行动纲领。除此之外，要破除"本位主义"下的利益至上思想，首先就要摒弃传统各地区自我管理的治理方法，减少"各人自扫门前雪"的现象，建立统一的网络公共危机管理体系，但仍然以中央政府的网络信息安全部门为主，地方相关职能部门为辅，建立专业度较高的多元公共危机治理体系。

在治理主体方面，中央应尽快出台有关网络背景下的公共危机治理法案，以明确规定治理主体对公共危机的紧急处理权和在紧急状态下的法律责任，将责任归属划分清晰，避免在危机回顾阶段无法追究涉事主体，将责任的推卸合理化。除此之外，也应在法规中明确制定标准化的概念体系，清楚划分危机事件的分类定级，以便治理主体根据相对应的危机事件规模、类别等要素，对危机事件造成的影响进行评估和采取后续的处理手段。

在网络社区平台方面，法律法规应该强化对平台的监管，避免小道消息和谣言阻滞危机治理的进程。但必须注意的是，强化监管不意味着专制处理，应及时更新和监管网络新技术的信息筛选制度，避免"误伤"。同时，在危机发生的时候，往往有一些人蓄意造谣甚至煽动极端言论，其中不免出现境外势力的渗透，

---

① 刘霞. 公共危机治理：理论建构与战略重点 [J]. 中国行政管理，2012（3）：116-120.

一些不明真相的网民极有可能因此而破坏社会秩序和危机治理的进度。因此，在法律制度上强制实行用户实名制，依法追究相关责任人的法律责任，让"互联网不是法外之地"的概念深入人心是非常有必要的。否则如果任由虚假信息散播，引发公众恐慌，不仅仅导致危机治理过程困难重重，更有甚者会影响社会秩序稳定。

治理主体之所以在网络公共危机治理的过程中受挫，除了传统思维仍未转变以外，人才的匮乏也导致了其对网络公共危机的事件信息缺乏敏感度，无法精准利用网络新技术进行互联网上的舆情预测，导致信息搜集的时间长、频次低，无法准确和快速掌握事态发展的情况并做出决断。

因此，培养网络公共危机治理人才在治理措施上也是必不可少的一步。首先在引进高素质人才方面，需要从源头把关，与各大专业高校合作，录取相关专业的学生，并开展各种理论与实践结合的培训，注重新理论、新技术的革新，并在培训中不断提升治理人员的专业素养，使相关岗位工作人员对该岗位的职责、措施和目标有专业化的知识和想法，同时要注重培养工作人员的共情能力，关注社会公众的情绪走向，将情感治理落实到实践中，避免被质疑"冷漠无情"。

2. 提升"新媒体"意识，推动信息透明化，满足公众知情权

治理主体缺乏新媒体意识导致治理难度加剧，而在数字化时代，网络公共危机事件的解释不应只是治理主体被动的回应，应该抓住新媒体的网络新技术手段，主动构建治理主体和社会公众之间网络化的沟通道路。而就目前来说，各治理主体虽然设立了网络社区平台的账号，但互动性和账号活跃度都很低，表示治理主体在本质上没有意识到新媒体的重要性。

因此，治理主体更应该强化利用新媒体治理公共危机的意识，除了利用新媒体平台积极与公众沟通以外，也应利用网络新技术带来的舆情监测工具，发现潜在危机，发布真实信息，及时掐住危机事件传播的源头，从根源上治理网络公共危机。

此外，之所以会出现治理主体权威消散的情况，很大一部分原因在于治理主体在治理网络公共危机时过于简单粗暴，不仅采用的是先发布后审核的机制，而且直接将负面信息屏蔽，过于注重正面宣传，导致公众的事件知情权被剥夺，甚至激起对抗心理。在这样的情况下，官方尚未发声，而舆论场谣言四起，公众被一些谣言所欺骗也就不足为奇。治理主体在这方面应满足公众对危机事件的知情权，因为在新媒体环境下，谣言并不是止于智者，而是止于公众对信息了解的程度，所以应满足公众的知情权，建设完备的危机信息公开渠道，避免陷入传统意识怪圈，同时要对虚假信息及时澄清。一旦危机事件的信息透明化，并广开发布渠道，及时公开危机信息，加强舆论引导工作，治理主体的公信力自然提升，这在解决和治理危机事件带来的问题时也将起到更重要的作用，更有利于稳定人心，营造良好的舆论环境。

基于此，治理主体应容纳多元观点的存在，而不是一味地将负面信息屏蔽。由于网络新媒体技术的出现，治理主体在网络上的话语权旁落，失去了传统的权威优势，因此在危机事件的治理过程中，治理主体改变传统思维模式是必然的，抓住数字化时代信息传播的内在规律，除了提升信息的透明度，满足公众的知情权和参与权之外，也要重视信息质量，未经查证的信息无须供给，这样才能增强治理主体的权威性和公信力。

3. 以"情感"作为网络公共危机治理的引导基础

在治理网络公共危机时，治理主体采取的措施往往过于粗暴，不讲人情，擅自删除或屏蔽危机相关方的网络信息，会导致民情民意被忽视，最后甚至演变成网络谣言、群体极化现象，因此在措施上应将情感维度加入治理实践中，将个体的情感表达和情感诉求纳为治理过程的考量因素，在制度安排中注意个体与危机事件的情感联结，有助于社会公众与治理主体之间的共情，增强彼此之间的理解。

情感联结之所以重要，是因为其在弥补技术层面的不足上有着重要的作用，可以在治理的过程中缓解社会各群体的矛盾冲突，甚至成为解决危机事件的"助燃剂"。但在治理措施创新的路径中，我们仍然要注意情感联结有可能带来的负面效应，所以要以科学的态度探索和建立制度化的民情反馈渠道，建立以技术思维为主、情感治理为辅的网络公共危机事件治理体系。

第二节 危机传播的数字化转向

一、新媒体环境下的危机传播

随着新媒体时代的到来，社会大众也能够广泛地接入各类社交媒体，从内容的受众转变为内容的产消者，能够自由地在社交媒体平台上发表自己的意见和看法，信息的流动速度变得越来越快，整个网络舆论环境也变得更加复杂多变，相关主体在面对危机时的舆情管理难度提升，危机主体在处理危机的过程中，还需要根据复杂的舆情进行危机传播管理，以更好地修复形象。

新媒体改变了以往传统媒体的单向传播模式，转向多向互动模式发展。过去传统媒体是议题的主要来源，热门的公众议题都是传统媒体设置而成，公众只能被动地接收信息。新媒体环境下，公众开始由被动转为主动，一些自媒体在微博、抖音等媒体平台上十分活跃，和网络用户之间互动频繁，不断创造热点话题。并且不少突发公共事件的信息也是第一时间经由自媒体发布在微博平台上，引发公众广泛关注之后，其他媒体继续追踪报道。因此，新媒体环境下参与主体之间极易形成互动反馈，促进信息的快速传播。此外，新媒体综合运用文字、图片、声音、动画甚至虚拟环境等各种各样的表达形式，突破了传统媒介的限制与规范，具有丰富的表现手段，不同的媒介形态、传播形式之间可以互相转换。

（一）新媒体环境下公共危机事件传播的影响因素

在互联网时代，传统媒体与新媒体迅速发展，公共危机事件的传播速度逐渐加快，突发公共危机所引发的舆情风险也在随之增加。而在公共危机事件传播引发舆情的过程中，舆论对象、网民群体、融合媒体、政府举措则是具有较大影响力的四个因素。

1. 舆论对象诱发舆情危机形成

公共危机事件中，舆论对象成为引发舆情危机的导火索，而关于对舆论对象的解释，笔者认为其可以是公共危机事件本身，也可以是公共危机事件下的舆论环境。

就公共危机事件本身而言，相较于常规的焦点事件，更类似于不可预测、突如其来的焦点事件，在很短的时间里，对社会产生巨大影响，使其受到大众的注意，成为舆论的中心，在网上引发众多舆论。新媒体时代，网民可以在网络上自由表达自己的意见和情绪，其中一些负面情绪、攻击性语言等很可能会引起公众恐慌，可能会在瞬间将舆论引爆，将舆情危机推至高点。就舆论环境来说，当下的社会环境容易成为舆情危机发育、生长的温床。由于互联网的特性，舆论更容易被传播、发酵，此外，过往政府组织的一些应对舆情危机的行动、应对、引导等处置措施的不足，一定程度上加剧了公众对社会及政府等组织机构的不信任。目前，我国仍然处于发展阶段，随着社会发展衍生出的越来越多的社会问题使部分网民对政府等组织有所质疑，并且这种情绪不仅仅是针对政府、组织，还有对权力者、富人、企业家等的敌视，因此更容易形成网络舆情危机。

2. 网民群体助推舆情危机爆发

网民群体结构复杂，不同年龄、不同文化程度、不同媒介素养等因素都会使网民形成不同观点，这与传统媒体环境下大众情绪传播的滞后性是不同的。在网上，网民可以自由表达对公共危机事件的看法和情绪，网络空间的隐匿性和开放性也极大地提高了互联网用户的情感敏感度。当他们意见相同时，将会扩大言论并引来更多关注，而持相反意见的网民会与其他人发生激烈的争论，攻击性的语言会刺激不平衡的社会心态，导致矛盾持续恶化。与此同时，各种混淆是非的谣言与"阴谋论"不断涌现，扭曲了舆论，在网络平台上散播焦虑和恐慌情绪，导致部分网民在网络上进行无端攻击和谩骂、发泄情绪。微博、微信等社交媒体的流行加速了信息的传播，使人们的情绪容易受到感染。当这种情感传染的机制发挥作用时，网民很快就会被攻陷，引发更大的恐慌。相对于传统媒体时代，在"人人都有麦克风"的新媒体时代，网络意见领袖在互联网上所扮演的角色愈发重要，他们以自己的方式解析信息，向网民传播信息，利用自身的影响力推动舆论的发展。在发生公共危机时，网络意见领袖往往可以在互联网中发挥更深层的作用，改变网民的一些思想观念或对其产生一些影响。

3. 媒体成为危机传播的信息枢纽

无论是以前还是现在，媒体都被公众当作重要的信息来源及信息的传递渠道，在社会中发挥着"喉舌"的作用。公共危机事件与公众利益息息相关，在公共危机事件发生时，互联网信息量巨大，信息质量良莠不齐，容易加剧社会恐慌，因此，新闻媒介要及时发布公共危机事件消息，尽快占据舆论制高点，并且保证内容的准确性、权威性，以免发生社会恐慌。

随着新媒体的发展，用户不断增加，自媒体蓬勃兴起，许多传播者通过自媒体发布信息，填补传统媒体的"信息盲区"。但由于自媒体"把关人"角色的弱化，往往很容易成为谣言聚集地，进一步增加了舆情管理的难度。并且在非常时期，媒体一直在政府与公众之间充当沟通与协调的枢纽，所以媒体的议题设置和内容导向会直接地影响公众对舆情的判断及其情绪的走向。尽管在新媒体的时代，传统媒体的公信度、传播力和影响力在公众心目中仍然占有一定的地位，但由于传统媒体的信息发布速度较缓，而公众在互联网的影响下对信息的需求越来越大，当消息滞后时往往容易被虚假信息误导，加重舆情危机。

4. 政府举措成为舆情变动重要因素

在公共危机事件发生时，政府的行为态度十分重要，往往能影响舆论发展及公众情绪，政府一些不恰当的言行和措施都很可能激起公众的不满情绪，产生负面的公众舆论，引发舆情危机，破坏政府形象，削弱公众对政府的信任，在瞬间将政府推上舆论的风口浪尖。

在当前的网络环境下，稍有不慎便容易造成舆情危机的迅速扩散，在公共危机事件中扮演重要角色的政府，需要做到制定和发布具有针对性的、有效的、准确的相关政策，降低舆情危机的发生率，并且在传递权威信息的同时，确保信息的准确性，避免发布时出现信息错误、信息不足等情况。在公共危机事件发展的初始阶段，政府应迅速引导舆论良性发展，避免舆情危机的发生，并且避免信息的滞后性、不透明性等，从而最大限度地满足公众知情权并安抚公众不良情绪。当舆情危机出现后，政府及相关管理部门应采用一定的措施对危机事件进行干预，虚心接纳公众指出的不足之处，听取公众给出的良性建议，正视网络舆论的正面作用，改变舆情走向，避免舆情危机的恶化。

（二）新媒体时代危机传播特征

相比于常态化舆论焦点，新媒体时代的危机传播更加集中，且关注量数以亿万计，成为特定时段内网民议论的绝对中心。

新媒体时代的危机传播，危机的议题范围更加广泛，议题更加多元，社会、经济、政治等领域均有涉及。传统媒体时代由于"把关人"的存在，许多危机被人为阻挡，难以被公众得知，而新媒体的出现，让公众参与到信息传播的各个环节，各个领域的事件都可能被挖掘出来并广为传播，如丰县"铁链女"事件、高校食堂"鼠头鸭脖"事件等。

新媒体时代的危机传播，情感、事实、态度相互交织，舆论被网民意见所裹挟。以网民为主的新媒体舆论场中，传统权威的"把关人"地位被大大削弱，而网民的媒介素养参差不齐，在面对某些危机事件时，易产生激烈情绪，进而态度被情感所左右，影响其对事实的判断。

二、自媒体的危机传播

"自媒体"（self-media），也称为"公民媒体"或"个人媒体"，是一种新的媒介类型。作为新媒介，它利用现代化的电子工具，将信息传送给特定的一小部分人或全部人。

在当前的众多舆情危机案例中，危机应对主体大多固守传统媒体时代的思维和心态。在面对舆情时，往往采取压制式的"堵""删"措施，极易导致报喜不报忧。换言之，信息爆炸的时代，以往信息不对称的危机处理模式不适应当下。公众获取信息的渠道、信源更为多元化，掌握的信息有时候比政府更多、更早、更全面。媒体也随着公众使用互联网的习惯改变，开始调整市场定位。尤其是在危机事件发生后，由于有效信息的缺乏，人们更倾向于通过"使用与满足"理论来寻求信息，他们将"需求的满足与媒体的选择联系起来"，媒体必须与其他满足受众需要的信息来源竞争。

自媒体的兴起，为社会大众提供了更多的沟通渠道和发言权。在传播范围方面，自媒体实现点对面和点对点传播模式的结合。这使大众传播模式的覆盖面更广，人群间的交流也更具有普遍性，能达到即时沟通的目的。近年来，许多重大的社会事件都与自媒体有关，移动传播发挥着决定性的影响。但是，群体间不加控制的权利，也将带来贝克所谓的"有组织的不负责"，他指出，公司、政策制定者和专家结成的联盟制造了当代社会中的危险，然后又建立一套话语来推卸责任。[①] 这样一来，他们把自己制造的危险转化为某种"风险"。由于自媒体逐渐扩大的影响力，使部分自媒体大 V 一定程度上扮演着"专家"角色，与政策制

---

① 贝克. 世界风险社会［M］. 吴英姿，孙淑敏，译. 南京：南京大学出版社，2004：35.

定者联盟。但在自媒体大 V 未受到监管时，其发表言论是出于利己目的，他们难以对其发表的言论负责。

通过传输平台通道，移动传播持续与人互动，突破了时空的限制，持续促进传统人际传播方式的革新，突破传统人际传播的固有规律，融合人际传播的网络特性和"技术匿名性"，出现"互不问责"的趋势。"技术匿名性"对于发送方来说可以被视为一种"隐身"，隐身的目的是逃避监督和处罚。由于目前平台相关技术和制度的缺失，网民的使用不会受到过多的惩罚，"匿名"容易引发从众心理，诱发更多网民的从众行为。

三、社交媒体的危机传播

"社交媒体"（social media）是指允许人们撰写、分享、评价、讨论、相互沟通的网站和技术，是用户之间用来分享意见、见解、经验和观点的工具和平台。人数众多和自发传播是构成社交媒体的两大要素。

社交媒体是一个以 Web 2.0 为基础的交互性社区，其最显著的特征就是人人都可以发表、传播自己的信息。这是一种进行社会互动的媒体，是一种通过普遍存在的通信工具——无线终端来实现社交活动的工具。它能够给用户带来极大的参与空间和自主性，既可以满足用户对自己的基本信息进行存储的需要，又可以满足用户被发现、被赏识的心理需要，能够帮助用户建立联系并影响他们之间的关系。

（一）社交媒体特征

（1）平民性。社交媒体最基本的特征就是平民性。在现代社会里，互联网已成为人们生活中不可或缺的重要媒介，人们都有机会和权利通过网络去表达自己。随着科技进步，电子产品随处可见，这也使得普通公众在社交媒体里的创作、编辑、传播和消费动作，嵌入人们的日常生活中。

（2）对话性与社交性。公众可以通过社交媒体和不同人群进行对话交流，或者在观看视频后激发受众主动反馈，达到媒体与用户双向传播，甚至是用户与用户的多对多传播，促进用户相互之间的关系。同时，社交媒体的传播过程中，如果将志同道合的人整合为一个群体，形成一个独特的社交网络社区，公众就可以以个体的形式免费参与其中，并且人们评论、反馈和分享信息，使其融入这个群体中，形成一定的社交圈层。

（3）匿名性与真实性。匿名性是社交媒体上最常见到的特性。当人们独处的时候，想要与他人聊天，社交媒体让用户可以与不认识的陌生人交流，但目前，受到我国法律法规的规制，用户在注册、使用社交媒体账号时，需要用真实身份信息登记，从而便于管理。因此，社交媒体既存在一定的匿名性，也存在真实的个人信息。

（4）媒体性。社交媒体不仅推动了用户与用户之间的信息传播，而且开拓了传统媒体的新传播渠道。传统媒体在社交媒体上注册账号、发布新闻或通告来实现信息的快速传播。而自媒体则是利用社交媒体中某一用户群体的偏好来发布相关信息，以此来实现影响力的增加，并依托自身的媒体属性不断向社交媒体中的用户传播信息。

（5）混乱性。随着社交媒体用户规模的不断增加，现在只要在网络发布一条比较火爆的信息，那么信息就会以一种高度透明的流动方式，向网络上的所有人公开。与此同时，不了解信息的人和虚假消息也会随之出现，使所有信息混合在一起，混乱且无序。

（二）社交媒体下危机传播的特征

（1）快速性。社交媒体继承了互联网信息传播即时性的优点，使得信息能够在分秒间迅速传播至全球各地。而在 5G 技术的加持下，这种传播速度更是得到了极大的提升，几乎达到了实时更新的程度。正因为社交媒体具有如此强大的传播能力，一旦危机事件发生并被上传到社交媒体平台，公众对事件的关注和讨论度便会迅速攀升。在这种舆论力量的推动下，公众对危机事件的反应也会越发迅速，能够在极短的时间内做出应对。以早期新冠疫情出现为例，当钟南山院士在社交媒体上发布新冠病毒存在人传人的风险时，这一消息迅速引发了公众的广泛关注。人们纷纷开始采购物资、购买口罩，以便为应对疫情做好充分的准备。

（2）复杂性。在当今信息爆炸的时代，危机事件一旦爆发，其传播速度之快、范围之广，往往超乎人们的想象。这类事件往往会同时通过各种社交媒体平台、博客、论坛等多条渠道迅速扩散，形成一股强大的信息流。而渠道的多样性让信息传播变得更加复杂，增加了信息管理的难度。同时，社交媒体中的用户身份复杂多样，这种用户身份的复杂性使得传统的信息传播路径从单向传播逐渐转变为网格化、分散化的模式，每一个节点都有可能成为新的信息传播源，这使得信息的流向更加难以预测和控制。更为严重的是，在庞大的用户群体中，往往还夹杂着部分境外势力。这些境外势力通过各种手段介入、渗透到中国的舆论场中，试图通过歪曲事实、煽动情绪等方式，挑拨危机事件中的公众情绪，加剧社会矛盾和不稳定因素。

（3）广泛性。社交媒体的用户数量正以前所未有的速度持续增长，这极大地拓宽了信息传播的边界。如今，一个危机事件一旦在社交媒体上被曝光，便能够迅速地在全球范围内引发广泛的关注和讨论。比如，俄乌战争和巴以冲突，虽然它们是地区性的冲突事件，但由于社交媒体的强大传播能力，这些事件几乎在瞬间便传遍了世界各地。通过社交媒体平台，人们能够实时了解事件的最新进展，分享自己的观点和看法，形成了一股强大的舆论力量，使得这些地区冲突事件成为全球关注的焦点。

（4）高参与性。社交媒体凭借其强大的原生社交属性，一旦危机事件爆发，便能迅速在各大平台上激起热烈讨论。在这个信息快速流通的虚拟世界里，用户不仅是信息的接收者，更是信息的创造者和传播者。他们积极参与对危机事件的讨论，通过转发分享，间接扩大事件的影响力，甚至可能采取线下实际行动，直接参与解决危机。如今，社交媒体用户对于危机事件的参与度空前高涨，他们的声音和行为正对危机事件产生越来越直接且深远的影响。

（三）社交媒体用户参与动机及行为

由于社交媒体快速和广泛的传播属性，人们不再依赖甚至不再从报纸、广播、电视等传统渠道获取信息，而是将社交媒体视为获取及发布信息的主要手段。以下将基于社交媒体使用（用户参与）的相关研究和理论，总结出用户在使用社交媒体时的动机和行为。

无论在平时还是在一般热点事件中，公众对于信息的接收都有一定的需求，而在公共事件发生时和过程中，公众对于获取相关信息的需求会更高，情绪也会随之更加高涨，换言之，此刻社交媒体所孕育出的沟通交流、舆论环境已成为公众情绪释放的集中场域。社交媒体在一定程度上成为人们搜索信息、沟通交流的窗口，也在一定程度上影响和反映用户的自身状态。在深入解释影响用户使用社交媒体的深层的动机之前，先引入一些相关概念和理论主张，为接下来的讨论建立一个思维框架。

（1）使用与满足理论。指公众通过媒介来满足自身多种的心理、精神需求，而使用动机就是驱动个体媒介使用的原动力。研究发现，个体用户一般存在着内生性的需求，这些需求能够推动用户对媒介进行主动选择或者是被动使用。这种主张更多是在肯定了用户个体自身的积极性和能动性的基础上去探讨动机与需求、需求与使用之间的关系及社交媒体和受众之间的关系。

（2）错失焦虑。在查询相关文献时发现，研究认为从心理影响因素层面去探讨社交媒体使用的动机和行为时，错失焦虑是心理学的普遍现象，并且由来已久。错失焦虑被学界认为是当下研究用户社交媒体的使用动机和影响因素时最重要和最有见地的概念之一。[①] 认知心理学家普日比尔斯基（Przybylski）将错失焦虑（fear of missing out）定义为"由于缺席而无法获知所带来的一种广泛焦虑，主要表现为对了解他人正在做什么的持续性渴望，反映了个人心理需求的满足缺失而导致的自我监管不足"[②]。错失焦虑，或说错失恐惧，是个体对于外部环境感知渴望的心理折射。这首先与社交媒体在当今的发展程度息息相关，社交媒体早已成为人们呈现自我的重要平台甚至是主要平台，个体不仅自身可以传达和分享各种各样的信息和体验，也无时无刻不处于更加多元化的信息之中，特别在使用社交媒体的过程中更是被各种信息"轰炸"，也可以视为是一种个体在庞大纷杂的信息和社会面前的曝光，而当个体了解感知了太多来自外界的或美好或重要的信息时，不免就会产生一系列的焦虑和恐惧，害怕自己错过什么重要的信息。[③] 信息需求无法充分满足时就可能演变成一种持续的状态，反之过度使用社交媒体，变成恶性循环。通信技术的发展使得使用媒介的门槛变低，人们可以更快速便捷地缓解错失焦虑带来的影响，但是碎片化和即刻的满足却也使人们在不断刷新他人信息和更新自我信息之中逐渐累积错失焦虑。

（3）社会情境。一直以来，人们的媒介使用行为都受到了特定情境的影响，即个体对媒介的使用因其所处的社会情境、使用习惯、后续结果而异，甚至其使用方式及相应的行为结果也会随之改变。这类关于"公众情境理论"的主张认为，对于情境的评估是影响人们决策和行为的重要尺度，通常会在健康传播的学

---

① 刘洋.使用动机、错失焦虑与社交媒体沉迷：常态社会与危机情境中的比较研究［J］.新闻与写作，2020（10）：57-67.

② PRZYBYLSKI A K, MURAYAMA K, DEHAAN C R, et al. Motivational, emotional, and behavioral correlates of fear of missing out［J］. Computers in human behavior, 2013, 29（4）: 1841-1848.

③ 张亚利，李森，俞国良.社交媒体使用与错失焦虑的关系：一项元分析［J］.心理学报，2021, 53（3）: 273-290.

科领域内着重探讨。虽然这类主张并不与社交媒体使用的行为和动机的相关研究直接相关，但是可以为此提供很好的参考和提示——人们在特殊或者有风险的环境下使用社交媒体和程度都可能会因为情境的特殊性而发生转变。

基于以上理论，社交媒体用户在使用社交媒体时一般出于两个动机：一是社会关系或社交动机，二是情感和心理动机。

基于社会层面，用户使用社交媒体最重要的动机是利用社交媒体与他人建立社交网络和通过社交媒体寻找、创造、交换所需的内容。当然还可以从更加广泛的维度去分类归纳用户的使用动机，这些广泛动机基于社交和建立关系，包括但不限于联结、分享、表达、自我推销、学习、放松、信息监测、创造，以及拓展社交圈、认识新朋友、与他人保持联系、自我展示和表露等。

基于情感和心理的层面，用户使用社交媒体则更多是为了娱乐放松、打发时间、缓解无聊、寻找陪伴、逃避现实、分散注意力等，以及期望通过社交媒体得到正向反馈，提升个体自身的主观幸福感和积累心理资本（psychological capital appreciation，PCA），这是个体在成长和发展过程中表现出来的一种积极心理状态。

在上述使用动机的推动下，搭建起了用户使用社交媒体的行为链。人们日常生活中社交媒体使用、连接的场景越来越多，需求也越来越多，使用社交媒体能够清晰地呈现自己的社交网络，将自己社交圈的人连接起来。而过多的社交媒体使用与连接也引发了用户的使用焦虑，出现用户使用动机与行为产生偏差的失衡现象，这种失衡给了部分利益群体可乘之机，使得社交媒体上处处都有潜藏的危机。对此，加强用户媒介素养、强化社交媒体用户隐私权意识、优化平台服务能够让用户重新思考社交媒体使用动机、审视使用行为，这对用户是否连接社交媒体、连接程度的选择都具有积极意义。

第三节　社会治理的数字化转向

在数字化浪潮的冲击下，社会治理正经历着前所未有的转型。网络、平台、算法这三个关键要素，既是数字化时代社会治理的对象，也是推动社会治理创新的重要主体。它们与社会治理之间存在着紧密且复杂的逻辑关联，共同塑造着现代社会的治理格局。

网络为社会治理提供了新的空间和手段，平台作为数字经济的核心，连接了社会的各个层面，算法则嵌入社会运作的各个环节，三者共同构成了数字化时代社会治理的基础架构。社会治理的数字化转向，就是要通过有效的治理手段，规范和引导网络、平台、算法的发展，使其更好地服务于社会公共利益，同时充分发挥其在社会治理中的主体作用，实现政府、社会、市场等多元主体的协同共治，因此网络治理、平台治理、算法治理的重要性更加凸显。网络公共危机的即时性与多元性、网络舆论场的开放性与偏差性，以及网络公共危机的多种类型，都要求我们从多维度、多主体的角度出发，构建科学合理的治理框架。通过加强网络治理，规范信息传播秩序；通过优化平台治理，平衡商业利益与公共利益；通过完善算法治理，确保技术的公正和负责任使用。在此基础上，我们可以更好地应对数字化时代的危机挑战，实现社会治理的现代化转型。

一、网络治理

（一）网络治理概念

"治理"是指"规制与监管"，通常用于分析权力的运用、利益的分配与责任的归属。在管理学著作中，比"治理"使用得更多的是"管理"。在一个层次分明、等级森严的组织里，管理一般是指通过对权力的有效运用，来协调其他成员的工作，从而达到组织的目的。从管理的角度来看，治理问题的核心并不在于对被管理者的权利进行支配，而在于通过被管理者之间的协作来达到组织的目的。

最早提出网络治理理念的是斯蒂芬·戈德史密斯（Stephen Goldsmith）和威廉·D. 埃格斯（William D. Eggers），他们将网络治理（network governance）定义为"一种全新的通过公私部门合作，非营利组织、营利公司等广泛参与提供公共服务的治理模式"①。

（二）网络中公共危机传播的特征

乌尔里希·贝克在《风险社会》一书中指出，当今人类生活在"文明的火

---

① 戈德史密斯，埃格斯. 网络化治理：公共部门的新形态［M］.孙迎春，译. 北京：北京大学出版社，2008：22.

山上"。他认为与传统概念中的自然风险不同的后现代风险是"人造的风险",或者说是"文明的风险",是由人类的发展特别是科技的进步造成的,人们试图去控制风险和由此产生的种种难以预料的后果时,反而可能面临着越来越多的风险。① 与传统社会相同,网络环境下的公共危机同样具有公共性、突发性与紧急性。网络公共危机是指在现实世界中,由自然灾害、群体事件、重大灾害等外部因素引发的,或因虚拟世界中网络报道、权威发布、群众搜索等网络因素引发的,在互联网内广泛传播,经由网络舆论的推动,形成可能危及公共财产安全、危害社会治安、动摇社会正常行为准则和社会价值体系的社会现象和社会事件。它是社会问题在网络社会的反应和延伸。

在纸媒时代,公共危机的传播主要有两个途径:一是口语媒介的传播带来的小众有限范围内的危机萌芽,二是印刷媒介带来的公共危机规模化。报纸等印刷品将政府的施政理念和诉求直接传递给公众,也能在自上而下的传播模式中,通过对传播信息的选择,满足公众的知情意愿,剔除不希望公众了解的信息,从而实现政府公共危机治理。但报纸等纸媒虽然实现了文字信息的大规模、工业化生产,却无法逾越时空的障碍,其传播速度不能够超越单一链式的作者、编辑和运输的运行模式;广播电视等媒介虽然实现了信息呈现方式的多样,却没有实现信息发生主体的多元;而科技带来的网络传播速度,则实现了信息及时、远距离、高效地传播,突破了印刷与广播电视模式的限制,使得多对多的交流方式、信息内容多元主体的同步接收、交流、再分配成为可能。

1. 网络公共危机的即时性与多元性

在数字化时代,由于互联网自身的特殊性,公共危机在网络形成舆情的速度较快,只要遇到可以到达燃点的导火索,网络舆情就会通过各个渠道形成,从而延伸至社会现实之中。因此网络提升了公共危机的传播速度,缩短了公共危机管理的反应时间。

数字媒介时代的最重要特征就是,一种广泛的、相互联结的声音、影像与电子文本网络,使人际传播与大众传播之间、公共传播与私人传播之间的界限变得模糊,最终将会是知识的多元主义及个人化的传播控制。② 网络作为一个公共领域,结合了不同文化背景、道德观念、价值标准的使用者,而不同的背景会带来

---

① 贝克. 风险社会 [M]. 何博闻,译. 南京:译林出版社 . 2004:13.

② NEUMAN W R. The future of the mass audience [M]. Cambridge:Cambridge University Press, 1991.

对于同一起公共危机事件的不同解读，这就决定了网络公共危机在传播过程中形成的舆情多样性和复杂性。在互联网时代，网民不再是单纯的信息接收者，他们在信息传播链上承担信息接收者和传播者的双重身份，对于公共危机事件，尤其是与自身利益相关的事件，网民普遍表现出强烈的参与意识，并且容易基于不同的背景和立场形成多种观点交汇的场面。

这种基于网络传播产生的泛传播重构了原有的传播层级，在接收和发送两个层面都体现出平权性，弱化了传统"把关人"的角色。公众不仅能够接收由媒体过滤的信息，还能够自主选择信息和传播信息，在不同的舆论之间进行平等的对话。在这种情况下，政府、社会组织、大众媒体和所有制造、传播、消费信息的公众都是公共危机的传播人。

2. 网络公共危机舆论场的开放性与偏差性

作为具有开放性和匿名性的公共空间，网络社交平台成为网民随时发布和传播网络危机相关信息的保护伞，公众可以利用各类网络媒体表达观点和情绪，形成不同的网络舆论场推动事件发展。但是网络舆论的自由性也带来了诸多消极影响，比如网络谣言的散布、虚假信息的传播、非理性的谩骂、"人肉搜索"等，这种情境下的网络危机信息常常缺乏理性、较为偏激。

一般而言，针对公共危机事件的网络讨论集聚能够代表大多数网民的情绪，在网络讨论多元化和平权化的情况下这类网络舆论和媒体舆论一样，不具备法律法规的强制性，但是在社会舆论的共同作用下，能够叠加产生广泛的社会共鸣和强大的舆论效果，具有不可估量的社会控制作用。网络公共危机舆论场的开放性是一把双刃剑，其中公众所传递信息的正负与好坏具有一定的偏差性，每种公共危机所裹挟的网络信息都需要在特定的情境下进行解读，如果将任意一种信息视为主流舆论并加以传播和感染，会有害于社会秩序稳定，从而加剧网络公共危机。

（三）网络公共危机治理

在公共危机事件发生过程中，各主体（包含当事人、政府、非政府组织、涉事相关企业、公众、融媒体和网络大V等要素）以营造维护有序、稳定、有效的公共危机治理环境为共同原则，通过各种办法和技术手段，自觉地对共同关注的各类公共危机事件采取合理的措施。公共危机治理是政府运用治理理论对公共危机事件进行协同管理，它的根本目标是促进公共利益最大化和协同效应最大化。①

不同于过去传统单向的信息传输模式，互联网为公众带来了更宽泛的利益表达渠道和更庞大的关注度，传统的公共危机治理理念需要被重新定义，对事件的处理方式和舆论引导也有新的要求。可以说，在网络社会，公共危机治理的概念趋同于网络公共危机治理的概念。

武超群对网络公共危机治理有明确的定义："网络公共危机治理是指在公共危机的开放系统中，多元治理主体（包括政府组织、非政府组织、企业、公众、融媒体、一般网民和网络舆论领袖等）基于共同的目标，利用数字技术和网络技术等信息技术手段，自觉对共同关注的潜在危机或者各类公共危机采取协同联动的措施，以形成有序、稳定、高效的公共治理结构的可持续过程。"②

二、平台治理

网络平台是数字经济变革的重要组织形态，它形成以普通网民为主体、对整个社会造成巨大影响的数字化平台。该平台已经深入世界各地的经济、政治和文化领域，影响了各类行动者，并逐步形成了一种混杂的"平台社会"。

习近平总书记指出，"要充分利用大数据平台，综合分析风险因素，提高对风险因素的感知、预测、防范能力"，"要加强对各种风险源的调查研判，提高动态监测、实时预警能力，推进风险防控工作科学化、精细化，对各种可能的风险及其原因都要心中有数、对症下药、综合施策，出手及时有力，力争把风险化解在源头，不让小风险演化为大风险，不让个别风险演化为综合风险，不让局部风险演化为区域性或系统性风险，不让经济风险演化为社会政治风险，不让国际风险演化为国内风险"。③

（一）中国互联网平台治理的特点

1. 应激性

与传统制造业相比，互联网行业的技术路线、应用场景、客户偏好、商业化

---

① 刘欢. 融媒体时代下的网络公共危机分析和治理研究 [D]. 天津：天津大学，2020.
② 武超群. 网络公共危机治理 [M]. 北京：经济科学出版社，2017：27.
③ 中共中央党史和文献研究院. 习近平关于防范风险挑战、应对突发事件论述摘编 [M]. 北京：中央文献出版社，2020：212–213.

模式等处于持续变动状态中，行业发展具有高度不确定性，技术进步与应用所产生的风险对国家治理体系与政策工具供给能力提出了更高要求。

中国互联网平台治理具有应激属性，这一属性既是运动式治理的体现，也是一种与数字社会发展相适应的敏捷治理的体现。敏捷治理的核心价值在于弹性、回应性和适应性。

2. 多主体

网络内容治理主要由网信办出台相关政策，随着互联网平台对消费、金融、出行、物流等各领域的影响更加深刻，平台治理的综合性和专业性要求得以提高。目前，中国互联网平台治理已基本形成政府主导、平台落实、公众监督的基本模式。政府主导的平台治理存在多主体特点，既体现多个部门之间的协同配合，也存在规章条目繁多、执行手段多样等问题。以算法治理为例，就涉及《中华人民共和国个人信息保护法》《互联网信息服务算法推荐管理规定》《信息安全技术机器学习算法安全评估规范》等多项法律法规。

3. 社会化

在行政与立法手段之外，以公益诉讼为代表的社会化力量也开始在平台治理领域发挥作用。2021 年 4 月 22 日，最高人民检察院发布检察机关个人信息保护公益诉讼典型案例 11 件。公益诉讼适用于维权成本高、举证难度大、波及范围广、受害者缺乏能力进行起诉的案件。将未成年保护、个人信息保护、平台不正当竞争等平台违法违规行为纳入公益诉讼范畴，有利于形成对行政治理的有益补充。公益诉讼包含行政公益诉讼、民事公益诉讼、刑事附带民事公益诉讼、支持社会组织提起诉讼等多种类型，相较于行政治理，在处理方式与手段上也更加灵活多样。

（二）中国互联网平台治理的模式

1. 政府主导，社会参与

与西方国家所倡导的多利益攸关方的治理模式不同，中国始终强调政府在互联网治理的主导作用：无论是制度设计还是政策执行，政府都是监管规则的设计者与执行者。因此，政府可以调用各类资源来促成治理目标的达成，政策执行的优良效果构成了中国互联网平台治理的独特优势。

以互联网平台为核心节点的数字社会是高度流动、复杂且充满不确定性的，政府主导的平台治理与严格监管难免有所疏漏，社会参与则是政府注意力有限情况下的理性选择。例如，针对平台上隐藏较深、形式多样的各类违规信息，微博吸纳政府人员、警察、消防员、教师、医生和高校学生等优质用户为微博社区志愿者，参与社区生态治理，以达到违规信息发现与用户自我教育的目的。

2. 商业利益与公共利益相平衡

作为数字经济的核心组织形式，互联网平台在引领社会数字化转型、提升社会运转效率与公共服务水平方面具有支撑作用。随着超级平台用户规模扩大、连接社会的属性强化，平台在社会运转中所扮演的角色也开始由私有制公司转化为具有公共性的基础设施，平台企业在其内部发挥着制定规则的"准立法权"、裁决纠纷的"准司法权"与实施惩罚的"准行政权"。当平台用户数量以及交易额达到一定规模后，平台规则就不再是小团体秩序，而是一种社会秩序，必须保持商业利益与公共利益的平衡。这种作为民营企业的私人属性与作为社会基础设施的公共属性的双重属性，使得互联网平台在推动内部治理与行业自律方面存在短板。

3. 以意识形态为重点，兼顾经济发展

相较于西方国家，中国的互联网平台治理具有维护网络意识形态安全的首要任务。互联网平台治理具有边监管、边发展的特点，一边在强化对网络意识形态、市场竞争规范的监管，一边也在加快数字经济发展、推动中国互联网平台企业走出去。互联网平台企业被视为政府与社会数字化转型的重要力量，也是主播、外卖员、网络写手等灵活就业群体的集中承载组织。字节跳动旗下 TikTok 在海外的成功，首次实现了中国互联网平台企业从世界上最大的发展中国家向包括发达国家在内的海外市场的逆向拓展，其意义不仅在于产业发展，更在于促进了网络平台上的跨文化交流和信息流动，以及背后的全球传播秩序的改变。

（三）中国互联网平台治理的发展趋势

1. 运动式治理与制度化建设将长期并存

中国互联网平台治理存在运动式治理与制度化建设并进的特征。一方面，初期互联网平台治理以内容治理为发端，并将"清朗"专项行动作为核心治理手段。伴随着超级平台基础设施化的深入，运动式治理也由内容领域扩展到数据与竞争等领域。另一方面，出于促进数字经济发展、减轻企业政策预期的不确定性等目的，互联网平台治理的制度化建设也在不断推进。国家互联网信息办公室、国家反垄断局等管理组织的建设，以及《网络信息内容生态治理规定》等规章制度的相继出台，都体现出互联网平台治理的制度化建设成效。

从中国的治理实践和治理效果看，运动式治理与制度化建设将长期共存。运动式治理具有手段灵活、效果显著的优点，有利于国家针对特定情境高效实现特定目标；制度化建设则有利于巩固运动式治理的成果，运动式治理的常态化也会在一定条件下转化为制度建设的一部分成果。

2. 超级互联网平台更加深度嵌入国家治理

超级互联网平台既是网络内容建设的核心阵地，也深度参与和影响着国家治理。超级互联网平台深度嵌入国家治理的路径有二：一是平台通过开放协作协议、平台的智能技术发展和平台企业建立社会连接能力；二是平台通过云服务和技术服务，成为数字政府和数字生活等底层服务的供应商。这也构成了平台深度嵌入国家治理的两个维度——平台作为治理对象、平台助力国家治理。

平台的开放协作协议及基于智能技术建立的社会连接能力，使其具有强大的舆论生成与社会动员功能，为规避违法虚假信息所带来的风险，维护网络意识形态的安全，国家必然将平台当作重点治理对象。

平台在数据采集、储存与分析方面拥有领先技术与成熟的市场化经验，使其成为数字政府和数字生活等底层服务的参与者。例如，腾讯和阿里巴巴分别参与广东省与浙江省的数字政府项目，推出省内政务服务平台"粤省事"与"浙里办"，打造出具有示范意义的数字政府建设标杆。从发展趋势看，平台作为治理对象与平台助力国家治理的"一体两面"将长期并存。围绕平台发展涌现的现实问题制定和完善法律法规，将是平台治理的常态。同时，互联网平台助力国家治理也将更加深入、精细和规范。

3. 平台治理政策更符合市场竞争规范

与工业时代的传统市场相比，数字时代的互联网平台在规模、技术、商业模式与市场影响力都显著不同。更重要的是，超级互联网平台本身既是超大规模企业，更是巨量交易场所和连接广泛的基础设施提供者。这种"运动员"与"裁判员"的双重身份属性使得传统的市场治理手段部分失效。

2021年国家针对互联网平台所展开的治理行动，可被视为国家关于社会治理秩序部分失效问题的有力回应：制度设计上，密集出台法律法规，由政府主导全面推行平台市场发展的合规管理；根据平台规模与属性，对平台进行分级分类管理；强化平台算法的公开透明，明确算法运用的伦理边界与社会责任；督促企业开放平台数据接口，推动数据互联互通；完善公益诉讼等新型治理机制，监督平台企业为社会树立正面价值导向和社会道德规范等。

国家对互联网平台市场竞争和秩序进行的治理，根本目的在于维护公平竞争环境与维护消费者权益。2022 年 1 月，国家发展改革委等九部门联合发布《关于推动平台经济规范健康持续发展的若干意见》，突出了坚持发展和规范并重的思想：在加强规范方面，提出治理与监管工作重点与要求，为平台经济健康发展提供保障；提出优化发展环境的具体要求，为平台经济可持续发展提供保障；在促进发展方面，明确了增强创新发展能力、赋能经济转型发展的方向。当互联网平台企业因 2021 年的监管风暴而面临发展不确定的压力时，该意见的发布增强了政策的可预期性，有利于恢复企业与市场信心。

4. 平台商业话语与主流话语更加贴合

伴随着超级平台企业基础设施化的深入，包括新闻业在内的诸多行业开始呈现出与平台的制度同构甚至以平台的运作机制引领自身发展的趋势。显然，超级平台的这种统合力量会对传统治理秩序形成一定的冲击。作为回应，国家从内容、竞争与数据三个维度对互联网平台开展了系统治理，为规避政策风险和监管压力，互联网平台企业有意识地将商业话语运用得更加贴合国家主流话语，并更加重视履行企业的社会责任。

伴随国家对互联网平台行业的治理深化，超级平台企业承载的压力倍增，履行企业社会责任不再是可有可无的选择题，而是巩固组织合法性的必答题。平台企业既注重与国家重大发展需求的精准对接，又注重立足自身资源禀赋与技术优势有针对性地开展帮扶项目。例如，阿里巴巴聚焦于自身电商平台的属性，通过建立淘宝村等方式来构建在地电商运营网络。腾讯则充分发挥社交与连接的优势，为数字公益、科技养老等社会领域赋能。

三、算法治理

人类社会已经进入第四次科技革命时代，算法成为新的生产工具，并给生产关系带来深刻变化。由于算法运用具有扩散性和分散性，同时某些算法结果具有不可解释性，给社会治理带来了前所未有的挑战。为实现"科技向善"，并将算法关进制度的笼子里，需要坚持公私合作治理的模式，不能仅靠政府机构的单向控制式规制，而是需要充分发挥政府规制与企业自治的双重作用。此外，算法深深嵌入社会运作的方方面面，算法治理的对象不应局限于平台和算法技术本身，而是需要分析与算法运行发生联系的各个组成部分，比如从主体维度看，包括技术研发者、技术运用者、监管者及消费者等；从技术环节看，包括数据处理环节、算法研发环节及算法落地环节等。只有各个组成部分实现协同治理，才能实现算法系统的"良治"。

（一）算法治理现状

首先，算法治理的"法治之网"已初步形成。"软法"是指不具有任何约束力或约束力比传统法律（即谓"硬法"）要弱的准法律文件。软法有多种表述形式，诸如"合作规制""自律规范"和"准规制"等。我国已经初步形成一张算法治理的"法治之网"，主要由法律法规、标准指南和行业自律公约构成，共同形成了"硬法"与"软法"共治的局面。

其次，现阶段算法治理的重点问题和场景基本明确。基于对社会稳定、市场公平竞争、个人的公平和正义等价值目标的追求，现阶段我国重点治理的算法应用场景包括自动化决策、人脸识别、互联网信息服务推送、深度合成等，其涉及的治理问题包括深度伪造、大数据"杀熟"、算法共谋、数字劳工等。

最后，互联网信息领域的算法治理主管机构得以确定。我国网信部门作为互联网信息内容管理机构，在算法治理领域的规则制定和监管行动上先行先试，起到牵头和组织的作用，其重点关注消费者权益保护、市场竞争秩序、意识形态管理、国家安全等，其制定的算法治理规则主要适用于互联网信息领域。

（二）相关政策建议

算法治理是一项需要持续完善和迭代的系统工程，应结合技术的演进和场景的变化完善治理措施，具体可从以下几方面展开：在治理目标上，实现算法可问责与算法经济高质量发展；在治理主体上，通过部际联席会议制度形成算法治理合力；在治理对象上，从算法应用主体和应用场景角度拓宽算法治理的范围；在治理手段上，补强司法救济和技术治理措施；在治理模式上，优化多元主体参与的协同共治模式。

当前我国针对算法治理已经集中出台了一些规制措施，如《关于加强互联网信息服务算法综合治理的指导意见》《互联网信息服务算法推荐管理规定》等，其治理效果还需要进一步追踪和评估，并根据治理情况及时调试治理框架和改进治理措施。治理效果评估是未来研究的一个重点内容。

复习思考题

一、名词解释

1. 情感动员

2. 错失焦虑

3. 算法治理

4. 群体极化

二、简答题

1. 简述自媒体与社交媒体之间的关系及相互作用，可结合案例分析。

2. 数字化时代舆论生态面临什么样的挑战？

3. 简述平台治理的特征及现状，分析其对数字化传播时代的作用。

三、论述题

1. 简述新媒体环境下信息传播的特点。

2. 分析主流媒体在数字化时代的困境与创新路径，以及如何继续保持主流媒体的生命力。

第四章

危机传播中的信息发布与话语修辞

在危机事件中，危机信息是危机管理的关键要素，是危机管理者和社会公众之间建立联系的"硬通货"。特别是在当下，危机管理者处在聚光灯下，所发布的信息会被无限放大，任何负面的表现都会引起网络质疑和声讨，可以说危机信息的管理水平将直接影响到危机事件的处理。危机传播中的信息发布主要有危机管理者、媒体、公众三类主体，危机管理者主要通过新闻发布的形式向外公布危机信息，媒体则掌握着信息发布的渠道，公众具有信息的自主发布权，影响着危机信息的舆论态势，三者共同构成危机信息发布的整体。

第一节　危机传播中的信息发布

一、危机传播中的新闻发布

危机传播和新闻发布有着共生的历史和天然的联系，我国政府新闻发布制度经过 40 多年的建设与发展，经历了从制度初创到逐渐成熟，从单一宣传功能到传播与公关功能的几个发展阶段。中国于 1983 年在外交部首设新闻发言人和新闻发布制度，开始新闻发布实践并探寻适合自身的制度模式。2003 年"非典"危机前后信息披露的对比实践，使政府认识到与媒体和公众建立高效顺畅的信息沟通机制，对巩固执政基础、提升国际形象具有重要意义。近年来，中央部委及地方党委、政府的新闻发布机制日渐完善。2019 年 8 月中共中央印发的《中国共产党宣传工作条例》，明确了将"协调开展新闻发布工作"作为党委宣传部的工作职责，体现了党和政府决策层对新闻发布的重视。如今新闻发布机制已经成为党和政府信息公开、危机传播的重要方式。

（一）危机传播中的新闻发布要旨与技巧

危机传播中的新闻发布要旨可以简单地概括为四个方面：表达同情、展示权威、坦诚开放、体现责任。

（1）表达同情。承认自己的弱点及在人性方面的缺陷，比如恐惧和痛苦、悲伤和困惑等。这些都是危机管理方取得公众的关注和同情尤为重要的方面，要和公众站在同一层面，不要让公众感觉到危机管理方态度凌驾于任何人之上。站在公众的立场，才能使公众更易接受相关信息，获得公众的认同。

（2）展示权威。展示权威意味着要发布权威的信息、展示权威的形象，要建立起与公众之间的信任机制，让公众支持危机处理方的行动。发布权威的信息要求危机处理方一是要严格选择信息源，选择具有发布资质的信息源；二是要把关所发布的信息，不能发布有误或失实的信息。展示权威的形象要求危机管理方要选择好公开露面的危机处理人员，通过在场人员传达一种可靠的视觉符号，让公众充分理解和信任危机处理的流程。

（3）坦诚开放。在新闻发布的发言过程中，坦诚与开放是发言人所应该具备的基本素养，但是这并不意味着可以无所顾忌、不计后果地畅所欲言。发言人应遵守务实原则，不随便发言，而且还应该把握好时机，在合适的时间里发布信息，这样才能取得理想的效果。发言人应该表现出诚意，切忌使用一些外交辞令来搪塞提问，要准确且无误，切中要害。

（4）体现责任。作为一名负责任的发言人，必须做好充分准备。要承认危机的负面影响，不恶意掩饰或隐瞒，还要在第一时间处理好之后的种种事宜。随着时间的推移，在危机事件的关注度降低、报道减少后，可以再把后续的处理结果展示给公众，直到这件事平息并得到最终的解决为止。

新闻发布中最讲究的就是发布技巧。在危机发生时公众会不知所措、感到焦虑，新闻发布的信息切忌长篇大论。发布的信息必须精简有力，在文字的表达中突出重要的部分。新闻发布的信息用词不必华丽，而应简单明了，让公众可以直接获取信息。在涉及相关部门时，不要偷换概念或转移责任，要用"我方"这样的第一人称表述，树立起值得信任的形象，表现出对公众应有的亲和力。发言的内容不应建立在推断或预测的前提下，不作不明信息的发布和解答，不作主观上的臆断，否则会令发言人陷入两难境地。在讨论目标受众的切身利益问题时，谨慎谈论具体的资金，谈论具体的措施会更博得认可，在这方面具体说明，更容易获得目标受众的信任。避免幽默也是值得注意的要点，危机事件还未平息时，不适宜的幽默会带来适得其反的结果，甚至有引发其他危机的风险。

（二）新闻发布会的组织和策划

重大危机发生后往往需要政府或相关社会组织召开新闻发布会，并且由高级管理团队的成员直接回答记者的问题，这通常包括至少一个受影响的政府部门负责人或社会组织的首席执行官。新闻发布会是政府或社会组织传播信息和吸引新闻媒体报道的行之有效的途径，通常以一份事先准备好的声明开始，由公关团队和相关负责人共同撰写，以此为基础回答在场记者的公开提问。

新闻发布会的策划准备工作是整个发布会中至关重要的环节，这将直接关系到整个发布会能否顺利召开和后续危机处理工作的开展。新闻发布会的筹划准备工作包括决定发布会的主持人和主要发言人，并且要让主持人和发言人在上台之前做好充分的模拟演练。公关团队应整理一份可能会出现的问题清单，包括困难的问题、新闻发布会中的发言稿件、辅助性的相关资料等，提前决定公开多少信息，以及如何回答那些还不能公开的问题。其他的准备事项包括主题的设定、时间、地点等，此外，还应确定需要邀请的出席嘉宾、对记者的组织、会场布置等。

在一系列的准备工作进行完毕之后，一些工作细节也需要随时跟进。发布会负责单位的工作人员需要在新闻发布会开始之前对准备工作进行检查，提醒相关人员对新闻发布会进行时可能出现的情况进行处理。比如，在发布会中所传达的信息必须准确无误，新闻发言人在发布会中对记者提问的回答需把握好分寸。在新闻发布会结束后，相关工作人员需对此次的发布会组织工作进行回顾总结，以便对新闻发布会的效果进行评估，为后续同类新闻发布会的筹办积累经验。

（三）危机传播中存在的问题

过去的政府新闻多通过传统媒体、网站、新闻发布会等渠道发布，近年来，我国各级政府部门应对各种危机事件的能力有所加强，尤其是各级政府新闻发布机构逐步认识到与媒体和公众沟通的重要性，逐步完善信息公开与新闻发布制度，但依然存在以下问题：

一是危机传播管理机制不健全，缺乏系统有效的危机预警、应对和处置机制。这一问题尤其体现在政府内部应对网络舆情的机制程序不完善，无法有效监测网络舆情并及时将其控制在征兆期，在信息公开程序中无法及时准确地进行整理表达，信息不准确、措辞不专业的问题频出，对舆论引导不重视、不专业。部分地方政府部门的新闻发布无实质内容，回避敏感的、公众关注的核心问题，政府通报流于形式、内容模板化严重。在新闻发言人方面，有些政府部门的新闻发言人很少举行新闻发布会，还有一些新闻发言人缺乏对信息的自主分析判断与统筹协调能力，犹如"政策传声筒"，不知如何应对媒体，甚至不敢跟媒体交流。

二是危机沟通意识欠缺，思想认识滞后，重视程度不够，效率低下。这体现在一些地方政府部门忽视网络舆论，出现舆情也不及时作出回应，任由事件发酵，事态无法控制后才发布通告。类似行为而引发的社会不满情绪和次生舆情危机，往往会促发事件的进一步激化，成为事件处理与舆论引导中的障碍。此外，部分地方政府部门不能认识到如今时代背景下政府与媒体之间的关系，当突发事件发生而不得不面对媒体时，他们时常将媒体视作"敌人"，以封堵、施压等方式干预采访，如在 2024 年 3 月发生的燕郊爆燃事故中，记者在事故现场采访时受到现场工作人员的阻拦甚至被推搡。还有一些地方政府部门面对舆情选择冷处理，认为公众很快就会转移注意力而放任不管，忽视了接受公众监督并及时回应公众关切问题的重要性，正是有如此行径存在，才导致政府公信力受损。

二、危机信息发布中的媒体管理

新闻发布的媒体主要包括传统媒体和新媒体。传统媒体包括广播和电视、报纸及杂志；新媒体范围更广，包括视频媒体、游戏媒体、社交媒体等。值得注意的是，新媒体为公众在新闻发布中的互动提供了重要支撑。在新媒体时代，以微博、小红书、微信为代表的新媒体具有重要的地位，已经逐渐发展为公众获取新闻、发布新闻的平台。在这样的格局中，每个个体都有可能成为新闻的主体，成为新闻的传播者和参与者，单向传播已经转变为多向互动传播。因此，有必要关注危机信息发布中的媒体管理。

（一）媒体在危机信息发布中的作用

1. 发挥信息传播渠道优势，加强正面内容宣传

媒体掌握着危机传播中的信息渠道，肩负传播权威信息的责任。危机事件发生时，有关事件的具体情况及细节是公众迫切想要了解的信息，如果权威渠道没有相关信息流出，公众将会从其他渠道获取信息，这给谣言的滋生提供了温床。新媒体时代，线上线下的信息传播渠道发生了巨大变化，传播的内容和形式在不同渠道具有不同的属性，例如，新闻视频在网络平台代表着信息的传递，而在社交媒体平台不仅代表着信息的传递，还充当社交互动的角色。尽管传播渠道发生了转变，媒体仍然在传播渠道中占有一席之地。官方主流媒体的构成是以央级媒体、省级媒体、地市级媒体、县级媒体组成的四级媒体，从上到下实现了对传播

渠道的全覆盖。

危机信息鱼龙混杂，特别是谣言也掺杂其中，主流媒体有权利和义务对危机信息进行把关。卢因认为，群体传播中存在着把关人，只有符合把关人价值标准和群体规范的信息才会进入传播渠道。把关意味着把关人对信息的筛选过滤，控制信息的流量和流向。① 党管媒体是我国媒体发展的重要原则，无论是主流媒体还是社会媒体，都应当遵守党管媒体这一重要原则。坚持党管媒体，意味着媒体要认同党的方针政策，并在危机传播过程中坚守正面宣传的原则底线。媒体传播危机信息时，应当站在有利于党和国家、人民的立场上对危机信息进行把关，选取有利于缓解危机事件的信息进行报道，为危机事件的解决营造良好的舆论环境。②

媒体对危机信息的把关，在网络上营造了拟态环境，并为公众认识危机事件提供参考。李普曼认为，拟态环境存在于人与真实环境之间，是真实环境的简化模型。③ 拟态环境是一种信息环境，其中的信息包含事实性信息和意见信息，是信息生产、传播、整合等过程共同作用的结果。危机传播中的拟态环境建立在危机事件的基础之上，介于真实和虚拟之间，尽管媒体对危机信息的传播只能无限接近客观，但这也为公众提供了事实参考，帮助公众获取信息以期更好地了解危机事件。

2. 设置公众议程，引导网络舆论

危机事件发生后，网络舆论会随着立场的不同而产生分层，甚至会形成固化圈层，引发极端情绪。媒体在其中担任传播者和建设者的角色，通过议程的设置，媒体可以对网络舆论进行正面引导。议程设置的理论要义是大众传播具有为公众设置议事议程的功能，媒体的报道赋予各种议题不同的显著性，影响着人们对周边世界大事及其重要性的判断。在危机传播中，议题设置具有正向和反向两条路径，议题正向设置是指主流媒体确定正向议题，从上至下引发并指导公众讨论，议题反向设置是指一些具有公共性的网络议题经媒体改造后成为主流媒体的议题，其方向是自下而上。议程设置的结果是影响人们的态度、意见和行为，对

---

① LEWIN K. Frontiers in group dynamics. II. channels of group life; social planning and action research [J]. Human relations, 1947, 1 (2): 143-153.

② 张智华，解春. 媒体在危机传播中的作用及其策略 [J]. 山东师范大学学报（人文社会科学版），2011, 56 (4): 85-89.

③ 汤军军. 新闻传播学考研核心概念精讲 [M]. 北京：北京理工大学出版社，2017: 3.

于危机事件的议程设置，则会影响人们对危机事件的态度、意见和行为。

主流媒体发布对危机事件的报道过程就是议程设置的过程，在这一过程中，主流媒体虽然不能左右人们的看法，但是在无形中却引导着公众的思考内容，报道的内容在影响着舆论的走向。在高度媒介化的社会，媒体宣传和政府越是行动相一致，政府政策动员转化成公众行动的可能性越大，社会和政府形成一种整体的合力，这将有助于危机事件的妥善解决。

3. 发挥耳目喉舌作用，辅助危机管理者进行决策

早在一百多年前，梁启超就提出报刊的功能是"去塞求通，厥道非一，而报馆其导端也。无耳目，无喉舌，是曰废疾"①。媒体的耳目喉舌功能体现在获取信息和传播信息上，媒体一方面帮助决策机构获取决策需要的信息，另一方面帮助决策机构进行政策信息的宣传，充当决策机构与社会沟通的桥梁。媒体利用其自身优势发布权威信息，客观上为危机处置提供了重要的决策信息参考，将会辅助危机管理者做出重要决策以解决危机事件。

危机处置过程中，对危机信息的获取和分析尤为关键，媒体的耳目喉舌作用则可以帮助危机管理者准确获取有关信息。在危机发生时，信息成为稀缺性通货，只有获取到准确、全面的危机信息，决策机构才能制定科学的危机应对策略。媒体掌握着危机信息的一手资源，成为人们获取权威信息的重要渠道。媒体利用其新闻专业能力，对危机事件进行采访报道，由此形成客观的新闻信息，以供危机管理者参考。

（二）危机信息发布中的媒体管理策略

1. 制订科学的媒体管理计划

媒体管理计划对于危机处置来说十分重要，缺乏科学的媒体管理计划，将不能发挥媒体的资源优势，以辅助危机事件的处理。媒体管理计划指的是危机管理者在媒体层面的整体规划，主要涉及媒体信息的获取、整合、分析和传播。计划是行动的方针，危机管理计划应包括危机预警、应对、恢复等各个环节的策略和措施；媒体管理计划应明确媒体沟通的目标、原则、方法和步骤，确保在危机发生时能够迅速、准确地做出反应。

在制订危机传播中的媒体管理计划时，危机管理者要利用好人员优势及以往

---

① 梁启超. 论报馆有益于国事 [N]. 时务报，1896-08-09.

相关危机事件案例，让危机管理团队在计划制订和实施过程中充分发挥智力优势，利用历史经验提供理论参考。危机管理团队应由内部专业人员和外部顾问组成，须具备丰富的危机应对经验和媒体沟通技巧。团队应定期进行培训和演练，以提高应对危机的能力和效率。面对危机事件，并非毫无可借鉴的历史经验，危机管理者可通过过往相关主体的危机处置过程，总结出科学的媒体管理计划，为危机管理提供参考。

2. 保持与媒体的良好合作关系

媒体掌握着传播渠道和内容，对于危机信息的管理尤为重要，危机管理者应当与媒体保持长期的合作关系，通过定期沟通、提供独家报道等方式增进对彼此的信任。在危机发生时，危机管理者应主动向媒体提供信息，配合媒体采访，确保信息的及时传播和准确解读。

加强沟通是与媒体建立良好关系的核心。危机管理者要与媒体定期沟通，主动提供有价值的信息和资源。对于媒体工作者，危机管理者应当通过社交媒体、电话等多渠道保持联系，深入了解他们的需求，有针对性地提供相对应的支持帮助。此外，重视资源交换也是与媒体保持联系的重要手段。危机管理者可以为媒体提供独家的专访、专家观点等内容，帮助媒体报道有价值的新闻，危机管理者还可以与媒体达成合作宣传协议，让媒体为危机管理者积极发声，帮助危机管理者进行舆论引导。

3. 加强媒体传播内容的导向管理

对于危机内容的传播，要做到及时传播有效信息，采取多角度、及时跟进的方式补充信息，尽可能满足社会对危机信息的需求。危机信息的内容事关危机事件的真相，更关乎危机利益相关者和处置者的信誉形象。媒体传播正面的危机内容，则会塑造危机利益相关者和处置者的正面形象，媒体传播负面的危机内容，则会破坏危机利益相关者和处置者的形象。

面对负面的传播内容，危机管理者应当发挥媒体舆论引导的作用，利用媒体发布符合正面立场的信息进行舆论引导。当下的舆论氛围十分复杂，危机传播的内容极易引起网络轰动，这就需要危机管理者具备专业的应对能力。一方面，网络传播主体具有经济属性，不可避免地因追求经济利益而报道一些虚假消息混淆视听；另一方面，有极端分子想要借助危机事件的发生，在网络上挑起舆论风暴，煽动社会矛盾以制造分裂。因此，媒体内容的导向是危机管理者需要有效把握的重要工具。有效发挥媒体内容的正面导向，能够精准掌握危机动态的走势，为危机的处置争取有利的时间和空间。

（三）危机信息发布中媒体管理存在的问题

1. 专业人员匮乏

人工智能、元宇宙、区块链等技术不断出现，媒体传播格局发生重大转变，由单一媒体转变为"四全媒体"，在这一转变过程中，危机传播对于高素质人才的需求在不断上涨。新的传播技术呼吁新技能人才，这体现在内容的采编、生产、分发等全过程各环节。比如，媒体在制作危机传播新技术产品时，需要新技能人才发挥新技能完成生产。新的媒体环境需要创新性传播思维，而高素质人才具备创新性传播思维，能够在危机传播过程中，创造性地使用传播思维，提高危机传播的效力。

由于我国危机处置的媒体管理发展历史较短，危机管理相关的人才存在不足，包括现有专业人员培训不足和对组织外专业人员的吸纳不足。互联网发展迅速，而危机管理者在媒体专业人才培训上无法紧跟时代的步伐，不能充分发挥出现有人才的活力及为危机处置提供智力支撑。危机管理者在体制机制、资金、保密规定等限制性因素下，不能广泛吸纳媒体管理人才，导致危机传播过程中人员活力不足，无法满足公众对危机信息获取的期待。①

2. 协同管理没有形成合力

危机管理者若是能与媒体达成协同管理机制，共同应对信息管理难题，则能为危机的处置提供重要的信息支撑，形成危机管理者与媒体的协同管理合力。危机事件发生后，如果媒体行业遵守职业道德和社会责任感，有效提升自身危机传播的管理，则危机管理者对危机传播的管理也会更加高效。公共危机涉及公共利益，媒体若能把握好新闻报道的时效，就能向外界传达正确的危机信息，权威媒体发布的正面信息有助于消除虚假负面信息，无疑能帮助危机管理者进行舆论引导。

然而，纵观多起危机事件，危机管理者和媒体各自为营，危机传播中的信息管理存在鸿沟，危机管理者和媒体之间的博弈增加了两者之间的猜忌，不利于危机信息的统一管理。危机管理者掌握着一手的危机信息，但可能碍于管理条例或

---

① 唐奕萌. 公共危机应对中的政府媒体管理研究［D］. 武汉：湖北大学，2022.

处置时机无法尽数向社会公开，而媒体的报道则需要这些关键信息，二者间的需求短时间内无法达成共识，信息的对外发布也只能基于组织属性做出选择。社会上存在着危机管理者和媒体的不同声音，公众在不同的声音中难以达成共识，这违背了危机信息管理的初衷。

3. 媒体与用户的互动不足

公众享有知情权，在危机传播中，公众的参与可以为舆论引导和危机事件的解决提供重要支持。危机管理者对危机事件信息的阶段性发布，保障了公众的知情权，提供了事件发展及原因、应对人员和物资情况、责任人处理等信息，让公众能够准确全面地掌握危机信息。在正面宣传的影响下，一些公众敢于同不实消息斗争，拿起舆论引导的武器打击虚假信息，为危机处置创造良好的舆论环境。在一些危机事件中，公众处在危机传播的一线，他们所能提供的危机信息对于认识和处置危机事件来说，具有极大的参考价值。危机管理者掌握了一线的消息，也就把握住了危机传播和处置的先机。

尽管媒体设置了反馈渠道，但媒体与用户之间的互动仍然不足，用户对媒体产生猜忌，削弱了媒体危机传播的公信力，不利于危机信息的传播。媒体与用户之间的互动较少，媒体收到的报道反馈也会减少，对于危机信息的报道就会局限于单一视角，无法满足用户真正的需求。用户拥有设备和网络的便利，可以进行充分的网络表达，但在危机传播中，媒体的评论互动处于管控状态，用户不能自由表达言论，其对危机事件关注的热情也会有所下降。

(四) 提升危机信息发布中媒体管理水平的策略

1. 加强人才队伍建设

面对内部人员专业能力不足的问题，危机处理方要加强业务培训和奖励制度建设。危机传播的媒体管理需要具备敏锐的眼光、专业的业务能力、科学的决策头脑等，需要吸纳高素质人才的加入。但目前危机管理团队内部的人员存在诸多不合理的地方，人员专业素养不够、分工协作有弊端的矛盾突出，需要危机管理者进行调整。内部的业务培训是提升人员素质的重要途径，通过与业界专业人士或高校研究人员的对话，训练内部人员的危机处理素质，培育他们能够在危机发展的各个阶段，懂得合理调度媒体来获取和发布信息。内部的奖励机制也十分重要，这关乎人才的切身利益，只有赏罚分明、正向激励的奖励机制，才会获得广泛的认可。

内部的媒体管理人员存在数量不足、结构不合理、专业素养单一等突出问题，仅靠内部调整无法解决这些难题，需要从外部获取专业人才，为组织注入新鲜血液，才能共同唤起人员的活力。危机管理者在与媒体接触的同时，应当关注到专业人才发挥的作用，利用好会议论坛的渠道，展现自身的影响力，吸纳高素质的媒体管理人才，助力危机传播的媒体管理。同时，人员之间的合作也可以成为吸纳外部人员的重要渠道，危机管理者可根据危机事件的性质，有针对性地选择对应领域的专家，聘请他们为危机处理提供媒体方案。

2. 完善协同管理的体制机制

协同管理的体制机制包含人员、分工、资源等方面的合理调度，在危机事件发生时，危机管理者和媒体都能够各司其职，共同应对好危机事件。构建协同管理的体制机制，首先要加强信息沟通的效率。危机发生时，网络上充斥着各种声音，这些庞杂的声音需要收集、整理和分析，需要危机管理者和媒体共同加强协作，才能处理好这些庞杂的危机信息。危机管理者和媒体的信息沟通应当包含人员、业务之间的沟通，人员要加强联系以保持对危机信息的掌握，业务之间的往来体现在危机管理者为媒体提供信息，媒体为危机管理者发布信息。

协同管理的机制体制离不开技术的支持，技术手段让信息实现共通共融，人员之间的分工对接也实现了系统化管理。先进的技术手段，能够把所有危机信息纳入管理系统，实现对危机信息的收集、预警、研判、评估、处置一体化，帮助危机管理者充分利用媒体资源，做好对内沟通、对外发布的传播矩阵。信息的沟通共享，带来人员之间的畅通联动，危机管理者与媒体的技术畅通联动，提升了人员之间的沟通效率，危机管理者与媒体可以在同一个系统平台分工合作，通过技术手段的跟进以减少不必要的决策失误。

3. 提高与用户的双向沟通

媒体首先要保障的是公众的知情权，用媒体话语合力回应公众话语。充分保障公众的知情权要求保证信息的速度和真实性，如此人们对信息的判断才会趋于理性，危机管理者的行动才会得到理解。做好公众的知情权保障，媒体要从两方面入手：一是要推动网络新闻平台的建设，充分利用各类新媒体渠道建设具有高度聚合的新闻平台，让公众能够从新闻平台中获取需要的危机信息，新闻平台的建设也能够让媒体优化信息发布的组织。二是要重视公众的存在，以沟通的姿态让公众参与到危机传播中来。形成双向沟通的局面需要媒体搭建好沟通的途径，如网络评论、电子投票等，通过良好的互动让公众充分理解危机信息，更好地了解媒体的报道立场。公众经过媒体的合理引导，话语变得更加理性，也会采取更加理性的行动去关注和参与危机传播与社会治理。

双向沟通意味着媒体要以建设沟通能力为目标，危机管理者与公众形成良好的信息沟通协作方式，调动公众的积极性参与社会治理。危机管理者应当着力培育人们的危机意识和社会参与的主体意识，危机意识和主体意识的培养需要环境的塑造和教育手段。危机管理者在进行危机传播的过程中，要着力构建和谐的网络社群，利用社群的影响力感染并激励公众。主体意识的培养是一个长期的过程，危机管理者与媒体要扩大教育引导的范围，在危机传播过程中发起号召，教育引导公众理解"只有积极参与社会治理，才能共同管理好危机事件"。①

三、危机信息发布中的用户互动

（一）危机信息发布中用户互动的重要性

1. 用户互动在危机传播中作为信息桥梁的关键作用

在危机传播中，用户互动扮演着信息桥梁的关键角色。危机事件往往伴随着信息的不确定性和复杂性，而用户作为信息的接收者和传播者，其互动行为能够有效弥补官方信息的不足，促进信息的流通与共享。通过用户互动，危机信息得以在更广泛的范围内传播，不同观点和意见得以交流和碰撞，从而有助于形成对危机事件全面、客观的认识。这种信息桥梁的作用，不仅有助于减少误解和谣言的产生，还能够增强公众对危机事件的认知和理解，为危机应对提供有力的信息支持。

2. 用户互动在危机传播中对于塑造危机管理者形象与声誉的不可替代性

用户互动正是塑造危机管理者形象、提升声誉的重要途径。危机管理者积极回应用户的关切和疑问，可以展现其负责、坦诚的态度，赢得用户的信任和支持。用户互动也能够让危机管理者更加深入地了解用户的需求和期望，从而有针对性地改进产品和服务，提升用户满意度。用户之间的互动能够形成口碑效应，对危机管理者的形象和声誉产生积极的影响。因此，用户互动在危机传播中具有

---

① 马丛丛. 政府应急管理中的信息沟通问题与对策研究［D］. 济南：山东大学，2017.

不可替代的重要作用，能够帮助危机管理者塑造良好的形象和声誉，提升竞争力。

3. 用户互动在危机传播中对于危机应对与管理的有效支持

在危机传播中，有效的危机应对和管理是危机管理者能够迅速恢复稳定、减少损失的关键。而用户互动正是危机应对和管理中的重要环节。通过用户互动，危机管理者可以及时了解用户对危机事件的反应和情绪变化，从而制定针对性的应对策略。用户互动也能够让危机管理者获取更多的危机信息和线索，有助于危机管理者更好地掌握危机的发展态势和趋势。在用户互动中会产生新的信息，能够为危机管理者提供宝贵的意见和建议，帮助危机管理者改进危机应对策略和方法。因此，用户互动在危机传播中对于危机应对和管理具有有效的支持作用，能够提高危机管理者的危机应对能力和管理水平。

（二）危机信息发布中的用户互动策略

1. 建立及时有效的信息反馈机制

在危机事件发生时，用户往往对事件的发展、影响及危机管理者的应对措施充满关切和疑虑。因此，建立及时有效的信息反馈机制，是危机传播中用户互动的首要任务。危机管理者应通过官方渠道，如官方网站、社交媒体平台等，及时发布危机事件的最新进展、处理措施及后续安排，确保用户能够第一时间获取准确信息。同时，危机管理者还应设立专门的用户反馈渠道，如在线客服、电子邮箱等，以便用户能够随时提出疑问、表达关切，危机管理者则能够迅速作出回应，消除用户疑虑。

2. 利用社交媒体平台强化互动沟通

社交媒体平台具有信息传播速度快、互动性强等特点，是危机传播中用户互动的重要阵地。危机管理者应充分利用社交媒体平台，与用户进行实时互动沟通。例如，通过发布微博、微信推文等形式，危机管理者可以及时向用户传递危机事件的相关信息，同时可以通过评论、私信等方式，与用户进行一对一的沟通交流，了解用户的真实想法和需求。危机管理者还可以利用社交媒体平台的直播功能，对危机事件进行在线直播，让用户能够直观地了解事件进展，增强危机管理者的管理透明度和公信力。

3. 注重用户情感管理和心理疏导

危机事件往往会给用户带来一定的心理压力和情感困扰，因此注重用户情感管理和心理疏导，是危机传播中用户互动不可忽视的一环。危机管理者应通过温和的话语、关切的态度等方式，对用户进行情感关怀和心理疏导，帮助用户缓解紧张情绪、减轻心理压力。同时，危机管理者还应积极回应用户的负面情绪和批评意见，以诚恳的态度和积极的行动，赢得用户的理解和支持。

（三）危机信息发布中用户互动的提升路径

1. 加强互动内容的创新，提升吸引力

在危机传播语境下，用户互动内容的创新成为提升互动吸引力、深化用户参与的关键所在。这一过程要求危机管理者以更加精细化、系统化的方式策划和呈现互动内容。首先，危机管理者需深入分析危机事件的本质特征，并结合用户的信息需求和心理预期，构建具有话题性和共鸣点的互动内容框架。这涉及对危机事件的多维度解读，以及对用户群体特性的精准把握，旨在通过内容创新激发用户的参与热情和表达欲望。其次，在内容的呈现形式上，危机管理者应追求多样化和趣味性。除了传统的文字描述外，还可以充分利用图像、视频、音频等多媒体元素，构建丰富的互动场景。这种多媒体内容的呈现方式有助于增强用户的感官体验，提升互动内容的吸引力和传播力。最后，危机管理者可以积极引入行业专家和意见领袖的参与，借助他们的专业知识和影响力，为互动内容注入权威性和专业性。这不仅可以提升互动内容的品质，还可以增加用户对危机管理者的信任度和认同感。

2. 深化用户洞察，实现精准互动

在危机传播中，提升用户互动的首要路径是深化对用户需求的洞察，实现精准互动。这要求危机管理者不仅要关注危机事件本身，更要关注用户的心理变化、信息需求、行为模式。通过大数据分析、用户调研等手段，危机管理者可以精准掌握用户的关注点和痛点，从而制定出更加符合用户需求的互动策略。例如，在危机发生初期，用户往往对事件的真相和进展充满疑虑，此时危机管理者应通过权威渠道及时发布准确信息，消除用户疑虑；而在危机后期，用户更关注事件的善后处理和危机管理者的改进措施，危机管理者则应通过互动平台收集用户反馈，积极回应，展示改进措施。

3. 优化互动体验，提升用户参与度

优化互动体验是提升用户互动效果的又一重要路径。在危机传播中，危机管理者应注重提升用户在互动过程中的体验感和满意度。例如，通过优化互动界面的设计、提升互动响应的速度、增加互动内容的趣味性等方式，提升用户的互动体验。同时，危机管理者还可以通过举办线上活动、发起话题讨论、邀请用户参与决策等方式，激发用户的参与热情和创造力，使其更加积极地参与到危机传播中来。这样不仅能够增强用户对危机管理者的认同感和忠诚度，还能够为危机应对提供宝贵的智力支持。

第二节　危机传播中的话语修辞策略

在危机传播领域，话语修辞作为信息传播的重要策略，对于塑造危机形象、引导公众舆论具有至关重要的作用。本节旨在深入探讨危机传播中的话语修辞现象，分析其运作机制与效果，以期为危机管理者提供有效的传播策略参考。

话语修辞作为一种传播艺术，其精妙之处在于能够通过语言的巧妙运用，实现对信息的有效传递和正面影响力的最大化。话语修辞是危机公关的一个重要组成部分，旨在塑造公众对危机事件的看法和理解。在危机传播中，话语修辞不仅关乎信息的真实性和准确性，还涉及信息的接受度和影响力。因此，研究危机传播中的话语修辞，对于提升危机应对效果、维护组织形象具有重要意义。

话语修辞的学术渊源可以追溯到古典修辞学，也就是对说服性沟通的研究。古希腊哲学家如亚里士多德和柏拉图发展了修辞学的原则，以此来理解如何利用语言和论证来说服和影响他人。随着学科的发展，修辞学的内涵得到了拓展。肯尼斯·伯克提出"同一性"理论，认为修辞是话语双方寻找共性，达到情感、认同甚至是思想同一的过程。比彻尔提出"修辞情境观"，认为修辞情境包含情急状态、修辞受众和修辞状态三种成分。①

针对不同危机情境制定不同的沟通和公关策略十分重要，对比库姆斯提出的情境危机沟通理论（SCCT），可以通过对危机的责任进行归因，从而确定相关组织所处的危机情境，进一步使用不同的危机应对策略应对不同的危机类型、危机

---

① 王懋康.危机话语修辞情境理论研究［D］.上海：上海外国语大学，2013.

情境及危机归因的危机事件。① SCCT 中的危机类型主要分为受害者危机、意外危机、可预防危机。"受害者危机"中组织几乎没有危机责任，一般指自然灾害、谣言、公共场所暴力冲突所类的危机事件。"意外危机"中组织有较小的危机责任，一般指遭到指责或怀疑、由于技术原因导致的"问题产品和服务"扩散的危机事件。"可预防危机"中组织有较大的危机责任，一般是人为原因导致的事故或"问题产品和服务"扩散、管理层失误的危机事件。② 以"表明立场"作为出发点为组织提供传播策略参考，SCCT 中的危机传播策略分为拒绝策略、削弱策略、重建策略、援助策略，③ 以下将详细展开分析。

一、拒绝策略

拒绝策略主要是为了摆明证据，让组织不需要为此次危机承担责任。拒绝策略在话语表达上多以消极修辞为主，用语言文字追求"辞达而已"，做到内容明确、语句通畅即可。在危机事件的处理中，拒绝策略中的消极修辞表达只求表达观点准确即可，达到拒绝责任的语言沟通效果从而维护自身的合法权益。④

拒绝策略具体有回应指控、直接否认、指明"替罪羊"三种策略。回应指控是指要直接回应或反驳有关本组织的质疑和指责，在必要时机可以申请法律程序起诉相关的反对者。直接否认指的是提供相对应权威的理由或证据，拒绝承认危机的存在。指明"替罪羊"指的是本次危机事件应当由组织外的其他个人或组织承担危机责任。⑤

二、削弱策略

削弱策略主要是为了弱化公众对组织的危机责任归因，明确表达危机的出现不是组织有意而为之，具体策略有寻找借口、寻求合理性两种策略。寻找借口是

① 杨晨. 情境危机沟通理论下政府危机公关策略研究 [D].上海：华东师范大学，2017.
② 汤景泰. 危机传播管理 [M].北京：经济日报出版社，2015.
③ 王梦瑶. 中国体育行政组织危机话语修辞研究 [D].长春：东北师范大学，2020.
④ 蒋宇琪. 明星形象危机传播中的修辞情境与修辞策略研究 [D].西安：陕西师范大学，2018.
⑤ 刘振，闫宏妍. "是什么"和"说什么"：企业危机修辞中的情境确认与框架选择 [J].传媒观察，2023（8）：82-92.

指淡化组织所需要承担的危机责任，强调危机的发生是"意料之外"的事情，并不是组织"有意而为"或"可以预防的"。寻求合理性指的是淡化危机可能引发的伤害、破坏及其他负面影响，重点强调危机没有造成巨大的危害性。削弱策略实际上是利用话语修辞的力量，转移组织在主要矛盾中的地位，降低公众对组织的敌意，为组织的危机应对赢得时间和舆论支持。削弱策略的使用需要首先判断情境的适宜性，在确定使用时，应注意方法技巧，避免产生低级错误。

三、重建策略

重建策略主要是为了体现组织的责任，利用组织的资源尽快恢复危机带来的伤害，修复企业的整体形象。重建策略主要包含适当补偿和郑重道歉。适当补偿主要是为了妥善安置危机事件影响的受害者，对相关方面进行补偿；郑重道歉指的是公开宣布组织在危机爆发、管理者面的不足，主动承担全部责任以求得公众的谅解。重建策略需要耗费组织较大的人力和物力资源，因此需要制订详细的计划方案，并监督实施，确保最佳的效果。重建策略若能取得良好的实施效果，可以在公众心目中建立可靠、负责的组织形象，缓解组织在危机事件中的负面影响。

四、援助策略

援助策略作为以上三种策略的补充，一般不单独使用，旨在使用情感传播的方式，重塑组织在公众中的正面形象。援助策略主要有提醒、迎合、共鸣三种方式：提醒是指强调组织做过的正面事件，获取公众对组织的好感；迎合是指组织要主动称赞和赞赏相关利益者，安抚好他们的情绪并寻求支持；共鸣是指利用情感传播的方法表明组织也是受害者之一，呼吁公众与组织一起应对。

上述援助策略的三种方式需要组织与公众之间搭建起心理桥梁，让公众充分理解并信任组织及其行动，要想达到较好的效果还需要借助情感传播的力量：组织要学会揣摩公众的情感倾向以便有针对性地迎合，从受众的角度给予情感的支持；排比句的使用也能够使情感迎合效果变得更加有力，将含义一致、结构相似的词语或句子排列起来，增加语句的音乐美，有助于情感的铺垫和渲染；组织要在传递权威信息的同时有目的地进行情绪渲染，使公众和组织在情感上具有相同的倾向；使用借代修辞、设问修辞、感叹修辞等方式，增强信息的可读可感性，这也有助于公众有效接受组织传递的情感。①

第三节　危机传播中的风险与挑战

一、危机传播中的法律边界

在危机传播中，法律边界的界定是一个复杂且微妙的议题。随着信息技术的飞速发展，危机信息传播的速度和广度都得到了前所未有的发展，这使得相关法律规范在应对危机事件时面临着前所未有的挑战。

从法律层面来看，危机信息的发布与传播涉及的法律问题包括但不限于信息发布的合法性、信息内容的真实性，以及信息传播渠道的合规性。在危机情境下，信息的快速流动往往伴随着真实与虚假、权威与非权威信息的交织，这就要求信息发布者必须严格遵守相关法律法规，确保信息的真实性和合法性，避免误导公众或造成不必要的恐慌。

然而，仅仅依靠法律规范来约束危机信息的发布与传播是远远不够的，危机信息的发布与传播还涉及诸多道德和伦理问题。例如，如何在保护个人隐私与保障公众知情权之间找到平衡点？如何在追求新闻时效性的同时避免对受害者造成二次伤害？这些问题的解答需要信息发布者在遵循法律规范的同时，充分考虑伦理道德的要求。此外，危机信息传播中的法律与伦理的边界问题还体现在跨文化沟通方面。不同国家和地区在法律和伦理规范上存在差异，这使得在跨国危机事件中，信息发布者需要更加谨慎地处理相关的法律与伦理问题，以避免因文化差异而引发的误解和冲突。

---

① 陈妍. 突发公共卫生事件中政务微博信息发布修辞研究 [D]. 西安：长安大学，2023.

二、危机传播中的反馈与评估

信息反馈与评估机制是确保危机传播效果的关键环节。然而，目前这一机制普遍存在着不健全的难题，具体表现在以下几个方面：

一是危机信息的发布与传播往往缺乏系统性的反馈收集渠道。在危机事件中，公众对于信息的接收、理解和反应是一个动态过程，但现有的信息发布与传播机制往往忽视了这一过程的反馈环节。由于缺乏有效的反馈收集渠道，信息发布者难以了解公众对于信息的真实反应，从而无法对传播策略进行及时调整。

二是危机信息发布与传播的效果评估体系尚不完善。评估危机信息的发布与传播效果需要综合考虑多个维度，包括信息覆盖范围、公众接受度、影响力等。然而，现有的评估体系往往过于简单，无法全面反映信息传播的实际效果。这导致信息发布者难以准确判断传播策略的有效性，也无法为应对未来危机提供有力的经验借鉴。

三是危机信息发布与传播中的反馈与评估缺乏专业性和独立性。危机传播涉及多个利益主体，包括政府、媒体、公众等。在这一过程中，各利益主体往往有着不同的诉求和立场，这可能导致反馈与评估结果受到主观因素的影响。缺乏专业性和独立性的反馈与评估机制难以保证结果的客观性和公正性，从而影响了危机传播的效果。

三、危机传播中的数据安全风险

在危机传播中，技术应用的确为信息的快速传递和广泛覆盖提供了强大的支持，但与此同时，也带来了不容忽视的数据安全风险。技术应用使得危机信息的发布与传播更加依赖数字化平台，而这些平台往往成为黑客攻击和数据泄露的主要目标。一旦平台遭受攻击，危机信息可能被篡改、删除或泄露，这不仅影响信息的真实性和完整性，还可能对危机应对造成重大干扰。

技术应用在提升危机信息的发布与传播效率的同时，也增加了数据收集、存储和处理的复杂性。在数字化过程中，大量的危机信息可能涉及个人隐私和敏感数据，如果缺乏有效的数据保护措施，这些信息很可能被滥用或泄露，对个人隐私和信息安全构成严重威胁。随着人工智能、大数据等先进技术得以应用，危机传播呈现出智能化、自动化的趋势。然而，这些技术的算法和模型往往存在一定的局限性和不确定性，可能导致信息筛选和传播的偏差。如果缺乏有效的监管和审核机制，这些技术可能成为传播错误或误导性信息的工具，进一步加剧危机传播的复杂性。

复习思考题

一、名词解释

1. 新闻发言人

2. 新闻发布会

二、简答题

1. 危机传播中的新闻发布的要旨有哪些方面？

2. 如何理解媒体在危机信息发布中的作用？

三、论述题

1. 为何新闻发布在危机信息管理中的地位如此重要？

2. 危机传播中的风险与挑战有哪些？如何解决？

第五章

危机传播中的谣言与治理

谣言是危机传播中的重要内容，也是当今社会治理中的一大难点。数字时代下，尽管政府在互联网治理领域出台了多项政策展开整治，但是，技术的革新让谣言的传播渠道、传播速度、传播文本样态等产生了变化，也使得治理的迫切性和重要性凸显。本章将从谣言传播的趋势与新特征切入，探讨数字环境下谣言在危机传播中的发展，据此提出有针对性的建议。

第一节　谣言传播的趋势与新特征

谣言作为一种普遍存在的社会现象，其传播方式、类型和特征随着媒介技术的发展而不断演变。从纸媒时代到广播电视时代，再到数字时代，直至如今的智能时代，谣言的传播形式和内容都发生了深刻的变化。在纸媒时代，谣言主要通过报纸、杂志等印刷媒体进行传播。这一时期的谣言往往涉及政治阴谋、社会事件等，由于信息传播的相对滞后和局限性，谣言能够在一定范围内产生较大影响。随着广播、电视的普及，谣言的传播方式发生了显著变化。广播电视媒体的即时性和广泛性使得谣言能够迅速覆盖更广泛的受众群体，其影响力和可信度进一步提升。进入数字化时代，互联网和社交媒体的兴起为谣言的传播提供了更加便捷和多样化的渠道。

如今，互联网已经成为全球信息传播的主要渠道。中国互联网络信息中心（CNNIC）的报告显示，截至 2024 年 12 月，我国网民规模达 11.08 亿人，较 2023 年 12 月新增网民 1 608 万人，互联网普及率达 78.6%。[①] 在此环境下，传统媒体对传播平台的垄断格局被打破，过去大批忠于传统媒体的受众逐渐向新媒体平台迁移，传统媒体的话语权日渐式微。社交媒体因其用户数量众多、网络结构复杂，成为谣言传播的主要平台，微博、微信、抖音等社交媒体的兴起提供了谣言滋生和迅速传播的温床。在后真相时代，谣言很容易产生并广泛传播，基于共同兴趣、信仰、利益等因素形成的小群体或圈层呈现出的"圈群化传播"和受"流

---

① 中国互联网络信息中心．第 55 次《中国互联网络发展状况统计报告》［R/OL］．（2025-01-17）［2025-03-17］．https：//cnnic.cn/n4/2025/0117/c88-11229.html.

量"裹挟的恶意或故意制造内容冲突爆点的传播，在社会上产生极大的负面效应。

一、谣言传播趋势

（一）圈群化传播

圈群化传播是指基于共同兴趣、信仰或利益等因素形成的小群体或圈层内的信息传播方式。由于圈群成员之间的观点相似，他们更容易相互认同和支持，从而加速谣言的传播。同时，圈群内的信息传播往往缺乏有效的信息核实机制，使得谣言更容易被当作真实信息接收和传播，让谣言搭载可信度，提高了谣言的传播力。微信作为现实人际关系的延伸本身就具备强连接的特点，谣言经由微信熟人社交的叠加、同质化传播后，可信度和传播力会成倍增加；微博则融合了一对一传播、一对多传播、多对多传播的特点，圈群化传播与群体式参与为谣言的滋生与发酵提供了天然的温床。网络用户将未经证实的谣言信息转发至网络群组，网络谣言的私链传播转至公域平台，形成"圈群化传播"模式，与此同时，圈群成员对谣言的接受度更高，他们更容易相信并传播与自己观点一致的谣言，这种一致性强化了他们的信念和态度，使得他们更容易采取极端或非理性的行为。此外，圈群内的谣言传播往往伴随着情绪的传递和放大，进一步加剧了群体行为的盲目性和危险性。

圈群化对社会和文化有多方面的影响。一方面，它有助于形成更加紧密和深入的社交关系，促进信息和资源的共享，推动特定领域的发展和进步。另一方面，圈群化也可能导致"信息茧房"、群体极化等问题，限制个体的视野和认知，甚至对社会稳定造成一定的冲击。

（二）利益驱动下的恶意传播

网红经济时代，部分网红博主或者 MCN 公司出于利益驱动或个人动机，利用他们的社交网络影响力，进行恶意传播或故意制造内容冲突爆点，以达到获取流量的目的，进一步加剧网络谣言传播的迅速性和强扩散性。不论哪个平台的博主，信息的制造目前都被困在系统和算法里，时刻处于追逐关注度和曝光率的数据之中，没有爆款作品随时都有被网红时代抛弃的可能，被平台打入"冷宫"。在这样的境况下，流量就与账号"生死"绑定，网红因流量而生，也因流量而亡，受流量裹挟。网红唯有不断地制造新的爆款视频才能维持自己原有的地位，稍有不慎很快就会过气。因而无数密集的"梗"和段子频繁出现，一切都像是被精心设计过的剧本一样，拥有波澜壮阔的剧情和跌宕起伏的转折，也衍生出难辨真假的流量谣言充斥网络。

以 2024 年初"秦朗的寒假作业"事件为例，该事件由抖音粉丝 1 900 多万、小红书粉丝 700 多万、全网粉丝 4 000 多万的千万级流量的网红"Thurman 猫一杯"一手策划。2024 年 2 月 16 日，她发布了"在法国巴黎捡获一年级学生秦朗的寒假作业"相关视频，全网传播数亿次，并引发"寻找小学生秦朗"的网络热点话题。事后公安机关查明，"在巴黎捡到小学生秦朗作业本"系列视频系其人为策划，编造视频脚本摆拍，涉嫌传播网络谣言，公安机关已对网红博主徐某某、编导薛某及涉事公司处以行政处罚。随后，"Thurman 猫一杯"相关账号遭到抖音、微博等多平台封杀，一天掉粉 40 多万，旗下服饰品牌也宣布闭店。此事件是人为制造的噱头，利用虚假情节、虚假场景、故事设置等手法，通过剧情演绎、不当剪辑和刻意的故事线引导，试图制造社会热点获取流量，让"谣言"成为爆款事件，导致全民陷入热议和追逐事件中心"秦朗小朋友"的狂热之中。此谣言日益发酵，更多网友、媒体分析出该事件的漏洞和不合理之处，不少网友纷纷向各大平台举报视频涉嫌造假、摆拍，有人还向公安、网警进行了举报。恶意摆拍或蹭炒热点、故意博眼球制造谣言，不仅占据了过多的社会资源，还触及国家九年义务教育领域，也就渐渐形成了这场谣言下的闹剧。这种虚假展演的方式，大大冲击了信息的本真性（authenticity），以及公众普遍意义上的对于"眼见为实""有视频有真相"的信任逻辑。①

在编造的"秦朗小朋友丢寒假作业"谎言的发酵过程中，多家媒体对此事的二次转发抬高了整件事热度，未经核实地跟进，将事件推上舆论高位。与网红博主直接面临"点赞""浏览量"和"粉丝量"的商业压力不同的是，媒体自身受流量裹挟，部分媒体会将此类指标作为业绩考核，这导致在网络热点事件中，大部分媒体通常未能提出新的问题，也未能揭露新的事实，最多只是转述网友的质疑，分析事件现象，缺乏独立的调查与判断，在事件爆火或崩塌之后不经判断地迅速跟进，非理性因素的报道占据上风，传播错误信息，助推事件的流量激

---

① 喻国明，杨雅，刘彧晗，等. 网络不实信息的表现、治理与效果评价［J］. 青年记者，2024（2）：55-63.

增，从而沦为事件失序的"帮凶"。同时，在"人人都有麦克风"的媒介环境中，以个人名义为主的自媒体账号因门槛低，无须编辑审核，而且由于他们不是谣言传播的第一责任人，因而其可以更安全地进行强主观立场的信息发布，这助推了谣言发酵，谣言传播下的溯源也变得越来越困难，造成舆论场闹剧频发的现状。

"后真相时代"的大众无时无刻不深陷于信息泛滥的矛盾境地，人们不再重视具有事实依据的证据和理性思考，"快餐式""碎片化"的文字、视频信息正在逐渐取代传统的精细阅读，成为大多数读者更青睐的获取信息的方式，这意味着人们平均分配给每条信息的时间变少了，随之而来的是流量主播的"博眼球""蹭热点"，各家媒体关于"独家""原创""首发"的战争愈演愈烈。在这种"流量才是王道"的观念指导下，追求热点与时效性使信息传播过程中网络谣言丛生。

（三）谣言的人工智能化

如果说传统网络谣言的生成和传播仍然依赖人的经验性参与，那么人工智能已然取代了这一力量并重构着谣言运转的底层机制。① 人工智能技术促使谣言的生产模式由大众化向细分化、垂直化发展，谣言在技术的加持下变得更加个性化和精准化。ChatGPT 等生成式人工智能的出现，凭借其文字的高信息密度和个性化、实时的聊天方式显著降低了用户对虚假信息的识别和过滤能力，扩大了谣言传播范围，这种低成本、易滋生的特性吸引了更多谣言散播者。② 人工智能经过人为训练和提示后，可根据需求改变输出内容，实现对虚假有害信息的被动输出。研究人员曾要求 ChatGPT 以某位知名批评家的风格和观点评论一起枪击事件。结果显示，人工智能不仅在模仿口吻上做到了惟妙惟肖，还能编造多个权威媒体的新闻来支持自己的立场。③ 还有研究指出，ChatGPT 的准确语法给人留下了权威印象，所提供的答案可能在细节方面存在各种错误或误导，谣言推动者利用此特性，引导机器人在事实中混入虚假信息，并传播不暴露源头的内容。④

人工智能发展带来的"深度伪造"进一步瓦解公众的社会信任，不仅致使

① 黄河. 网络谣言的智能化演变及治理 [J]. 人民论坛，2023（4）：62-65.

② 朱嘉珺. 生成式人工智能虚假有害信息规制的挑战与应对：以 ChatGPT 的应用为引 [J]. 比较法研究，2023（5）：34-54.

③ HSU T，THOMPSON S A. Disinformation researchers raise alarms about A. I. chatbots [EB/OL].（2023-02-08）[2024-03-23]. http：//www. nytimes. com/2023/0208/technology/ai-chatbots. disinformation. html.

④ GOLDSTEIN J A，SASTRY G，MUSSER M，et al. Generative language models and automated influence operations：emerging threats and potential mitigations [DB/OL].（2023-01-10）[2024-03-22]. https：//doi. ory/10. 48550/arXiv. 2301. 04246.

网络谣言频发，还可能被别有用心的势力通过合成政治事件的虚假视频等方式以假乱真，助燃公众非理性情绪，使得谣言传播治理越发困难。随着人工智能新技术的更迭，Sora、AI换脸等视频深度合成技术迅速发展，GPT-4助力AI文本、AI写稿等智能技术可以低门槛使用，普通人很容易通过人工智能进行图片、视频造假和文本杜撰，制造网络谣言的成本大大降低，只需要简单的文字或图片指令，就可以在互联网上掀起波澜。部分造谣者为了令谣言更加逼真，还伪造真实声音、视频细节等，冒充官方政府人物发布虚假政策信息，假冒权威机构名义传播不实信息等方式，生产出一眼难辨真假的视频。

从谣言的演变来看，传统谣言的生成和传播主要依赖于人的经验性参与，如今人工智能已经逐渐取代了这一力量，并且正在重构谣言运作的底层机制。① 在算法的加持下，受众困于个性化推送及圈层化传播结构，形成"信息茧房"效应，趋同的观点形成谣言，并加剧了偏见和群体极化。在移动互联网媒体生态之下，立体式传播更加速了不良信息的病毒化传播，智能化谣言借助短视频这一载体，在极短时间内数量呈现几何倍增长，并根据具体的算法机制精准推送到客户，引发多次传播。

从国内来看，2023年4月25日，网络上有一篇标题为《今晨甘肃一火车撞上修路工人，致9人死亡》的文章广为流传。据了解，此条新闻是一男子将2018年发生在江苏省盐城市的一起火车撞上修路工人致9人死亡事故其中一段文本输入ChatGPT软件中，并对其进行长度为"500字"、风格为"新闻报道"的设置而生成的，这是国内首例AI虚假信息案。之后国内还出现多起AI生成谣言，如"广州地铁遭受恐怖袭击""安徽泾县发生校园伤人事件，多人伤亡""西南大学药学院发生爆炸""河北保定化粪池爆炸致1死5重伤"等，引发大量传播，制造社会恐慌。人工智能造假成本之低与负面影响之大形成鲜明对比。

从国外来看，2023年10月以来，巴以战争引发全球关注，AI被利用为政治宣传工具，用于创造更真实的大屠杀图像。在加沙被炸毁的房屋和被毁坏的街道的照片中，有一些照片因极度恐怖而引人注目，如血迹斑斑的被遗弃的婴儿、布满尸体的街道等，这些图像是使用人工智能创建的深度伪造图像，在网上被浏览了数百万次。2024年3月，总部设在荷兰的调查性新闻报道网站"响铃猫"创

---

① 黄河. 网络谣言的智能化演变及治理［J］. 人民论坛，2023（4）：62-65.

始人埃利奥特·希金斯（Eliot Higgins）使用类似 ChatGPT 的机器人，伪造了数十张特朗普被逮捕的图片并上传到社交媒体。这些图片在极短时间内就被网民分享、点赞了数万次之多。可见网络谣言的智能化传播已经深入政治与意识形态领域，应用场景的延伸、生成式人工智能的更新，令谣言传播日益"隐蔽化"。

（四）谣言的个性化定制

在算法推荐机制的加持下，人工智能的学习能力更能将"个性化""定制化"完美把控，能够在充分搜集用户的新闻喜好、消费经验、使用习惯等因素后，利用算法自动向用户推送匹配用户需求的"精准"信息，在这种"个性化定制"下，算法很难依托社会价值与客观立场对信息的真伪进行辨认，并依此进行信息筛查和取舍。网络谣言通过对大数据分析的反馈进一步修正传播过程的各个要素，针对接收者认知、情感、心理、偏见、地域等因素来设定主题、叙事方式和话语框架，使其达到更好的传播效果。在这一背景下，谣言的定向生产和定向传播成为可能，网络谣言将更加"精准"和"精细"，并出现了"定制化"趋势。也就是说，网络谣言在算法推荐技术中可能不会被过滤筛除，反而会有针对性地向某些群体反复推送，谣言的传播受众存在被固化的潜在风险，受众会以为某些谣言就是正确的新闻事实。

2022 年 3 月，中央网信办发布关于开展"清朗·2022 年算法综合治理"专项行动，打击网络直播、短视频领域乱象，加强互联网信息服务算法综合治理。这项行动的重点是，督促整改算法不合理应用带来的"信息茧房""算法歧视""算法黑箱"等影响网民生产生活的问题，切实维护好网民合法权益。2023 年 3 月，中央网信办开展为期两个月的"清朗·从严整治'自媒体'乱象"专项行动，整治"自媒体"乱象，破解"自媒体"信息内容失真、运营行为失度等深层次问题，维护网上信息内容传播良好秩序。2024 年 4 月"清朗·整治'自媒体'无底线博流量"专项行动启动，集中整治"自媒体"造热点蹭热点制造"信息陷阱"、无底线吸粉引流牟利等问题。督促网站平台做好涉国内外时事、公共政策、社会事件等领域信息来源标注，AI 生成信息标注及虚构摆拍内容标注；严格营利权限开通条件，明确审核、认定及处置标准；优化流量分发机制，有效扩大优质信息内容触达范围。

总之，当前互联网环境中算法推荐是一把"双刃剑"，在谣言传播中的影响力较大；同时在智能技术加持下，"沉默的螺旋""群体效应""信息茧房"丛生，算法推荐影响力加强，平台信息相似度高，受众困于算法推荐及圈层单一的信息结构，观点与情绪趋同，形成"回音室效应"，使得谣言打破时空限制，不断固化刻板印象并衍生出新的偏见，进一步搅浑舆论场。

二、谣言传播的新特征

社会危机的发生，往往会伴随着巨大的社会恐慌，公众为了缓解内心的恐惧，就需要获知大量的信息来消除不确定性。在危机主体无法作为第一信源满足大众的信息需求时，公众倾向于通过其他渠道自行"挖料"，媒体也会自行寻找其他线索，在"流量为王"的时代，一些媒体抓住事件舆论热点，散布大量未经证实的新闻。在这个看似能解答公众疑惑的过程中，谣言极易滋生和传播，激起社会负面情绪，导致突发事件演变为公共危机事件。纵观近年来的公共危机事件，网络谣言与公共危机相伴而生，并表现出愈演愈烈的样态。为了遏制谣言，不仅需要公众理性地处理获取的信息，提高基本科学素养与批判能力，更需要危机主体在第一时间成为该事件的第一信源，及时公布相关信息，及时辟谣，满足公众的信息需求，打破信息真空状态，遏制谣言的滋生和传播。

互联网时代，微博、微信、抖音等多元化信息载体快速发展，拓宽了公众信息获取渠道，加速了信息多层级流通，也为谣言的滋生、传播提供了条件。同时，网络谣言扩散的速度和范围在人工智能、大数据、虚拟现实等技术的助力下得到了极大的提升，信息内容的采集、生产、加工、分发发生着深刻改变。媒介与技术的变化在重构信息环境的同时，也改变了谣言的传播及社会影响，使得当下谣言传播呈现出碎片化、情绪化、用户参与度高、辟谣难度增大的新特征。

（一）碎片化

"碎片化"（fragmentization）一词具有后现代主义背景，是后现代主义思潮的衍生概念之一，最初用来描述后现代社会去中心化的社会现实。在现代传播语境下，碎片化更贴切地表达了网络时代信息传播的特质。[①] 在新媒体技术不断发展的当下，社交媒体及短视频不断发展，其碎片化的作用深入信息的生产、扩

---

① 胡易容. 宏文本：数字时代碎片化传播的意义整合 [J]. 西北师大学报（社会科学版），2016（5）：133-139.

散、保存等多个环节。信息重组制造了各种各样的谣言，如假常识、伪科普、炒作诈骗、虚假事故等，并生成各种文本形态多渠道、全方位传播，助推了谣言的病毒式传播，增加了谣言治理的成本和难度。例如，巴西的一家专注于全球政治事件的非营利调查组织 Lupa Mundi 在 2024 年 6 月就一段在社交媒体平台广泛传播的视频展开事实核查，视频中男性为前圣保罗联邦代表费尔南多·基亚雷利，他在巴西众议院全体会议上声称巴西的选举系统存在欺诈，并称电子投票箱是"骗局"。视频的标题称这段视频是最近拍摄的，并且声称无法再访问该议员的演讲内容。然而经 Lupa Mundi 分析核查后发现，这些都是拼凑的片段。这段视频其实是在 2010 年 11 月的一次全体会议上录制的，距今已超过十年，令普通公众难以辨别真假。

（二）情绪化

互联网时代，新媒体传播具有强互动性，在突发事件中公众往往容易在意见相似的相关利益群体中产生"群体极化"现象，而谣言内容的分发及传播关键点在于是否容易激起人们的情感共鸣。对于引起关注或恐慌的信息，人们更容易接受和转发，这种情感倾向使得谣言在传播过程中更具吸引力，更容易在舆论场域形成一致的情绪环境。网络谣言具有裂变机制，刻意生产的网络谣言利用公众猎奇心理和情绪化表达进行传播，"弱信息、强情绪"的结构性特征弱化了事件本身，阻碍了公众对事件本身的思考，其以情感动员和价值动员为手段，聚焦和传播强烈的情绪，推动公众积极参与传播。智能技术也在其中发挥着推波助澜的作用，智能分发解决了谣言与个体用户间的匹配问题，它根据身份特征、心理诉求、关切议题、阅读习惯、媒介偏好等标准精准寻找到易于被谣言"感染"的用户并向其进行精准投放。

（三）用户参与度高

在人人都是传播者的网络时代，短视频平台和小红书、知乎等新兴媒介深度下沉，用户数量激增，截至 2024 年底，我国短视频用户达到 10.40 亿人，使用率达 93.8%。[①] 新媒介构建了网络表达和交流的新空间，并形成了新型的网络生态环境，赋予了公众话语权，人们随时随地可在新媒介平台发布自己的所见、所

---

① 牛梦笛，李蕾，李晓东.《中国网络视听发展研究报告（2025）》发布［N］. 光明日报，2025-03-27.

想，也可"随手"转发、评论或真或假的信息。加之互联网是开放、共享的线上社区，经济成本几乎为零，无须花费额外的平台使用费，且内容发布门槛低，限制举措少，为不实谣言的快速传播和大范围扩散提供了便利。

（四）辟谣难度增大

人工智能技术的更迭，令文本、图像等内容发生生产重构，给当今信息传播格局及网络舆论带来了颠覆性变革，诸如 ChatGPT、Sora 等生成式人工智能大模型的应用，提升了虚假信息生产和传播的智能化水平，使辟谣难度增大。在谣言传播中，为了提升谣言的可见性并扩大其影响力，一个常用的方式是部署社交机器人，在传播行为上，这些社交机器人应用社交网站的深度学习技术，可以通过发帖、点赞、评论、转载等各种行为实现协同引流。基于 ChatGPT 技术，社交机器人可以围绕某一任务自动选择对象、自动生成内容，并展开精准性的谣言传播。人工智能沦为"造谣机器"，扰乱网络传播秩序，掀起更大的社会信任恐慌。

人工智能技术的发展，使得事实核查的门槛越来越高，辟谣难度越来越大，从有文本、有图像发展为"有真相"，通过互联网丰富的语料，以及后期配音、声音模仿、非线性剪辑、AI 换脸等技术的介入，谣言以新闻、图片、音频、视频等多种形式迅速在各社交媒体传播，并且形态逼真，视觉冲击力强，形成了智能传播下新型的信息内容，鉴别难度较大且成本极高。如 2024 年美国大选期间，个别别有用心之人以 AI 生成时任总统拜登的声音，致电选民不要给共和党投票，此事引起社会哗然，也加剧了人工智能对政治与意识形态领域的威胁。

第二节　谣言传播中各主体的特点和作用

谣言指没有事实根据的传闻，而网络谣言一般指在各个互联网平台上传播的、没有事实依据或者是没经官方证实的话语。现代社会的谣言以网络谣言为常见形态，网络谣言因传播门槛低、传播速度快及匿名性等特点，加速了危机事件的生成，危机事件的突发性及模糊性也导致网络谣言具有快速增殖性，而受众转发、评论更加速了危机的传播，推动危机事件发酵。

一、谣言传播中的政府

互联网是当今人们快速获得信息的重要沟通渠道，伴随而生的谣言也成为影响舆论的重要因素之一。习近平总书记指出："互联网已经成为舆论斗争的主战场。有同志讲，互联网是我们面临的最大变量，搞不好会成为我们的心头之患。在互联网这个战场上，我们能否顶得住、打得赢，直接关系我国意识形态和政权安全。"① 不实的网络信息，可能会引发社会恐慌，如果政府不积极做出正确的谣言回应，会导致政府公信力下降并引发更大的舆论危机和恐慌。

（一）政府在谣言传播中回应不足

1. 官方回应滞后，未能及时制止谣言扩散

网络谣言事件中，谣言不断传播扩大的主要原因包括官方权威、真实信息缺失，以及在网络谣言媒介场的"信息流瀑"效应下，网民易受到谣言的情绪控制。即在谣言发生后，当一些先行者或"意见领袖"认为谣言为真并开始传播后，在这种影响下，其周边人会因为缺乏相关信息而选择相信，当相信谣言的人越来越多之后，对谣言的集体认识会像瀑布般裹挟他人，态度和观点集聚呈现"信息流瀑"效应。网民不能及时获取官方发布的信息，而各种博人眼球、猎奇但不真实的消息广泛散播且传播效率极高，对社会影响大，危害性强，易造成人们的情绪失控。遇到这种情况，政府机构做出迅速的回应才是遏制网络谣言的关键。面对危机传播中的网络谣言，政府对事件的调查、反馈都需要时间，但无论何种情形下，政府应该第一时间争取主动的话语权，安抚群众的情绪，及时还原事情的真相并提出解决办法。

2. 辟谣途径单一，难以引起公众注意

新媒体的发展下，许多政府部门开始运营网络社交平台，但其辟谣信息简单，以官方语言为主，着重体现政府权威性，但难以吸引公众的注意力，导致辟谣公告难以拉近和公众的距离。社会化媒体的兴起打破了主流媒体一元话语的框架，海量、频发、反转信息正在围追堵截信息的客观性与唯一真实性。谣言经不

---

① 中共中央党史和文献研究院．习近平关于防范风险挑战、应对突发事件论述摘编［M］．北京：中央文献出版社，2020：28-29．

起眼的个人用户或公众号发布，在商业逻辑的驱使下或情绪宣泄的冲动下，这些用户时常使用博人眼球的标题和图片、煽情的叙事话语策略吸引、迎合公众，导致许多网友更喜欢通过"小道消息"吃瓜和转载传播，分散公众稀缺的注意力资源，使其一定程度上直接忽视了官方媒体的发布。

随着网络进程的发展，政府部门也开始使用一些亲民的平台进行信息发布，据第55次《中国互联网络发展状况统计报告》显示，截至2024年12月，我国31个省（区、市）均已开通政务微博，经过新浪平台认证的政务机构微博账号达到90 271个。[①] 政府部门的网络社交账号能够取得消息互通和传播的优势，丰富了政务信息传播形式，引发更多受众的共鸣。在面对网络谣言时，政府部门使用社交平台（如抖音、快手、微信视频号）可能会拥有更好的传播效力以达到和谣言抗衡并最终击破谣言。

（二）政府在谣言治理中的作用

1. 树立权威，构建社会信任

政府在网络危机治理中通过构建信任、提供资源等方式参与并调控传播进程。[②] 但目前政府严重依赖技术手段解决网络社会的舆论矛盾，例如使用撤下热搜、删除帖子、控评等手段对平台进行舆论控制。技术手段往往只能提高管理效率，无法从根本上解决公众对信息和真相的追寻。若想治理好网络谣言，需要政府针对不同的谣言特点和情况，依据不同的辟谣要求发挥各自优势，不同的谣言类型需要不同官方机构的权威解释，同时要重视在互联网领域孕育政府职能的力量——从技术、管理等多方面入手提升，在危机传播中及时发布官方信息，做到正确引导舆论方向，为公众展现出一个有公信力的形象。

2. 多元合作，协同化解危机问题

政府在网络谣言治理中发挥着核心统揽的作用，通过建立监督、评估、激励等机制在网络平台培养更多元化、高素质的网络监督组织，从而弥补政府本身的不足。如今具有公信力的网络监督组织还较少，也缺少国家和政府的引导。政府作为元治理的主体，可通过重视网络监督组织的价值和作用，加强与网络监督组

---

① 中国互联网络信息中心. 第55次《中国互联网络发展状况统计报告》［R/OL］.（2025-01-17）［2025-03-17］. https：//cnnic.cn/n4/2025/0117/c88-11229.html.

② 罗昕，刘碧燕. 边界跨越：主流媒体参与社会治理的冲突及其调适［J］. 江西师范大学学报（哲学社会科学版），2022，55（3）：118-128.

织的合作和治理，积极培育网络监督组织的发展，以治理危机传播中的网络谣言。

要支持并保护好网络监督组织的发展，依据网络谣言的高发领域和内容类别，建立网络舆情信息数据库，并无缝对接网络监督组织收集和反馈的资料，整合信息资源，促进网络信息数据库的共享，以合理设置政府的政策和互联网领域的治理重心，有效发挥其在网络谣言治理中的作用。如腾讯较真平台致力于新闻事实核查，其团队拥有数百位专家，能够查证视频、医疗、社会新闻等各个领域信息，在虚假新闻和网络谣言查证方面发挥了巨大作用。具备高水平专业知识的创作主体使得该平台具有很强的权威性和信息可信度，在危机传播中可以成为一个连接政府和公众的信息核实平台。

二、谣言传播中的媒体

互联网时代的发展极大地冲击着传统媒体的影响力、传播力、公信力和引导力。在"即见即传"的技术支持下，信息的"零时差"传播成为可能，而传统媒体以纸质版面为依托，制作流程的耗时远高于新媒体。在危机传播中，传统媒体在时效性方面处于劣势，但因长期积累的影响力、公信力和权威性等资源，其仍具有哈贝马斯所说的"权威表现"[①]；新媒体具备快速连接多元行动者的能力，但存在信息碎片化、冗杂化等缺点。因此，各大传统媒体、主流媒体、新媒体均应成为公众的重要信息来源，其在谣言传播中理应发挥辟谣和引导社会舆论的作用。

（一）媒体的正面作用

在危机事件中，主流媒体具有公共注意力这一突出的社会资源，在相关信息不透明的情况下保证信息及时公开，巧用议题设置在价值判断和社会认知建构上的影响[②]，通过标出部分公共议题，发布准确可靠的官方信息，占领舆论高地，遏制危机事件中的泛滥谣言，可以达到稳定社会情绪的作用。例如，在新冠疫情防控期间，《人民日报》等主流媒体，利用议程设置来传达信息，有计划性、组

---

① 罗昕. 媒介化治理：在媒介逻辑与治理逻辑之间 [J]. 湖南师范大学社会科学学报，2022，51（5）：1-11.

② 陈相雨. 重大突发公共危机事件"媒介化治理"的现实基础、介入逻辑和实践准则 [J]. 编辑之友，2022（8）：25-31.

织性地进行疫情防控信息传播活动。这在一定程度上也化解了谣言危机，对舆论进行了有效把控。

主流媒体代表的往往是国家的声音，在应对网络谣言危机时要建立健康的舆论环境，引导公众进行客观的讨论。要贯彻深入实际、深入群众的新闻报道理念，贴近群众需求，关注受众的反馈，及时调整新闻报道方向，让公众获悉真相，不信谣、不传谣，满足公众的知情需求。

新媒体以互联网为依托，传播效力极大。近年来，短视频、H5 等各种传播形式层出不穷，媒介技术的迅速发展使得新闻的表现形式逐日递增，网民在网络上可以随时发布信息、获取信息，也让信息传播时间和空间的局限明显被削弱。新媒体应顺应互联网移动化、社交化和视频化的潮流，融合大数据和云计算等多种新技术，抓取谣言数据，整合谣言传播碎片，强化新媒体使用者的"把关人"理念，从根源上和传播中消解谣言。

（二）媒体的负面影响

据工信部数据，2019 年我国自媒体市场规模突破 1 003 亿元。① 网络传播格局日益扁平化，必然导致传播权力的下放与传播主体的泛化。网民的年龄、素质参差不齐，网络空间的信息来源不明、真假难辨、扩散无序，社会舆论的传播路径也从以权威为起点的自上而下式转向圈层内部的立体交互式②，不同于传统主流但符合圈层共识的同一种声音被扩散和强化，网络谣言给社会带来更多的不稳定因素，加大了社会治理的难度。

例如，在 2020 年"杭州女子失踪案"中，与案件相关的消息不断通过网络进行传播，各种自媒体按照自己的想法和猜测不断给案件的传播加入虚假信息，"杭州某小区有多辆吸粪车出入""杭州一小区化粪池被堵"等新闻接连被放上自媒体的头条，导致该事件传播热度进一步增强，甚至有媒体直接发布了"杭州失踪女子尸体在化粪池找到"的消息。在 23 日晚，官方开始紧急辟谣，杭州警方在官方微博、公众号等平台发布通报，明确了失踪女子已被害，事件真相才得以被揭露。可见，在一些危机事件中，"流量为王"的观念主导着部分媒体的运

---

① 丰屹. 危机传播中新型主流媒体舆论引导研究：以"澎湃新闻"新冠肺炎疫情报道为例［J］. 中国报业，2020（10）：30-31.

② 李腾凯，吴育林. "后真相"现象对主流意识形态传播的挑战及其对策［J］. 内蒙古社会科学，2021，42（4）：159-166.

营逻辑，其以网民的偏好为标准设置网络议题、炮制信息产品，故意夸大事实，甚至表述模糊，为非理性的网络舆论推波助澜。

又如，在 2020 年"贵州安顺公交车坠湖事件"中，个别媒体抢先报道称司机是因为自己的房子被拆除才产生厌世情绪；还有报道称，涉案乘客是因为出轨而故意攻击司机，导致公众不停猜测，人心惶惶。在网络谣言传播的过程中，媒介素养良莠不齐的自媒体是主要的推手之一，而政府和主流媒体由于其内部流程管理制度与进行深度挖掘事件的需要，辟谣相对滞后，导致舆论场遭受消极影响，谣言四起，主流话语与政府公信力受到冲击。

三、谣言传播中的受众

在大众传播时代，受众经常意味着大众传播线性模式中的"接受者"、效果研究中的"受控者"、媒介市场中的"消费者"。[①] 而在谣言传播中，受众的角色是受害者也是加害者，他们助推事态的进一步发酵，同时因为谣言而备受伤害。

（一）谣言传播的影响因素

谣言传播的影响因素需要考虑网络谣言的可信度及涉入度（重要性）。当信息在市面出现时，一定要有使人信任的前提，公众才会阅读或进行浏览。信息的重要程度也是传播过程中的重要衡量标准。当受众感知到传播者具有较高的专业技能知识或权威性时，其传播的信息也更容易被认可。[②] 近年来的一些热传的健康类谣言，如"心脏科医生再次强调""专家吐血整理""医院每天都检查出很多人感染"等，常以伪造"权威"、攀附知名专家学者或专业机构等信息源的方式，来增强其可信度。

谣言关涉的事件越重要，往往越会受到公众的广泛关注。例如，一些公众所关心的大爆料、牵扯到大多数人利益的事件，通常呈现"旋涡式"复合传播模式，既涵盖人际、组织、群体间的点到点的传播，也包括大众媒体点到面的传播。但事件的重要性与谣言传播有时候也会呈负相关的关系。例如涉入度上升的

---

① 刘鹏. 用户新闻学：新传播格局下新闻学开启的另一扇门 [J]. 新闻与传播研究，2019，26（2）：5-18，126.

② 唐雪梅，赖胜强. 网络辟谣信息如何影响受众的感知可信度：信息介入度的调节效应 [J]. 国际新闻界，2020，42（8）：27-48.

同时，会出现一些干涉分子（如政府、媒体）对其进行限制，从而将关注焦点引向一些涉入度不高的事件。

（二）谣言传播中的受众心理

谣言传播是一种人的社会属性表现，其与人的情绪有着莫大的关联。谣言中的受众主要呈现出以下几种心理特征或心理行为：

一是寻找"替罪羊"。"替罪羊理论"认为当人无法消除自身的消极情绪时，就会将攻击他人作为释放情绪和压力的路径。许多网络谣言都在对某一事件、现象、个人或全体进行攻击，往往会造成一定程度的网络暴力。网络谣言的产生与传播可视为施暴者寻找"替罪羊"的过程。经济社会的脱序发展加剧了社会认同分化，社会情绪不断郁积并涌向网络空间，许多谣言背后都潜藏着寻找"替罪羊"的社会心态。

二是恐慌性传播。恐慌性传播既是一种非常规的传播现象，也是一种心理效应，强调在非预期事件传播中媒体或个人作为传播动力的恐慌心理。已有社会心理学研究显示，谣言是人们在面对恐惧、焦虑等情绪时，缓解焦虑、恐慌、寻求自我保护的一种途径。由于危机事件的突发性，受众的信息需求与常规传播之间存在时间差，有些以恐惧模式为基础捏造出的流言，即便可信度不高，也在"不怕一万，就怕万一"的心理作用下传播开来。

三是"沉默的螺旋"心理。网络环境下的"沉默的螺旋"是各种因素综合作用的产物。在互联网情境中，用户的交互行为会给自身造成一定的环境压力：观众在表达立场和观点时，会以网上"意见环境"为参照体系，并在观点一致的情况下主动加入；而与大多数人意见相左的人，由于害怕被孤立和攻击，会选择保持沉默，在这种情况下，一方的观点会占据绝对的上风，而另一方却会陷入沉默。并且根据外界的转发量、点赞数量等因素而感知的"意见环境"并不一定是客观真实的，只是理所当然地将所报道信息视为大多数人所认同的事实。

四是从众心理。从众效应也称"乐队花车"效应，是指当个体受到群体的影响，会怀疑并改变自己的观点、判断和行为，朝着与群体大多数人一致的方向变化。受众在从众心理效应下，会选择与大多数人的做法趋同或与主流声音保持相对一致。同时，互联网上的各舆论领袖对信息的传播起到不可忽视的作用。当消息触及公众的认知盲区或者没有相应的背景知识时，舆论领袖的意见就会被不断放大，导致更多的人盲从。

第三节　危机传播中的谣言治理

谣言既有对个人或社会集体的恶意抹黑、诽谤，也有对负面公共事件的捏造。在互联网时代，网络谣言甚至可能由境外势力指使散布，对社会稳定产生更深的不利影响，伤及政府的公信力与形象，危害国家安全。当前，多数危机事件发生后，若政府未能在第一时间掌握全面信息并发声，谣言就会在互联网的催化下导致舆论向不利于事态发展的方向蔓延，对政府有效处理危机事件带来更高的难度和挑战。因此，在危机传播中，需通过控制传播时间、传播途径等手段，对谣言进行治理，并通过阻断谣言的传播和向公众解释事件真相击破谣言，消解公众的恐慌，提升危机传播与社会治理的效果。

一、掌握辟谣黄金时间，阻断谣言扩散与危机升级

习近平总书记指出："准确、权威的信息不及时传播，虚假、歪曲的信息就会搞乱人心；积极、正确的思想舆论不发展壮大，消极、错误的言论观点就会肆虐泛滥。"① 当遇到危机时，一般公众容易惊慌，应当选择具备权威和公信力的人员为群众及时辟谣，在最快的时限内将谣言传染范围和影响降至最低，并注意公众所产生的负面情绪，及时进行慰问和积极辟谣，避免小部分负面情绪煽动大规模情绪，产生极端后果。

尤其在突发危机事件中，由于一般公众不具备专业的科学知识，容易轻信谣言，因此对官方发布的信息内容有一定的依赖性。政府部门及新闻媒体的官方微博已成为辟谣及信息生产传播工作的主要平台，用户对其有着信任和依赖。为了保证辟谣效果的最大化，政府需要在不同渠道的权威媒体中发布辟谣信息，形成以政府机关为核心、向下延伸到众多媒体的谣言阻截模式，争取在黄金时间内获得公众的广泛信赖。

---

① 习近平. 加快推动媒体融合发展　构建业全媒体传播格局 [J]. 求是，2019（6）：4-8.

此外，谣言检测系统的完善、分析和预警机制的建立是阻截谣言生长的重要手段，辟谣的时间点与配合时间点所采取的辟谣方式也是影响公众信赖度的关键因素。辟谣消息的公布日期要越早越好，应该赶在舆论尚未出现偏差时进行辟谣。随着公众对事件的关注度的变化，辟谣消息发布时间的选择也会改变谣言的传播趋势和公众接受程度，从而间接影响辟谣成效。当进行辟谣的时候，权威机构应做好击破谣言各个点的准备，通过图文或视频结合的方式，对谣言进行解释，提高辟谣内容的可信度，真实地还原事件，用事实证据否定谣言。

二、坚守"把关"职责，引导舆论与危机传播方式

2014 年 2 月 27 日的中央网络安全和信息化领导小组第一次会议上，习近平总书记指出，"做好网上舆论工作是一项长期任务，要创新改进网上宣传，运用网络传播规律，弘扬主旋律，激发正能量，大力培育和践行社会主义核心价值观，把握好网上舆论引导的时、度、效，使网络空间清朗起来"①。在危机传播中，主流媒体新闻工作者必须不断提升自己的理论水准、新闻技巧和辨别能力，面对网上层出不穷的各种资讯，提升判断力，识别真假。在对消息进行核实的基础上，以真实性、权威性为首，进一步发挥大众传媒的功能，积极引导社会大众鉴别谣言，同时对互联网上已有的虚假传言，发挥良好的截断和舆论导向功能，为事实发声。

作为党和人民的"喉舌"，主流媒体必须发挥对主流社会思想的引导功能。在转载消息的时候不能单纯转载，还应当根据其对公众突发事件的社会危害程度和危害区域做出等级界定，包括特殊、重要、特大和普通这四种等级，并针对不同等级的事件进行不同的消息发布。主流媒体机构和新闻工作者个人对报道信息都必须进行核查，这也是其作为新闻"把关人"的义务所在。

在各种危机事件中，主流媒体应当参与到各类信息还原真相的过程中，发挥媒体守望功能，使谣言被及时制止在摇篮中，并在政府辟谣信息公布时利用媒体传播力，帮助扩大辟谣信息的影响力。主流媒体需要线上线下结合，建立完善严格的监察体系，完善采编流程，严格审核稿件，避免沦为谣言传播的第一渠道。

---

① 习近平主持召开中央网络安全和信息化领导小组第一次会议强调 总体布局统筹各方创新发展努力把我国建设成为网络强国 [N].人民日报，2014-02-28.

通过设置以解决问题为导向的议程，引导公众更好地表达意见，营造清朗有序的网络环境。

三、健全法律法规，构建危机传播的谣言治理体系

互联网的自由氛围与匿名评论为谣言的诞生与传播提供了养分，对谣言进行科学有效的治理，通过法律限制谣言的传播是必不可少的方式。《管子·明法解》有云："法者，天下之程式也，万事之仪表也。"法律因其强大的现实效力，可被视为控制谣言传播的有效途径。目前我国相关法律法规在该领域尚不完善。首先，治理网络谣言的法规细则未明确，针对网络谣言制定的专门法则处于摸索阶段，立法层次偏低。国家最高法规治理互联网谣言通过刑事司法解释把中国传统犯罪扩展至网络空间，但当前的中国刑事法规制度仍立足于平面化的谣言处理模型，尚未改变原有的谣言治理刑法架构。其次，对各责任主体职责规定不明确，针对不同的互联网舆论，还需要进一步明确各种规定，并且没有针对新问题及时进行修订。最后，关于网络谣言生成和危机传播的普法宣传不足，部分公众在面对危机事件和网络谣言传播时缺乏应有的法律意识和媒介素养，导致其容易被一些别有用心的言论左右，可能对个人、集体乃至国家造成难以挽回的损失。

因此，在构建危机传播的谣言治理体系时，一方面，政府要对网络谣言相关的法律法规进行完善，推动网络谣言治理的法治化进程。同时，要想弥补法律强制规范与伦理倡导规范的缺失，就必须在信息化的背景下建立"硬"与"软"相结合、"法律"与"伦理"相结合、"强制性"与"激励性"相结合的治理体系，即以法律治理与行政规制为前提，鼓励机构媒体、网络平台、用户个人遵守伦理规范。另一方面，政府治理思维应从原来的"网络监管"向"网络治理"转变，加强对网络舆论的判断和分析，制定和健全网络运营商管理体系，避免风险信息异化为大规模网络谣言。

四、增强风险意识与智媒素养，提升公众危机应对能力

在危机传播中，公众既可能是网络谣言的传播者，也可能是网络谣言的受害者。从谣言的潜伏期到爆发期，公众辨别能力普遍薄弱，也缺乏怀疑的心态和批

判性思维，个人的主观猜想加之网络平台天然具备的"放大"与"聚集"效应，加速了谣言的传播和爆发，因此增强公众的辨别能力和风险意识是遏制谣言传播、根除互联网谣言的关键措施之一。

此外，政府还应加强智媒素养教育，切实防止谣言的扩散，包括重要资讯均以官方公布的权威资讯和辟谣消息为准、没有经过核实的消息不传播、科学辨别各类谎言等。为了全面提升公众认知水平，需要有关组织的传播强化教育，通过线上线下相结合的多样化方式，持续加强公众对各种信息的认知能力，才能使其辩证地看待网络信息，对谣言进行有效的甄别和判断。

面对网络谣言，需要在多方努力下才能实现谣言共治。新媒体环境下，权威机构及时的辟谣澄清、主流媒体的传播引导和公众自身辨识能力的提高，以及面对不同阶段谣言开展不同的治理都缺一不可。只有在多方的共同努力下，谣言才不会产生、潜伏、爆发、反复，这样也就难以产生危害。

复习思考题

一、名词解释

1. 网络谣言
2. 信息流瀑

二、简答题

1. 谣言传播的趋势有哪些？
2. 如何看待网络谣言中受众的角色？
3. 我国谣言治理常用的方法是什么？目前还存在什么不足？如何改进？

三、论述题

1. 人工智能对谣言传播有何影响？请结合案例谈一谈。
2. 网络谣言的治理对策有哪些？请结合案例谈一谈。

第六章

危机传播的应对与处置

危机潜伏于社会各个领域，与人类活动紧密相伴。较为理想的危机应对是事前发现苗头性、倾向性和敏感性的信息并及时展开研判处置。危机应对的治理范式随着技术的发展，出现了多种取向，尤其体现在人工智能的介入与处置。新的应对和处置模式旨在能够在事前发现、事中及时高效应对、事后得以修复价值形象，以增强社会治理中的技术效用。

第一节　危机传播的监测预警

一、危机传播的监测预警概述

（一）内涵与功能

危机既是普遍存在的，又是可以预防的。[①] 从历时性角度而言，芬克于1986年提出的阶段分析理论，将危机传播分为危机潜伏期、危机突发期、危机扩展期、危机解决恢复期四个阶段。危机监测预警主要是针对危机未爆发或蔓延升级之前的危机潜伏期，利用各种手段和技术对各类信息监测、收集，进而识别出危机的警兆、评估警情、预测发展趋势、广播危机信息。在这一过程中，危机传播监测与危机传播预警相互统一，共同构成了危机传播的监测预警。所谓危机传播监测就是采用科学的方法对可能引发危机的各种因素及舆情本身的变化过程进行实时观察和测定的危机管理活动，以及时了解其活动、变化规律，并推测事件未来发展趋势。[②] 危机传播预警是指根据危机监测分析和风险评估结果，依据可能发生公共危机的危害程度、紧急程度和发展态势，确定相应预警级别，并面向社会发布相关信息。[③]

危机传播监测预警的关键要素涵盖多个方面。首先，获取充足且实时的数据是监测预警的基石。其次，基于所收集的数据，准确判断报警的临界点，这是决

---

①　赵志立. 危机传播概论［M］. 北京：清华大学出版社，2009：30.

②　王绍玉，冯百侠. 城市灾害应急与管理［M］. 重庆：重庆出版社，2005：101.

③　卢涛. 危机管理［M］. 北京：人民出版社，2008：41-56.

定预警时机和准确性的重要环节。再次，采用标准化且易于受众理解的监测预警术语，对于确保信息的准确传达至关重要。同时，注意通过多种通信渠道，将警报发送给处于风险中的公众及有关应急响应者。最后，教育、培训公众，使其在危机发生时有能力采取适当的应对措施是危机传播监测预警工作中不可或缺的一部分。定期评估监测预警的效能，不断优化和改进，也是确保预警工作持续有效的重要环节。① 罗伯特·希斯（Robert Heath）将危机预警系统分为动态系统、静态系统和混合系统三种类型，② 具体采用什么系统应因时、因地制宜，问题的关键在于使警报有效到达。危机预警要求公开透明、实事求是，不夸大、不隐瞒，不能光喊"狼来了"却不见狼的踪影。

危机传播的监测预警能够监测风险源，评估风险，再根据评估结果制订传播计划，从而在各种信号显示危机来临时及时向组织或个人发出警报，提醒组织或个人对危机采取行动。③ 具体而言，其主要功能有：①监测预测功能。及时收集危机的征兆和信息，掌握各项静态和动态信息的变化，在危机尚未发生时进行分析判断，是应对危机前的触角和雷达。②优化资源配置功能。危机监测预警可以在发现潜伏危机后进行躲避、转移、降低和化解，事变后匆忙补救为事前科学引导，变消极的被动控制为积极的主动管理，降低危机发生的可能性和伤害性，从而减少危机主体的危机管理成本。

（二）目标与状态

危机传播监测的主要目标是对危机源信息进行监测、收集与加工处理。本质上，危机监测是社会的"信号塔"，以防患未然、未雨绸缪的逻辑由监测危机发生可能性的专业人员为大众侦测潜在的危机，一旦危机产生，监测部门会向公众或者相应人员发出预警信号，并提供收集到的信息和分析报告，为后续处理与应对危机提供解决参考方案。危机传播预警的目的是在预测可能发生的公共危机及其危害程度的基础上，督促社会公众做好应急准备，启动应急响应，引发各方面主体的注意和警觉，最大限度地降低危机所导致的损失，为有效地应对危机赢得宝贵的时间。

---

① 格斯，法纳姆. 公共政策分析案例［M］. 王军霞，贾洪波，译. 北京：中国人民大学出版社，2017.
② 希斯. 危机管理［M］. 王成，宋炳辉，金瑛，译. 北京：中信出版社，2003.
③ 汤景泰. 舆情与社会管理黄皮书：危机传播管理［M］. 北京：经济日报出版社，2015：31-32.

危机传播监测主要分为两种状态：一种是"平时状态"，即危机还未被感知时期，主要是对所有可能促成危机产生的信息源进行全天候的监测，以及对日常搜集到的数据和信息进行整理，力求全面，要求不放过任何一丝会形成危机的征兆，为危机传播预警提供必要的依据，也为"战时状态"做好准备工作；另一种是"战时状态"，即当对应危机超过警戒值时，主要针对超标的项目进行监测和分析，具有针对性强、频率高的监测特点，侧重于观察和掌握各项信息变动的规律和数据，以便及时掌握危机的发展变化情况，为危机应对提供参考方案。[①]

当"战时状态"发生后，可能产生的后果有两种：一种是在"战时状态"时期超出的指标被控制住，危机得到缓解，成功规避发生的可能性，而后回归"平时状态"；另一种是无法控制超出的指标，危机产生，但是由于监测系统获得了真实可靠的信息数据，得以进一步判断危机的演化、发展和趋势等，为危机预警与制定决策提供科学依据，在危机产生前，提前发布预警信号，为对策性方案的提出与实施预留时间。

二、危机传播监测

（一）危机传播监测方向

危机传播监测主要针对潜在风险信息进行收集和监控，包括涉及主体组织内部的各单元、各部门在人员、技术、管理上有无风险或有哪些风险；涉及外部环境的媒体、市场、政府等信息源。危机传播监测的主要任务是收集反映危机迹象的信息，要对各种可能出现和发生的危机，及其形成的条件与诱发因素等基本状况进行全方位、全过程的跟踪监测，这也是危机传播监测的首要环节。

危机传播监测主要从五个维度进行信息监测：①对传播速度的监测。从危机源信息和相关信息传播的速度进行监控和分析，通过缩小信息源传播时间的间隔比例来进行观察，由此观察和整理出危机传播的路径。②对传播范围的监测。对危机信息源进行分类，针对不同类别、不同地区、不同范围进行监测，由此观察并确认危机信息来源的地域及可能的影响范围。③对危机形态的监测。对搜集到的信息进行分类整理，不同属性的信息对危机有不同的影响，通过分析各类别信

---

① 许峰，谢承华.公共危机监测、预测与预警关系辨析［J］.图书与情报，2011（5）：75—77.

息的属性差异，得出当前危机正处于怎样的形势并借此判断出相应的干预方案。④对媒体信道的监测。随着互联网发展愈加迅猛，媒体格局发生深刻变革，社会表达进入"人人都有麦克风、个个都是通讯社"的新时代。通过观察和监测媒体平台上的各类信息可以获取可能成为危机源头的内容。① 除此之外，可以通过了解信息源传播的渠道以控制该信道的传播途径。⑤对词频模式的监测。当前通过先进、强大的信息搜集系统可以完成对信息关键词或相关词汇的搜索和整理，同时可以对信息的标题、内容的用词频率进行专业的统计与分析，以此整理出特定词汇对于危机信息传播的影响，并尽可能规避由此造成的负面影响。

（二）危机传播监测手段

危机传播监测的信息渠道依赖于危机主体内外的信息系统。由于危机是由多因素构成、受多方面影响并向多方面扩散的，这对信息监测提出了挑战。特别是在数字化的时代背景下，互联网作为新兴的科技手段，具有即时性、便利性、互动性与开放性等特点，便于网民跨越地缘关系进行聚合。借助虚拟技术构造而成的网络交互空间，为多元化的话语表达与海量信息的扩散流动提供了责任分散的舆论场域，原本凌乱、分散、无序的观点和意见在网络中积聚、放大，并异化重要的危机风险信息，因此对于网络风险信息的监测成为重中之重。了解用于网络危机传播中的常见监测手段，有助于进一步了解危机传播监测系统的应用效果。

（1）网络爬虫技术。作为监测预警的基础工作，舆情信息搜集是对分布在各个网站上的原始数据进行搜集和分析。网络爬虫技术是舆情信息搜集中最为关键的手段，通过模拟人类用户的行为，按照设定的规则自动跟踪与访问网页链接，抓取网页上的文本、图片、视频等各类型数据，并将这些数据保存到本地或进行进一步的处理和分析。根据其功能和应用领域的不同，网络爬虫可以分为通用网络爬虫、垂直网络爬虫、深层网络爬虫、增量式网络爬虫、分布式爬虫、社交网络爬虫、混合网络爬虫等主要类型，不同类型的爬虫都有其特定的应用场景和技术要求。

（2）自然语言处理技术。自然语言处理是把人类的语言和文本转换成计算机能够理解的数据，再将数据解析后的结果转换成人类的语言和文本，弥补机器

---

① 喻国明．社交网络时代话语表达的特点与逻辑［J］．新闻与写作，2017（7）：41-43．

和人类之间的差距，从而实现对自然语言进行处理和分析，提取和归纳相关信息。[①] 因为实现设定的关键词往往不能涵盖所有的相关信息，使用主要基于关键词匹配的传统舆情系统对海量舆情进行监测和判定，可能会出现两种情况：一是舆情遗漏，二是需要大量人工核验。而使用自然语言处理技术让机器从理解文本含义本身入手进行舆情监测，将有效减少上述两种情况的发生，以避免由此带来的风险危机和人力浪费。目前，自然语言处理过程中常使用到词法分析、长短句的句型句法依存分析、关系抽取等算法。这不仅能够在海量文本数据中提炼出话题与意图信息，还可以计算出信息中所表达的情绪，以实现舆情分析。

（3）Web 数据挖掘技术。Web 数据挖掘主要用于在网络大数据中发掘舆情的具体内容，可以分为 Web 内容挖掘、Web 结构挖掘、Web 使用挖掘三类。Web 内容挖掘是从文档内容或文档描述中抽取有用信息的技术；Web 结构挖掘是在对 Web 文档之间的超链接进行分析的基础上，通过关键词来获得舆情的关键内容或敏感内容，并追踪到舆情的传播路径、主要人物、传播源等信息；Web 使用挖掘是从服务器端记录的用户访问日志或从用户的浏览信息中抽取感兴趣的模式，理解用户隐藏在数据中的行为模式，做出预测性分析。

（4）文本倾向性分析，即对文本进行情感分析。通过分析和处理带有情感色彩的主观性文本，归纳总结并推理出它的情感倾向性。其中情感极性分析是文本倾向性分析的一种，其目的是对文本进行褒义、贬义的判断。通过技术甄别、分类网民对于特定舆论的语言与情感，判断这一人物在该舆论网中的关系、对于危机可能产生的影响，以及对舆论传播的影响。[②]

（三）危机传播监测指标

危机传播监测指标是确定并反映危机程度与特征的监测指标。作为指导预警的各类参数，其与危机状态密切相关，通过对这些指标的分析，可以发现危机的迹象。预警需要准确的结果，因此监测指标中不能含有大量的不确定性因素，且必须便于收集、测量和计算。危机传播主要的监测指标有以下三个，值得强调的是，指标要随时更新与维护。

① 宗成庆. 统计自然语言处理 [M]. 北京：清华大学出版社，2013.
② 朱岩，刘扬，李丹丹，等. 面向舆情的社交媒体文本倾向性分析 [J]. 信息安全研究，2017，3（9）：781-794.

（1）舆情发展速度指标。舆情传播速度存在"马太效应"规律，网络舆情发展速度亦是如此。危机事件发生后，最先出现的舆论观点导向性强，在先入为主心理效应的作用下，大众更易对这些观点产生注意与信任，从而促使其在极短时间内被快速转发，倍速增长的转发量在无形中成为传播手段。埃弗雷特·罗杰斯（Everett M. Rogers）于 1962 年提出经典的"创新扩散理论"，其阐明的重点之一即人际传播与大众传播结合是传播扩散的最佳途径。[①] 互联网媒体具备人际传播与大众传播的双重特征，网络媒体的介入加快了舆情信息的扩散并呈现爆炸式的传播，信息被读取和利用的频率越来越高。微博、豆瓣、虎扑等社交平台的评论区即巨大的舆论聚集地。

（2）舆情危机潜力指标。该指标指某重大事件本身具有的引发未来舆论危机爆发的可能性。舆情危机潜力指标以量化的方式预判突发重大危机事件所带来的舆情热度与事件风险，包括传统媒体报道、"意见领袖"关注、线下行动、境外媒体、网站推荐、网民的关注程度等。该指标也为预警机制的运作提供了参考，若该指标显示该事件将导致严重舆论危机，危机传播与社会治理的主体将对危机信号和危机征兆进行 24 小时严密的全天候动态监控，对舆论发展趋势、潜在危机类型及其危害程度做出科学合理的评估，从而及时有效地防范与纠正在互联网上持续发酵的舆情。

（3）负面舆论发展指标。危机事件在演变过程中，因环境、社会、心理、媒介素养的不同，一些非理性的声音出现在传播的过程中可能会遭到各种质疑、批评、追问、谣传甚至谩骂，从而引发负面舆论。该指标从舆论走向这一维度预告某事件未来舆论危机的形成概率和负面舆论的活跃程度。具体的操作是通过内容分析方法，根据网络社交平台上网民对危机事件发表的意见，包括微博评论、转发评论、留言回复等，测量公众关于危机事件的负面情绪态度、意见看法的趋同程度。若其中负面情绪的留言较多，就预示着舆论将走向负面危机。

三、危机传播预警

（一）危机信息的预警

危机信息预警是将危机问题前置处理的重要的步骤，一般是根据当前信息的

---

① 罗杰斯. 创新的扩散［M］. 辛欣，译. 北京：中央编译出版社，2002.

收集和分析，对信息进行研判从而确定危机的等级，进而启动对应等级的应对措施，向组织或公众发布信息。在进行危机信息预警时，应注意以下内容：

第一，严格区分不同等级的危机预警。不同预警级别的危机进行预报和准备的情况是有巨大差异的。通过对风险多指标的监测与评估，从而确定危机的预警级别，选择不同的危机预警的方式、渠道、流程等应对措施。芬克提出的危机晴雨表（crisis barometer grid）为不同危机确定信息预警的方式提供了参考（见图6-1）。[①]

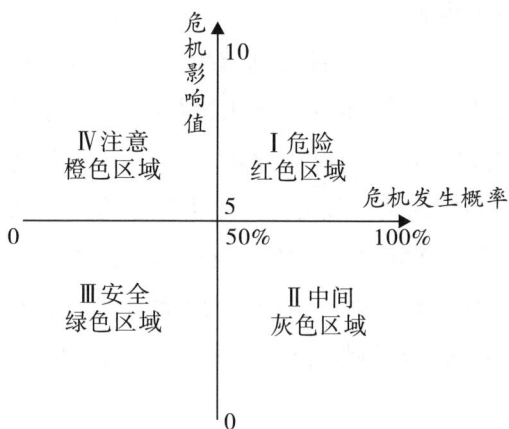

图 6-1　危机晴雨表

该晴雨表对危机进行评估，将危机发生概率和危机影响值设定为横、纵坐标，由此分出四个象限。第一象限为最值得注意的红色区域，处于该区域的危机影响值大于或等于5，且发生概率大于或等于50%。此类危机应立即进行预警，采取防控措施。第二象限为数值处于中间的灰色区域，处于该区域的危机影响值小于5，但发生概率大于50%。需要小心提防此类危机，以免引发危机异化。第三象限为相对安全的绿色区域，该区域的危机发生概率与影响值都较小。第四象限为值得注意的橙色区域，该区域的危机发生概率小于50%，但一旦发生，影响较为广泛，值得密切留意。

第二，明确区分危机预警信息的传播对象，选择合适的信息发布渠道。向利

---

① FINK S. Crisis management：planning for the inevitable [M]. New York：AMACOM，1986.

益相关者及早预报危机，有利于在危机真正发生时降低谣言发酵、社会骚乱的可能性，危机信息预报应秉持及时、公开、有效、双向沟通的原则。不同的受众群体具有不同的信息需求、理解能力和媒介使用习惯，应在细分受众的基础上制定针对性强的信息传播策略。当预警信息关涉重大危机时，一般利用新闻发布会、政府官方网站、官方社交媒体、大众媒体等多种渠道广泛发布信息。当目标受众仅局限于个别群体时，应充分考虑其信息获取习惯、渠道覆盖范围、信息传播速度等因素。

（二）危机传播预案

危机传播预案是指针对出现的危机提前制订的在危机状态中的人员安排、组织协调、资源调动、信息发布等方案，旨在迅速、有序、有效地开展危机应对行动，降低危机可能带来的危害。预案应当具备一定的系统性、动态性、可操作性与合法性。

首先，应明确危机传播预案的目标、任务和原则。[①] 在预案中，应当陈述危机传播的总目标与阶段性目标，并列出为实现上述目标需要在各环节或阶段完成的主要任务，包括危机传播管理团队的组建、相应的策略和资源准备等。此外，还应明确在预案实施过程中的总原则，并以此作为应对行动的纲领，同时写明执行原则、资源配置原则等。

其次，应编制具体的行动方法和应对流程。其中应包括预案的实施范围、实施步骤、具体措施等，一般应涵盖在危机发生前后，谁负责做什么、何时做，谁负责说什么、何时说，以及相应的策略和物资、财源、人员等资源准备。必要时需要制定出多版本预案，根据人力、物力、财力的情况，在实践中选择最适宜的版本，以应对复杂多变的环境。

最后，在具备科学的危机传播预案后，对相关人员的培训是保证预案有效实施的重要基础。另外，需要在实际演习中不断完善和优化预案，检验其操作性和可行性，并根据演习实操状况反馈至预案的动态调整中，以期更好地应对危机。

（三）危机预警系统

危机预警系统是一个系统性工程，其中包括危机监测、危机预报等多个子系统。一方面，危机预警系统能够敏锐地对内外部信息进行监测，捕捉危机警讯、

---

① 范正青. 危机评估与管理 [M].北京：中国社会科学出版社，2013：189-190.

评估风险信息、划分预警级别、发出预防警报，力求将危机消灭于无形之中，或积极开展危机应对行为，迅速隔离和减轻威胁；另一方面，能够对危机预警工作进行经验总结，不断调整和优化预警系统，提高危机预警、预控能力。为了确保危机预警系统的有序建设和高效运行，使这一"开放系统"产生预期的减"灾"效益，构建该系统必须强调以下四条原则：

一是以人为本原则。在危机预警系统的构建和运行过程中，必须始终将人的生命安全放在首位。预警信息的发布、应对措施的制定，都应围绕保护公众的生命财产安全这一原则进行。系统设计和操作应便于公众理解，确保信息能够迅速有效地传达给每一个可能受到影响的个体。

二是组织管理原则。危机预警系统的有序运行依赖于高效的组织管理。这包括明确责任分工、建立科学的决策机制、制定详细的操作规程等。通过合理的组织管理，可以确保预警系统的各个环节紧密衔接，提高应对危机的效率和效果。

三是第一时间原则。在危机管理中，时间就是生命。因此，危机预警系统必须在第一时间发现、分析和报告潜在危机。通过快速响应和及时处理，可以有效减轻危机的危害程度，降低社会损失。同时，这也要求危机预警系统具备高度的灵敏性和准确性，以便在关键时刻发挥关键作用。

四是全员参与原则。危机预警系统的建设不仅是政府和专业机构的任务，也需要全社会的共同参与。通过普及危机意识、提高公众危机应对能力、建立社会互助机制等方式，可以形成全社会共同应对危机的合力。这样不仅可以增强危机预警系统的有效性，还能在危机发生时形成强大的社会支持力量。

第二节　危机传播的处置应对

凡是在重大危机事件爆发时，无论是天灾人祸还是更为复杂的危机成因，往往都会关涉公众与社会的根本利益。应对重大危机事件，通常涉及政府机构、利益攸关方，即危机事件相关企事业单位、新闻媒体和公众等多元行动主体的互动。若危机应对或处置不当，将导致负面舆情的弥漫、叠加、膨胀、施压、极化，削弱社会整体安全感，侵害相关社会组织或成员的直接利益，使涉事主体陷入被动的境地，甚至后患无穷。近年来社会变迁加速，突发公共危机事件频频发生。因突发公共危机事件不可预测、时间紧迫、影响深远，对此类事件的监测、应对和处置能力关系到政府执政能力、国家形象构建、软实力、竞争力等。本节将从危机传播主体对危机事件的应对与处置工作切入，结合相关理论与案例分析，指出在危机传播过程中传播媒介如何发挥沟通信息、稳定情绪、消除恐慌的功能，并对在媒介融合语境下的政府、商业组织及社会公益组织面对突发公共危机的应对措施提出建议。

一、危机传播的处置应对概述

（一）内涵与意义

"风险社会"由德国社会学家贝克在《风险社会》一书中首先提出。[①] 这一概念是对全球深层社会矛盾的回应，强调在工业化、市场化和全球化的推动下，社会公众切身地感受到生活在市场经济、先进科技和官僚行政等现代性带来的风险之下。[②] 随着科技网络发展和传播全球化，社会热点与议题在网络社会中呈块茎化分布状态，个体的节点化生存方式使风险的突发性、弥散性、流动性增强，危机事件的传播深度和广度也在提高，危机事件的突发期来得更快、蔓延期更长。为了尽快转危为安、化危为机，危机传播处置应对的重要性进一步凸显。危机传播的处置应对是指在危机事件发生后为解决危机采取的具体行动实施，旨在尽可能战胜危机，把危机造成的损失降低到最低限度。从危机传播的四个阶段来看，其主要针对危机突发期与危机蔓延期。

危机事件的类型和主体过往的危机历史会影响公众感知涉事主体的危机责任，危机责任归因会影响涉事主体的声誉及社会大众的情绪反应。[③] 声誉的损害和负面情绪的回应均可能导致针对涉事主体的负面行动，消极影响也存在扩散与放大的风险。危机传播的实际效果始终由公众决定，涉事主体在公众心中的形象是否得以修复是评价危机应对效果是否有效的标准。

---

① 贝克. 风险社会 [M].何博闻，译. 南京：译林出版社，2004.
② 张成福，谢一帆. 风险社会及其有效治理的战略 [J].中国人民大学学报，2009, 23（5）: 25-32.
③ 汪臻真，褚建勋. 情境危机传播理论：危机传播研究的新视角 [J]. 华东经济管理，2012, 26（1）: 98-101.

对于政府而言，如何应对与处理公共危机事件已日益成为衡量政府执政能力、治理水平的一项重要评价指标。在危机发生时，政府部门如何在官方平台发布危机信息进行传播，确保实现团结媒体发布准确、及时的新闻和信息的核心目标，对于安抚公众情绪，维持社会秩序，修复政府在危机中的负面形象至关重要。对于企业或组织而言，舆情危机将影响声誉，致使社会公信力受损。特别是数字时代的舆情实践具有一定的复杂性和争议性，加之其传播的广泛性、多级衍生性的特点，极易出现舆情虚假与真实伴生、理性与非理性并存的现象，从而诱发公共危机，影响社会信任。对于传播者而言，借助各媒体、通信工具、口语表达等进行危机传播的信息系统是碎片、情绪和各种无序的集合，正常有序的信息传播过程易完全失衡。在这样一个特殊的传播过程中，媒体能够利用自身的专业素质，通过一定的传播技巧，发布危机解决措施，达到说服的效果，引导正确的舆论，同时加强公众的辨别与决策能力。

（二）理论介绍

20 世纪 80 年代起，专业的传播人员开始把他们在危机传播实践中的学习经验诉诸笔端，危机传播研究自此开始。关于危机管理的文章和第一本危机管理的书均在这一时期诞生，此后这类研究以指数级的态势迅速增长。但这类研究通常以给危机传播实践提供建议为目的，发表在以专业人员为受众的杂志上。直到 80 年代末期，在学术共同体中的危机传播研究才开始形成气候，危机传播研究也突破了案例分析的方法，出现从简单的策略型到系统的战略型的转变。[1] 以下将介绍多个常运用于危机传播应对的理论。

一是阶段分析理论。其又称"F 模型"，即芬克在 1986 年提出的"四阶段模型"，是早期危机传播具有代表性的理论模型之一。该理论我们已在第一章中详细介绍，此处不再赘述。

二是卓越公共关系理论。卓越公共关系理论由格鲁尼格（James E. Grunig）于 1984 年提出并成为"20 世纪 80 年代后公共关系研究的主导理论范式"[2]。卓越公共关系理论包含一系列中层理论，如公众理论、公共关系和战略管理、公共关系模式、公共关系评估、雇员沟通、公共关系角色、性别、多样化、权利、激

---

① 陈先红. 中国公共关系学（上）[M].北京：中国传媒大学出版社，2018：227.
② 黄懿慧，吕琛. 卓越公共关系理论研究三十年回顾与展望 [J].国际新闻界，2017，39（5）：129-154.

进主义、道德与社会责任、全球公共关系等。① 卓越公共关系理论强调一个有效的组织必须采用对等的沟通模式以培养和建立与"组织的公众"间长期且良好的关系，因此组织必须采用对等的世界观，兼顾公众与组织的利益去解决问题，拒绝操纵公众，秉持非功利的动机。该理论认为传统的公关范式最大的问题在于不对等或非均衡，而均衡对等恰好是卓越公关的思想前提和行动指南。传统公关范式的问题分为四种，分别是内在导向与自我封闭、效率第一、精英主义与中央集权、保守主义与传统至上。而卓越公共关系理论的提出首先意味着对传统公关世界观的改造，针对格鲁尼格提出新的世界观，胡百精、高歌将其总结为系统开放和动态平衡，相互依存和地位平等，解决冲突和担负责任，自主自立、有效创新和民主管理，尊重公共利益。②

三是形象修复理论。该理论由美国学者威廉·班尼特（William Benoit）于1995年提出，是危机传播领域重要理论之一，③ 强调治理主体在舆情风波后自发、自主进行的"灾后重建"，旨在将危机对组织形象造成的损害降至最低。应用班尼特的形象修复理论必须满足四个前提条件：第一，组织要尽最大努力去维护组织的形象或声誉。第二，公众在舆论中也扮演着重要的角色，在现实生活中，组织是否需要为事件负责并不成为最终结果的判定依据，公众是否认为组织需要承担责任才是最重要的。第三，即使组织的行为确实是合理和适当的，如果人们认为组织的行为是不正确的，组织仍然会陷入舆论危机。由于社会环境的复杂性和多样性，组织的形象将永远处于一个流动的环境中，当一个组织的声誉在这样的环境下流动在公众手中时，它是脆弱的，是需要被保护的。第四，虽然各组织在回应时所采取的回应策略各不相同，但基本路径的选择与应用架构大体相似。形象修复理论实则是组织为了恢复其声誉或是修复其形象而采用的一系列舆情应对策略，该理论认为在危机发生后，涉及主体应迅速公开承担责任，并通过五种策略进行组织形象修复，即"否认""推诿责任""降低危机冲击性""后悔道歉""修正行动"。

---

① 格鲁尼格. 卓越公共关系与传播管理［M］. 卫五名，等译. 北京：北京大学出版社，2008.

② 胡百精，高歌. 双向均衡沟通的想象：知识社会学视角下卓越公关理论的发展与批判［J］. 现代传播（中国传媒大学学报），2019，41（2）：119-126.

③ 鲁津，栗雨楠. 形象修复理论在企业危机传播中的应用：以"双汇瘦肉精"事件为例［J］. 现代传播（中国传媒大学学报），2011，33（9）：49-53.

二、危机传播的主体应对

由于不同责任主体在危机事件中的角色定位、信息传播能力和影响力、危机认知和态度等方面均存在差异，需要采取不同的危机传播应对措施。这有助于更好地适应不同主体的需求和特点，提高危机管理的效率和效果。

（一）政府的危机应对

1. 利用社会化媒体，促进有效表达

政府部门在应对危机事件的过程中，获得的信息的渠道具有一定的局限性。在传统媒介环境下，政府人员大多通过大众媒体获得信息，然而，在由下至上的多层次信息传递过程中，存在着信息缺损、失真、滞后等问题，严重影响了政府部门决策的准确性与有效性。伴随社会化媒体的兴起与普及，大众通过社交媒体主动传播各类信息，构建起海量的信息资源库，运用云计算、人工智能等技术对海量信息进行信息抓取，可以快速高效地获取危机信息。

首先，具备信息聚集功能的社会化媒体平台有助于完善危机管理数据库，使政府危机管理部门的危机管理工作更系统化和科学化。其次，利用社会化媒体的传播功能有利于完善信息的发布，准确权威的危机预警信息可以通过多渠道抵达公众，有利于政府掌握舆论的主动权。再次，利用社会化媒体的宣传功能，以平等交流的姿态与语态可以安抚公众的情绪，引导正确的舆论导向。最后，利用社会化媒体的监督功能，提升政府的形象，加大媒体对政府应对危机的政策、措施和效果的滚动报道力度，引导公众从正面理解和支持政府。

2. 掌握话语主动权，引领核心议题

媒体的积极介入是危机传播管理的关键。在我国，新闻媒体作为党和政府联系人民群众的桥梁纽带，发挥着政府"危机信息代言"的重要作用，被誉为"政府危机管理形象的塑造者"，在发布舆情信息、回应社会关切、解读政策理论、引导社会舆论、服务人民群众等过程中发挥着举足轻重的作用。以移动互联网为核心的新兴媒体，正对媒体的格局、舆论生态和传播方式产生深远的影响。这在客观上对舆论引导提出形成"线上网下同心圆"的要求，不仅要高度重视传统媒体的权威性、客观性、深度性和内容性的公信力优势，也要充分发挥新兴网络媒体的即时性、交互性、多元性等特性。

政府应积极为媒体设置议程，以确保媒体明确政府危机处理工作的重心。一是在新闻发布会上或事故现场向媒体分发新闻通稿，也可以用传真、电子邮件等方式发送，保证各大媒体都能获得权威统一的消息，并作为记者撰稿的依据。政府可以把自己想要传达给公众的信息按自身需要设定好轻重缓急顺序，以新闻通稿的形式传达给媒体，即间接地为媒体设置议程。发放新闻通稿也能使媒体和公众产生对信息的"期待视野"，从而有效引导舆论。二是通过新闻发布会，为公众和媒体提供信息，并进行双向沟通、设置议程、说服公众、引导舆论。

3. 加强顶层化设计，完善运行机制

法治政府的关键特征是公开和透明。习近平总书记指出，"维护公共安全，必须从建立健全长效机制入手，推进思路理念、方法手段、体制机制创新，加快健全公共安全体系"①。科学稳妥、扎实有序地推进信息公开，既有利于发展社会主义民主政治，又有利于保障人民群众的知情权、参与权、表达权和监督权。同时，对于推进国家治理能力现代化，提高政府公信力和执行力，构建新型共商共建的社会治理体制，具有十分重要的意义。"信息饥渴效应"在客观上要求在发生危机舆情时，政府要牢牢掌握好舆论信息的主动权与发声的话语权，围绕公众关切的问题进行及时的回应。同时在主动回应公众诉求基础上，做好公共政策解读，提高公众参与社会治理的积极性，减少社会冷漠，满足公众的知情权、参与权、表达权和监督权。

每一次对危机的总结都会成为应对下一场危机的经验。因此，政府应拿出精力和时间做好危机事后的评估工作，以有效弥补危机应对过程中的不足。一是加强对危机事件本身的评估。在危机结束后，对危机事件本身进行科学、综合的评估，有利于加强此类事件后的预警和防范效果。对于一些由人为因素、制度漏洞等引起的同类危机尽量找到预防方法，降低其再次发生的可能性。对于那些由不可抗力因素引发的同类危机，能够做到以最快的速度、最优的方案来应对。二是加强对危机应对过程的评估。通过对危机应对的整个环节及影响效果的全部因素的科学评估，可以发现危机应对中存在的机制、结构、政策和执法的漏洞，有效地改善政府部门在危机应对过程中的合法性和合理性问题。另外根据评估报告，对危机应对过程中政府救助人员的行为进行责任追究和有效激励，可以对救助行

---

① 习近平在中共中央政治局第二十三次集体学习时强调　牢固树立切实落实安全发展理念　确保广大人民群众生命财产安全［N］．人民日报，2015-05-31.

为起到有力的规范和约束作用。

总体来看，互联网环境中的公共危机传播具有一定的客观规律，其本质是线下真实社会问题在互联网空间中的折射与具象化表达。因此，从一定意义上来说，公共危机的应对并不只是线上的引导治理，更重要的是要以更加有效的举措和更加务实的方式，从根源上解决问题、解决矛盾、促进发展、改善民生，推动线上和线下的有机协同共治。

【案例分析 6-1】

苏州吴江酒店坍塌事件舆情分析

1. 舆情发展情况

2021 年 7 月 12 日晚，一则令人震惊的消息"苏州吴江一酒店倒塌"迅速登上了热搜榜。据苏州市人民政府新闻办公室官方微博通报，7 月 12 日 15 时 33 分许，位于苏州市吴江区松陵街道油车路 188 号的四季开源酒店辅房发生严重坍塌。微信公众号"苏州吴江发布"在 7 月 14 日上午 7 时发布消息称，经过全力搜救，失联人员已全部找到，共搜救出被困人员 23 人，其中 1 人轻伤已返回家中，5 名受伤人员经过救治生命体征平稳，但令人痛心的是，有 17 人不幸遇难。至 14 日上午 9 时，搜救工作全部结束。此事故从发生到搜救结束，持续了整整 6 天 17 小时，其间平均传播速度为 25 条/小时，而在事故发生后的一段时间内，峰值传播速度更是高达 520 条/小时。

2. 传播节点

7 月 12 日，苏州市吴江区一酒店突然倒塌，消息迅速传开。晚上 7 时左右，央视新闻、封面新闻、澎湃新闻等多家媒体纷纷报道这一事故。关于"苏州酒店倒塌 10 人失联"的词条迅速登上微博热搜，成为网络上的热议焦点，该事件达到传播热度的峰值。

7 月 13 日，随着救援工作的进一步展开，被困人员的搜救工作取得了积极进展。当天，已成功救出被困人员 14 人，其中被困者的呼救声牵动着无数人的心，使得该事件的传播热度再次攀升至峰值。

7 月 14 日，经过全力搜救，失联人员已全部找到，不幸的是，总计有 17 人在这场意外中遇难。"苏州酒店坍塌事故 17 人遇难"的词条再次登上热搜榜,热度再次达到高峰。据应急管理部网站消息,针对江苏省苏州市吴江区四季开源酒店辅房发生的重大坍塌事故,国务院安委会决定成立督办组对该起事故查处进行挂牌督办。随着搜救工作的结束及国务院安委会督办组的成立,事故的原因和责任逐渐明晰,公众对于该事件的关注度也逐渐降低,舆论热度开始逐渐消减。

3. 舆论焦点

媒体舆论焦点主要集中在事故现场的搜救情况及事故的起因上,此外也重点关注国务院安委会对坍塌事故挂牌督办及应急管理部派出工作组赴现场指导救援处置工作等相关内容。

媒体在报道该事件时,多从监督角度对事件本身进行跟进,深入披露了苏州酒店坍塌事故的原因、救援进展等情况,并呼吁相关部门落实主体责任,强化监督职责,以避免类似悲剧再次发生。此外,政府部门介入审查应对后,媒体也积极报道了各级政府部门的应对情况和措施。通过这些报道,公众不仅能够了解到事故的最新进展和情况,也能够看到媒体在监督社会事件、推动问题解决方面所发挥的重要作用。

4. 官方回应

在此次事故发生后,国务院、江苏省及地市区县政府部门政务新媒体均迅速行动,第一时间通报了灾情,及时发布最新灾情和救灾进展,并针对公众关注的问题进行了回应。

7月12日晚,苏州酒店坍塌事故发生约四小时后,苏州市人民政府发布情况通报,详细汇报了现场救援情况。相关省、市、区主要领导迅速赶赴现场组织救援工作。应急管理部也迅速派出工作组赴酒店坍塌现场,指导救援处置工作。同时,住建部也立即派员赶赴事故现场,协助当地开展人员搜救、伤员救治等工作,并着手查明事故原因,依法依规处理相关人员。

7月13日上午,苏州市吴江区救援指挥部召开新闻发布会,详细介绍了此次坍塌事故的相关情况,并就现场被困人员情况、伤员救治情况、医疗护理方案等问题进行了解答。

7月14日上午,随着灾难现场搜救工作的结束,江苏省政府成立了事故调查组,国务院安委会也对苏州四季开源酒店重大坍塌事故进行了挂牌督办，深入调查事故原因。

7月15日下午，中央纪委国家监委网站发文称，必须彻底查清事故原因。

由此可见，在此次苏州酒店坍塌事件中，官方回应及时、密集，省、市、区主要领导部门均积极行动，参与领导部门的级别较高。官方回应的及时性和有效性，对于网络舆论的引导和治理起到了很好的作用，有效避免了谣言的扩散，使得舆情在短时间内得到了平稳控制。

（二）商业组织的危机应对

1. 建立健全舆情管理系统

针对目前互联网上的舆情危机，商业组织应从战略层面制定一套系统性的处理与应对策略，转变思维，把握公众话语权表达与利益诉求的平衡，从而发挥出正确的引导力量，增加网络舆论的正面影响。一是构建舆论管理体系，增强全体员工的舆论意识，及时更新危机应对的思维方式，树立正确的应对网络舆论危机的心态，以此防范因网络舆论而引发的消极后果。二是强化企业生产管理信息公开制度，并将其纳入企业生产经营管理体系中，对传统的生产管理信息形式进行改革，健全基层信息、舆情调研、民情核实等制度，充分发挥防范机制的功能，防止出现网络舆情危机。比如，利用在线舆论监控技术能够在危机潜伏期内有效地检测出异常情况，及时将预警信息传递给公众，使公众能够及时采取行动，避免事态进一步恶化。

2. 传递积极承担责任态度

商业组织面对突发的危机，往往低估了负面新闻在社交网络媒体中的传播广度和深度。比如2018年在社交媒体上备受关注的"滴滴空姐遇害案"中，一开始，滴滴将其作为一起普通刑事案件进行危机公关，未曾想该事件通过社交媒体，在社会上引起巨大的负面舆论反响，最终铺天盖地的骂声将该企业的所有辩解和努力淹没。在面对负面消息的时候，公众往往依照有罪推论的心理定式进行思考与反馈，从而认定商业组织的负面消息并非空穴来风。

因此，面对舆情危机的商业组织，采取向公众传达自身不逃避、敢承担的负责态度的应对措施十分重要，此后再利用多渠道联合的手段向受众辟谣，揭露负面新闻中的失实部分。

3. 完善危机研判预警机制

"凡事预则立，不预则废。"商业组织要构建可信可靠的公共信息预警体系，就必须重视舆情信息预警的重点和难点，采用综合性的手段，推动大数据、云计算、移动互联网等信息技术在预警过程中的科学使用、科学分析和科学评估。综合发挥传统主流媒体和网站、网络电视、网络直播、电子商务、短视频、微博、微信、电子客服等新媒体的综合智能预警作用，使新媒体的集成智慧预警功能得到最大限度的发挥。

一方面，要建立一套科学的网络舆论巡查监督体系，并设立专项工作团队，对相关的网络舆论事件进行处置；另一方面，要对在线社区进行定期动态的监测，对博客、论坛、微博等媒体平台上的舆论进行全面的监控，从而掌握商业组织在媒体平台上的相关网络信息，并评估事件的大小和严重程度，提高商业组织的网络舆论防范能力。另外，还应建立应急处置预案制度，通过对网络信息的日常性、持续性的搜集，对网络上的不良舆论进行全面的研究分析，并利用应急处置预案系统，确保在出现重大网络舆论危机时，能够及时启动应急预案，将网络舆论危机造成的损失控制到最低。

（三）社会公益组织的危机应对

在突发性公共危机事件如地震、疫情发生时，社会公益组织在公众视野内频繁出现，社会公益组织在这些突发的危机事件中的形象往往不停变化，随着事态流动而变，其在公众视野中的形象也常常出现两极分化。社会公益组织在危机传播中的应对关乎公益行业之后的形象走向。

1. 分析危机事态演化，切断循环链条

危机事件处于不断的变化中，社会公益组织的行动往往会受公众的监督和关注。在系统视角下，危机情境首先从个体传导至社会，其次在内外部环境的共同作用下形成组织危机，最终构成组织到社会的危机回流。可见社会公益组织面对的危机情境是动态的，危机的伤害程度也呈现由弱变强的变化。

以情境危机传播理论（SCCT）模型为基础分析危机事件的流动与贯穿事件的主体、动向、危机客体等，对在什么环节上危机发生变化、危机怎样动态变化、如何协调与公众的利益冲突等问题进行发掘和分析总结，持续管理应对，才能将危机转化。

2. 运用话语策略应对，增强文本流动

一方面，当公共危机事件与媒体相遇时，媒体不仅扮演报道者的角色，还会塑造公共危机事件的生成与演变机制，成为事件酝酿、演化与传播的剧场。媒体渠道的运用与运营能力的高低直接影响危机传播的范围及深度。一些社会公益组织应用新媒体技术结合不同媒体平台特性进行信息生产、针对不同类型的危机使用不同的文本策略以进行回应。不同平台之间内容同质化，在各种事件的回应中缺少"人情味"，这是当下新媒体运营中缺少韧性的体现。一些社会公益组织的官方媒介渠道的"发言"多缺少活力，与公众形成一定的距离感，难以塑造真诚有爱的组织形象。同时，一些社会公益组织往往偏好"否认型"这一单一传播策略，即对外部负面消息进行回击指控和直接否认。但"否认型"策略在当下互联网传播中难以发挥有效作用，依旧易导致公众对其的不满与质疑。社会公益组织应善于与其他主流媒体联手，联合产出回应内容，影响更多主流受众，将公益行业的话语形象建立于积极的位置。

另一方面，在公信力转移的作用下，利用权威的证据、言论或第三方机构来证实组织行为的正当性与合理性，往往更有信服力。而目前社会公益组织往往缺少权威证实，取而代之的是"自证"，难以说服公众，久而久之公众对于社会公益组织的形象感知易发生变化。社会公益组织可以通过和第三方机构的合作来提高公众对社会公益组织的信任度，但是要避免过度用力，避免因对组织的不信任而反向降低第三方机构的公信力。

3. 塑造专业组织形象，促进行业协同

一是主动进行议题相关设置。从公益行业的角度出发进行宣传，避免单向传播，可以与公众一同探讨相关话题，激发公益行业中其他社会公益组织对于相关议题的设置，一同帮助公益行业重塑形象，而不是被动地形成两极分化的形象。

二是打破"专家话语"失声状态。在公益行业角度用"专业"的话语将自身形象贴近同领域的其他组织行业，比如在公共卫生事件处置的时间段可以发布关于社会公益组织为医护人员筹募医疗用品的整个过程的指引、方案、指南等，利用互联网与公众的沟通双向观察，提高专业性。

三是构建整合性话语，与其他组织协同合作。与政府、商业组织等集体行动，通过普法教育与大众宣传，并通过媒体对公益行业进行科普，传播对公益行业正确的认知，有效减少社会公益组织和公众之间的认知偏差，从而减少公众对

社会公益组织产生的误会，协助议题设置和话语建构。

三、危机传播的媒体处理

在危机传播中，媒体处理的重要性不容忽视，它不仅是危机信息传播的关键环节，也是塑造公众认知、引导社会舆论的核心力量。媒体作为社会信息的集散地和放大器，其在危机传播中的角色与影响深远而广泛，从信息传递、舆情引导到社会稳定等多个层面发挥着至关重要的作用。正如全球危机公关专家里杰斯特所言："对交流的有效管理如同处理危机本身一样重要。"①

（一）转变传统观念，重视媒体沟通

转变宣传观念是媒体处理的核心。在移动互联网时代，舆论引导处在一个开放、多元化的信息环境，任何地方发生的任何一件事，都有可能变成公众关注的焦点。因此，掌握舆论的主动权和获得公众的信赖，是实现这一目标的重中之重。传统的宣传观念往往侧重于单向的信息灌输和意识形态的强化，而忽视了媒体与公众之间的双向互动和信息反馈。在危机传播中，这种单向的宣传模式往往无法有效应对复杂多变的舆论环境。格鲁尼格和亨特提出危机传播的"四种模式"，其中之一则为双向对称模式。这是利用新闻传播工具开通各种对话渠道，变"单声道"为"双声道"和"多声道"，让各种声音、观点、意见、信息在媒体上充分交流，旨在通过平等互动，促成相互了解、相互信任、化险为夷。②

哈贝马斯将对话自身的伦理称为交往理性，这种理性扎根于生活世界，用以规范主体间的沟通行为，以缓解多元社会的认同危机。哈贝马斯提出了成功的交往需要符合的四个"有效性宣称"（validity claim），即可理解、真实性、正当性、真诚性。③ 具体到危机情境，可理解、真实性、正当性、真诚性同样是理性对话、有效合作的重要伦理基础。这种转变有助于建立更加开放、透明的危机传播机制，增强危机管理主体、媒体与公众之间的互信和合作。危机管理主体需要转变宣传观念，从单向灌输转向双向沟通，从意识形态强化转向信息共享和多元

---

① 希斯. 危机管理 ［M］.王成，宋炳辉，金瑛，译. 北京：中信出版社，2004：187.
② 赵志立. 新闻传媒在危机管理中的地位和作用 ［J］.当代传播，2005（2）：4-6.
③ HABERMAS J. Moral consciousness and communicative action ［M］. Cambridge，MA：MIT Press，1990：182-202.

意见的表达。从满足公众知情权这一人类信息交往活动的基础和前提出发，把受众本位、双向互动、坦诚交流的逻辑理性与善用方法、多点渗透、潜移默化的实践要求有机结合起来，立足于传播诉求与传播效果的一致性，实现以人为本的价值内核。尤其是在遭遇舆论批评时，更需要摒弃高高在上的宣传姿态，树立沟通思维，释放足够的表达时间和空间。在公众未能充分表达的情况下，一味急于宣传、进行舆论引导的做法，都会引发新一轮质疑。危机管理主体应该承认公众表达中的合理部分，并且针对舆情演化方向采取疏导方式，主动开展全民讨论和意见征询会，在现实中给舆情提供疏通窗口。

媒体作为危机信息传播的主要渠道，其报道和评论往往能够影响公众的认知和态度。因此，与媒体建立良好的沟通机制至关重要。在危机发生时，危机管理主体应主动与媒体保持密切联系，及时提供准确、全面的信息，帮助媒体客观、公正地报道危机事件。同时，应尊重媒体的独立性和专业性，避免对媒体进行不当的干预或施压。通过积极的媒体沟通，更好地掌握舆论的主动权，引导公众形成正确的认知和态度。

（二）提升媒介素养，促进共识达成

媒介素养，即个体或组织在媒介环境中获取信息、分析信息、利用信息和评价信息的能力。在危机传播中，危机管理主体需要具备较高的媒介素养，以便更好地理解媒体运作规律，把握舆论动态，有效传递信息，并与媒体和公众建立良好的互动关系。危机传播中，不同利益相关者往往存在意见分歧和利益冲突。通过提升媒介素养，危机管理主体可以更加理性地看待媒体报道和公众意见，尊重并理解不同观点的存在。在此基础上，危机管理主体可以通过与媒体和公众的深入沟通，寻求共识和妥协，推动危机的妥善解决。

提升危机管理主体的媒介素养，首先要求其对媒体运作规律有深入的认识。媒体作为信息传播的中介，其报道内容、报道方式和报道时机等都会受到多种因素的影响，如新闻价值、政治立场、商业利益等。危机管理主体需要了解这些因素，以便在危机发生时能够预测和评估媒体的报道趋势，从而制定应对策略。其次，危机管理主体需要掌握与媒体沟通的技巧和策略。在危机传播中，与媒体的有效沟通是达成共识、减少误解的关键。危机管理主体应主动与媒体建立联系，提供准确、全面的信息，同时积极回应媒体关切，解答疑问。再次，危机管理主体还应善于利用媒体平台，通过新闻发布会、专访、社交媒体等多种形式，传递正面信息，引导舆论走向。最后，危机管理主体需要具备快速应对媒体质询的能力。在危机事件中，媒体往往会就相关问题进行深入报道和追问。危机管理主体需要在第一时间做出回应，提供权威信息，避免谣言和猜测的传播。同时，对于媒体的质疑和批评，危机管理主体应保持冷静和理性，积极解释和澄清，避免情绪化的回应导致事态升级。

此外，提升公众的媒介素养直接关系到公众在危机事件中的信息获取、态度形成和行为决策，对于增强其危机应对能力、维护社会稳定具有重要意义。要提升公众媒介素养，一方面，政府、学校和社会组织应共同推动媒介素养教育，通过开设相关课程、举办讲座和研讨会等形式，向公众普及媒介知识，提高他们对媒体信息的认知能力和批判精神。另一方面，媒体应自觉遵守职业道德和法律法规，提高信息传播的准确性和自身公信力，也应积极开展媒介素养教育，帮助公众提高信息鉴别能力和媒体使用技能。通过正面宣传和舆论引导，营造积极向上的社会氛围，提高公众对媒介素养重要性的认识。同时，政府和社会组织应建立有效的监督机制，对媒体传播的信息进行监管和评估。

（三）善用议程设置，发挥协调功能

美国传播学者麦库姆斯和肖（McCombs & Shaw）于 1972 年最早提出大众传媒的"议程设置"理论，该理论核心观点在于认为大众传媒具备为公众设置"议事日程"的功能。在此基础上，朱克（Zuker）则将议题分为两大类"强制性接触（obtrusiveness）议题"和"非强制性接触（unobtrusiveness）议题"，并认为大众传媒对"非强制性接触议题"的议程设置效果更显著。[①] 即当公众对某一特定议题的直接经验较少时，他们会更倾向于依赖新闻媒体来获取相关信息。媒体在公共危机传播中的议程设置功能主要表现为对"公众议程"（public agenda）和"政策议程"（policy agenda）的建构发挥作用，把事件中值得关注的问题展现在政府和公众面前，引导舆论往理性和建设性的轨道上发展。

现代社会中新型危机事件比例的不断上升使得"非强制性接触议题"越来越多，为媒体议程设置功能的发挥提供了更为广阔的舞台。议程设置与媒介引导间存在共同的支点和理论关联，媒介要充分运用议程设置，通过议程同构达到正

---

① 赛佛林，坦卡德. 传播理论：起源、方法与应用［M］. 郭镇之，等译. 4 版. 北京：华夏出版社，2000：256.

确引导舆论的目的。① 议程同构过程既是媒体议程、政策议程、公众议程这三种议程的相互作用与融合的过程，也是议题不断同化与统一、接近与融合、舆论朝着同一方向发展的过程。② 由于危机自身非预设性、不确定性等特点，这类事件可以成为对媒体日常信息传播的一种突破，媒体可以在多种维度上对事件进行解释和引导。通过议题设置，一方面，强化人文关怀理念，安抚公众情绪。在危机事件的处置中，社会稳定、民心安宁是极为重要的政治任务。媒体应兼有"生物性的善"与追求批判与反思的"公共理性的善"。在公众对"鸡汤式"新闻越发反感的当下，媒体应以"哀而不伤"的报道体现有温度的人文关怀，也应当遵循管理学中的"刺猬法则"，与报道对象和公众之间保持一定的合理距离，如此才能使媒体被理解，使公众被温暖。另一方面，应使政府的工作和政策成为人民乐于关注的焦点，政府政策的权威性与新闻报道的影响力相结合，在公众当中形成广泛的讨论，最终实现合力效应和舆论引导。此外，媒体引导公众理解和支持政府，打通与政府沟通的渠道、表达公众意见和民意需求，使公众的声音能够进入政府的决策议程，推动问题解决。在媒体议程、政策议程和公众议程的同构中，媒体发挥着"上传下达"的桥梁作用。

第三节　危机传播的恢复管理

一、危机恢复管理概述

（一）内涵与现状

从过程论看，危机传播管理有三大环节，危机传播预警、危机传播处置和后期的危机恢复管理。危机的恢复管理在危机应急处置阶段之后，是危机管理主体为恢复正常的社会运行状态所采取的一切措施的总和。英国内政部（Home Of-

---

① 史安斌，王沛楠. 议程设置理论与研究 50 年：溯源·演进·前景［J］. 新闻与传播研究，2017，24（10）：13-28，127.

② 栾轶玫. 议程同构与舆论引导：试论"三个代表"重要思想在广播电视舆论引导中的作用［J］. 中国广播电视学刊，2003（9）：6-8.

fice）在《公共安全危机恢复指南》中指出：恢复是在危机发生后的社区复原和重建过程。① 美国国土安全部（DHS）在 2008 年发布的《国家反应框架》中认为，在恢复的范畴内，就是采取行动使社区、个体、国家回到正常状态。② 新西兰民防和应急管理部的相关研究认为，危机发生后，恢复是短期和中长期对社区整体有效再造的各种努力和过程的协调。③ 胡百精认为所谓恢复管理，即危机事件尘埃落定或烟消云散后，品牌与利益相关者重建共同家园的过程。④ 董晓松等人则聚焦政府这一主体，认为危机之后社会有急切的恢复意愿，政府危机恢复管理是政府在应对危机时采取有效、理性手段，恢复社会常态，恢复公众对政府信任的管理。⑤ 总体而言，危机恢复过程就是以人为中心、以人的生存环境为重点，积极开展社会、经济、生态等环境的复原和重建过程。

恢复管理可分为短期恢复和长期恢复。短期恢复往往在危机发生后立即开始，并常与前一阶段的危机反应工作交叉进行。短期恢复包括维护现场秩序；提供必要的公共安全和健康服务；恢复中断的公用事业及其他必要服务；重建交通路线；为流离失所的人提供食物和庇护场所等内容。长期恢复可能涉及与短期恢复相同的一些行动，其时间长度取决于危机的严重性、破坏程度和对象的特点。

公共危机的恢复具有内容繁杂、形式多样、难度大、公众期望高、时间紧迫等特点，恢复管理是危机传播过程中最易被忽视的环节，部分危机管理主体存在危机事件结束、危机了结的误区，或只顾事实层面的沟通、辩护和补救，而未能认识到价值世界重建的必要性。目前，虽然我国已经出台了《中华人民共和国突发事件应对法》等一系列与危机管理相关的法律法规，为危机恢复管理提供了基本的法律框架，政府逐渐认识到危机恢复管理的重要性，开始加大投入，加强危机恢复管理体系建设，企业、社会组织、公众等多元主体也开始共同参与危机恢复过程中，形成合力，但在高效的常设管理机构、有效的恢复资源配置等方面仍有较大提升空间。

---

① Recovery: an emergency management guide [R]. London: Home Office, 2005.

② National response framework [R]. Washington D. C.: U. S. Department of Homeland Security, 2008.

③ NORMANS. New Zealand's holistic framework for disaster recovery [J]. The Australian journal of emergency management, 2006, 21 (4): 4.

④ 胡百精. 危机恢复管理的三个环节 [J]. 国际公关, 2009 (5): 93.

⑤ 董晓松, 郭伟, 赵星. 危机恢复管理中的执行模式与政策依从：以公民议事为解决方案的案例研究 [J]. 中国行政管理, 2011(10): 107-112.

（二）作用与意义

危机的发生常常会给社会造成巨大冲击，干扰社会的正常运行，影响社会运作的连续性，危机恢复的目的首先是要尽力减轻危机的损害和损失，将社会的各种活动恢复到危机发生之前的状态。

危机恢复管理有利于促进人的恢复和社会秩序的恢复，这也是危机恢复中的首要目标和基础，是衡量整个危机恢复工作成败的关键。人是社会的主体，也是危机影响最直接、最深刻的对象。危机事件往往给人们的生命安全、心理健康和正常生活带来巨大冲击。危机恢复管理通过提供及时有效的援助和支持，帮助受灾者重建家园、恢复生活秩序，进而实现心理和社会层面的全面恢复。这种恢复不仅关乎个体的生存与发展，更关系到社会的稳定与和谐。社会秩序是维系社会稳定的基础，而危机事件往往会导致社会秩序的混乱和失序。危机恢复管理通过恢复正常的社会秩序，维护社会的稳定运行，为灾后重建和社会发展创造良好的社会环境。在这个过程中，危机恢复管理不仅要解决短期的混乱问题，还要注重长期的社会稳定和可持续发展。

危机恢复管理有利于把握危机恢复中蕴含的机遇，这也是体现危机恢复管理工作成效的重要标准。美国公关学者斯特恩（Eric Stern）认为："在平常时期，组织的学习和改变是缓慢的，甚至排斥改变，而危机当头，这些阻力可能会降低或者消失不见，可以在短时间内迅速促成改变。"[1] 公关学者吴宜蓁则明确提出了危机传播管理"学习效能"的概念，即组织记取前车之鉴，从伤害中学会保护自己和他人，改善自己和他人的生存处境。[2]

一方面，危机恢复管理提供了一个重新评估和调整的契机。在危机中，许多原有的规则和模式可能受到挑战，甚至被打破。这为危机恢复管理提供了重新审视和调整的机会。通过深入分析危机发生的原因和过程，我们可以识别出那些不再适应当前社会环境和发展需求的旧有规则和模式，进而提出更加合理、高效的解决方案。这种调整不仅有助于解决当前的危机，更能够为未来的发展提供有力的支撑。另一方面，危机恢复管理为技术创新和产业升级提供了动力。在危机

---

[1] STERN E. Crisis and learning: a conceptual balance sheet [J]. Journal of Contingencies and crisis management, 1997, 5 (2): 69-86.

[2] 吴宜蓁. 危机传播：公共关系与语艺观点的理论与实证 [M]. 苏州：苏州大学出版社，2005: 280-282.

中，一些传统的技术和产业可能受到严重冲击，而一些新兴的技术和产业则可能崭露头角。危机恢复管理可以充分利用这一机遇，推动技术创新和产业升级。通过引进和应用新技术、新设备、新工艺，可以提升恢复工作的效率和质量，同时能够培育新的经济增长点，推动经济的转型升级。

二、危机恢复管理的主要任务

（一）恢复和重建

《国家突发公共事件总体应急预案》针对恢复重建提出，根据受灾地区恢复重建计划组织实施恢复重建工作；《中华人民共和国突发事件应对法》第八十七条要求，"突发事件应急处置工作结束后，履行统一领导职责的人民政府应当立即组织对突发事件造成的影响和损失进行调查评估，制定恢复重建计划，并向上一级人民政府报告"[1]。可见，危机结束以后，危机管理的首要任务就是迅速地恢复被危机破坏的社会秩序。应结合具体危机类型、危机受损情况、有关公共设施所属机构的权责及公众愿望等因素，分析危机恢复所面临的情势，包括恢复中的有利条件及不利条件，以促进人的恢复、维护公共秩序为目标，进行恢复重建工作。

在恢复正常的社会秩序的同时，要特别注意恢复正常的法律秩序。在危机爆发时，尤其在紧急状态下，常态化的管理已经不足以控制危机事态的发展，政府可能需要动用紧急权力来控制危机、维持秩序、打击犯罪。当危机事件消除后，就必须恢复常态下的法制以维护社会的正常秩序。

（二）救助和补偿

危机恢复管理，作为危机应对处置的后续环节，不仅是对危机事件的简单收尾，更是对危机造成影响的全面修复与重建。在这一阶段，恢复管理工作的重心逐步从应急处理转向依据法律、政策和道义准则进行的救助与补偿，这一过程既涉及物质层面的重建，也涵盖精神层面的慰藉，是对危机影响的全方位治理。事实与实体层面的救助与补偿主要包括对危机造成的生命、健康和财产损害进行物

---

① 中华人民共和国中央人民政府. 中华人民共和国突发事件应对法［EB/OL］.（2024-06-29）［2024-08-02］. https：//www.gov.cn/yaowen/liebiao/202406/content_6960130.htm.

质、资金和资源方面的赔偿或救助。危机往往带来生命、健康和财产的损失，这些损失不仅给受害者带来直接的经济压力，更可能导致其生活陷入困境。在补偿过程中需要坚持"以人为本"的原则和人道主义精神，确保每一项救助和补偿措施都真正落实到受害者身上。为此，需要对危机事件的危害后果进行科学的统计和客观的评价，确保救助与补偿工作的公正性和合理性，以减少危机对受害者造成的损失。同时，危机管理主体还需要制订详细的补偿和救助计划，确保资金和资源的有效利用，避免浪费和滥用。除对个人的救助与补偿外，对危机中受损的基础设施、信息网络、居住区域和生态环境等实体对象的复原和重建同样重要。这些实体对象是社会运转的基石，对它们的破坏将直接影响到社会的正常运转和公众的日常生活。因此，在恢复管理阶段，我们需要对受损实体进行全面的检查和评估，确定其受损程度和修复需求，调动各方资源，进行有序的复原和重建工作。

危机发生后，公众往往会经历强烈的心理冲击和情绪波动，甚至出现心理问题。对此，相关部门应采取相应措施进行心理与价值层面的救助与补偿。对处于经历危机后的公众心理进行适时、正确的疏导和干预，包括但不限于提供心理咨询、开展心理辅导活动、普及心理健康知识等。相关部门要真诚地对待每一位受害者，做好心理救援和心理干预的工作，减少危机受害者的心理痛苦，帮助他们克服创伤后的心理障碍，让他们从海德格尔所说的"漂浮的、恐惧的、无意义的世界"中走出来。① 对心理和精神的抚慰不是麻痹、乞怜和表演，而是深入了解受害者的心理需求和问题，提供有针对性的帮助和支持，要让受害者获得精神上的安宁，唤起他们勇气、自尊和自信，重塑起其对生活的信心。

正如学者赵志立所说，危机后的重建是一个复杂、庞大的系统工程，它不是简单意义的"重建家园"、生产自救，而是站在更高层面上，促进经济和社会的可持续发展，实现经济、社会、生态效益的有机统一。②

（三）评价和总结

恢复工作结束后，要对恢复工作的效果进行全面的评价。这不仅是对过去工作的一个简单回顾，更是为了从经验中汲取教训，优化未来类似危机的处置模

---

① BOWEN S A. Expansion of ethics as the tenth generic principle of public relations excellence: a kantian theoryand model for managing ethical issues [J]. Journal of public relations research, 2004, 16 (1): 71-75.

② 赵志立. 危机传播概论 [M]. 北京：清华大学出版社，2009.

式，提高我们的危机预防和处置能力。恢复评价的目的远非简单的"算账"，而是要求深入剖析，透过真实、准确的数据和材料，揭示危机造成的危害和原因，进而深化对各种危机内在规律的认识。

恢复评价可以分为三个方面：一是恢复工作的阶段性评价。这包括对每个恢复阶段的目标完成情况、资源利用效率、工作进展速度等多个方面进行综合考量。通过阶段性评价，我们可以及时发现问题，调整策略，确保恢复工作按照既定计划有序推进。同时，阶段性评价也有助于我们积累宝贵的经验，为今后的危机恢复工作提供参考。二是危机管理的全过程评价。这涉及危机管理机构、危机预防措施、危机管理基础工作、组织形象等多个方面。对危机管理机构的组织架构、人员配备、运行机制等进行全面梳理，评估其在危机应对中的表现。同时，还要对危机预防措施的有效性进行检验，分析预防措施是否得当、能否有效降低危机发生的可能性。三是危机管理的基础工作评价，这也是评价的重要对象，如应急预案的制定、危机信息的收集与传递等，以确保基础工作的扎实有效。当然，还要关注组织形象在危机中的表现，分析组织在危机中的公关策略、舆情应对等，以提高组织在危机中的形象和声誉。

在评价的基础上，对危机管理工作进行总结，就是对危机管理工作的全面反思，有助于克服问题和弊端，进一步提升应对危机的能力。在危机管理的总结中一定要坚持实事求是的原则，认真查找危机管理中存在的问题，不回避、不掩盖、不隐藏处在危机事件后面的深层次问题，如制度缺陷、管理漏洞等，从中总结经验、吸取教训，以提高危机管理主体危机管理的水平及公众应对危机的能力，防范新的潜在危机。同时，还应从成功案例中提炼经验，形成可复制、可推广的危机管理模式，以不断完善危机管理体系、提高危机应对能力。

三、危机恢复管理的基本策略

（一）打破部门壁垒，多元资源共享

传统的危机恢复管理往往侧重于单个部门或机构的应急处理，而忽略了跨部门、跨领域的协同合作。在实践中，危机的发生往往涉及多个部门和领域。建立跨部门协同的危机恢复机制不仅有利于打破部门壁垒，实现资源共享和优势互补，还能确保危机恢复工作的全面性和系统性，避免出现漏洞和盲区。例如，在

灾后重建过程中，需要同时考虑基础设施修复、社会心理恢复、生态环境修复等多个方面，这需要多个部门的协同配合，共同推进。首先，应成立由多个部门和领域代表组成的危机恢复管理团队，明确各成员的职责和角色，确保信息的畅通和资源的共享。其次，建立跨部门协同的工作流程和沟通机制，确保在危机恢复过程中各部门能够迅速响应、协同作战。再次，加强对人员的培训和演练是提高协同能力的重要途径。通过组织跨部门培训，可以提高各部门人员对危机恢复工作的认识和理解，增强他们的协同意识和能力。最后，定期进行跨部门演练，模拟真实危机场景，可以检验各部门的协同效果，发现问题并及时进行改进。

建立跨部门协同的危机恢复机制还需要注重长期性和稳定性。通过制定相关政策和法规，明确各部门的职责，为跨部门协同提供制度保障。通过建立激励机制，对在危机恢复工作中表现突出的部门和人员进行表彰和奖励，激发有关人员的工作积极性和创造力。

在危机恢复管理中，多主体合作是提升恢复效率和质量的基础。通过构建多主体合作的危机恢复网络，可以整合各方资源，形成合力，共同应对危机。首先，须明确各主体的角色和职责。政府、企业、社会组织、社区和个人在危机恢复中都有各自的作用。政府应发挥主导作用，提供政策支持和资源保障，增强全社会对恢复工作和重建努力方向的认同，形成目标共识。同时促进更广范围内社会的有序参与，并使其了解计划或规划的步骤、路径、进度等重建状况。企业应积极参与恢复工作，提供必要的物资和技术支持。社会组织可以发挥桥梁和纽带作用，协调各方资源，促进信息共享。社区和个人则是危机恢复的基础力量，应积极参与恢复工作，共同维护社区的稳定和发展。其次，多主体之间应建立有效的沟通渠道，确保信息的畅通和共享。加强合作，共同制订恢复计划和方案，协同推进恢复工作。在合作过程中，应注重发挥各自的优势和特长，形成互补效应，提高恢复工作的效率和质量。最后，应注重对志愿者的利用与安排。危机发生后，一些志愿者可能就在现场，甚至卷入危机中，他们往往熟悉当地的情况，并可能已了解该危机前期处置的部分内容。这些志愿者不仅是重要的信息来源，更是恢复工作的重要力量，应充分发挥他们的信息优势与经验优势，与他们建立紧密的合作关系，共同应对危机带来的挑战。

（二）嵌入前沿技术，优化恢复管理

运用大数据和人工智能技术优化危机恢复决策，是数字化时代下显著提高危机恢复决策的科学性、准确性和效率，为快速有效地恢复社会秩序提供有力支持的有效策略。在数据收集与整合方面，危机发生后，通过技术手段收集和分析各类数据，包括社交媒体上的舆情信息、受灾地区的地理和气象数据、历史危机案例等，可以全面了解危机的性质、规模和影响范围。这些数据不仅有助于识别危机的关键问题和挑战，还为制定针对性的恢复策略提供重要依据。在数据分析与挖掘方面，人工智能技术可以进一步提升数据分析和处理的效率。通过利用机器学习、自然语言处理等技术，可以对大量数据进行自动化分析和处理，快速提取出有价值的信息和模式。例如，通过自然语言处理技术对社交媒体上的文本信息进行分析，可以实时监测公众的情绪变化和关注焦点，为调整危机恢复工作提供实时反馈。在决策模拟与推演方面，人工智能可以帮助构建预测模型，对危机的发展趋势和影响、危机恢复过程中的各种可能情况进行预测。决策者可以在不实际执行的情况下，评估各种方案的优劣和风险，有助于更加科学、合理地制定恢复策略，降低决策的风险和不确定性。

在跨部门协同与信息共享方面，通过使用大数据和人工智能技术构建跨部门的数据共享平台，不同部门实时共享危机恢复相关的数据和信息，打破信息孤岛，提高协同效率。同时，利用人工智能技术，可以对共享的数据进行自动化处理和分析，为各部门提供个性化的信息支持，促进跨部门之间的合作与协同。

需要注意的是，运用前沿技术优化危机恢复决策并不是一蹴而就的。在实践中，还需要结合具体情境和需求，不断调整和优化技术应用方案。同时，需要加强对相关人员的培训和教育，提高其数据素养和技术能力，确保技术能够真正为危机恢复管理提供支持。

（三）加强监督落实，重视动态整改

在应对危机的初期阶段，相关组织或人员往往能够保持高度的警觉和紧张感，但随着危机的逐渐平息，在危机恢复管理环节容易出现单位和人员松懈的情况。因此需要加强监督，对危机恢复计划的执行情况进行有效监控，确保各项措施得到切实落实，以最大限度地减少危机带来的损失，恢复组织的正常运作。

首先，要重视现场检查和巡视。现场检查能够直接发现问题，并及时采取措施予以解决，确保恢复工作的顺利进行。为此，应安排专门的监督团队或人员，定期或不定期地对恢复工作现场进行实地检查和巡视。相关监督人员需要具备丰富的经验和专业知识，能够准确判断恢复工作的进展情况和存在的问题。在现场检查过程中，可以通过现场观察、与工作人员交流、检查相关记录等方式，关注恢复工作的实际进展和效果、资源利用情况、人员配备等。

其次，可以引进第三方评估监测。委托专业的第三方机构或专家对恢复工作进行评估，全面检查恢复工作的各个方面，包括计划的执行情况、资源的利用效率、恢复效果等，确保评估的客观性和公正性。评估结果也可以作为改进工作的依据，为后续的危机恢复提供经验借鉴。

最后，应建立公众监督机制，鼓励社会各界对恢复工作进行监督和评价。公众是危机恢复工作的直接受益者，他们对恢复工作的进展和效果有着切身的感受。通过建立公众监督机制，可以让更多的人参与到恢复工作的监督中来，发挥社会公众的积极性和创造力。公众可以通过举报、投诉等方式，对恢复工作中存在的问题进行反映，促使相关部门和人员及时采取措施进行改进。对于在恢复工作中存在失职、渎职等行为的人员，应依法依规进行严肃处理，以儆效尤。

复习思考题

一、名词解释

1. 卓越公共关系理论

2. 形象修复理论

3. 危机恢复管理

二、简答题

1. 危机传播监测预警的主要功能有几个，分别是什么？

2. 危机传播监测的维度有哪些？

3. 在危机传播中媒体如何充分运用议程设置进行应对？

三、论述题

1. 政府、商业组织、社会公益组织在遇到危机传播时，分别应该怎么应对？它们之间有什么异同？

2. 请结合相关案例谈一谈，互联网时代技术的进步对危机恢复管理有何作用。

第七章

重大突发事件的危机传播管理

在现代社会，重大突发事件的发生频率和影响范围日益增加，从自然灾害到公共卫生危机，从企业丑闻到社会安全事件，每一起突发事件都可能在短时间内引发广泛的公众关注和强烈的社会反响。在危机管理的视角下，政府、专家系统和机构媒体在处理突发事件及发布相关信息的时间上，与公众对突发事件的"围观"和"直播"往往并不同步。[1] 在此背景下，危机管理已成为转型中的中国在国家治理过程中必须面对的一个重要挑战。[2] 危机传播管理不仅仅是应对舆论的工具，更是维护社会稳定、保护公众利益和提升组织形象的关键环节。在信息爆炸和社交媒体高度发达的时代，舆论传播的速度和广度前所未有，危机传播管理需要更高的专业素养和更敏锐的应对策略。本章将从理论与实践结合的角度，通过国内经典案例深入探讨如何在危机中进行有效的传播管理，确保信息的及时、准确传递，避免不实信息的扩散，最大限度地减少危机对社会和组织的负面影响。

第一节　自然灾害事件的危机传播管理

随着互联网的发展，中国的互联网用户数量一跃成为全球第一，网络已经成为人们了解时事、表达情感的重要渠道。近几年来，各种突发性自然灾害事件的爆发，各类真假信息在互联网上快速传播、发酵，并形成了一系列的舆情热点。为此，迫切需要对突发自然灾害中的舆情进行监控，并对其发展特性进行研究，以做好舆情引导。本节以四个近年来发生的高影响突发自然灾害事件作为分析对象，探讨此类突发事件舆情发展趋势及关注重点，并在此基础上提出自然灾害事件危机管理的相关建议。

---

[1]　张健. 媒介技术带给突发公共事件的新风险：基于社会时间概念的反思 [J]. 江淮论坛，2022 (6)：135-142.

[2]　赖诗攀，何彬. 动员模式与普通官员行为：以公共危机管理为例 [J]. 中国行政管理，2017 (8)：90-94.

一、自然灾害事件案例

（一）台风"利奇马"登陆事件

1. 事件概况

2019 年第 9 号台风"利奇马"于 8 月 4 日下午生成。8 月 10 日 1 时 45 分，"利奇马"在浙江温岭城南镇首次登陆。8 月 11 日 20 时 50 分，"利奇马"在山东省青岛市黄岛区二次登陆。由于此次台风登陆时强度显著，陆地滞留时间长，降雨强度极大，呈现出显著的极端性特征，大风影响范围广泛且持续时间较长，致使浙江、山东、上海等省市多地受灾严重，引发社会各界广泛关注。

2. 舆情分析

由于风雨强度大、持续时间长、影响范围广、破坏力大，台风"利奇马"登陆迅速成为一起备受瞩目的舆情事件，引起了社会各界的广泛关注。这起自然灾害事件的舆情体现出以下特点：

（1）官方主导舆情发展趋势，积极传播救灾抢险正面事件凸显媒体责任。在网络时代的浪潮下，台风"利奇马"不仅是一场突发的自然灾害，更是一次引发广泛关注和讨论的网络舆情事件。这一事件不仅关乎着受灾地区人民的生命和财产安全，更牵动着全国乃至全球网民的心。在台风"利奇马"的网络舆情演化过程中，官方媒体和政府机构扮演了举足轻重的角色，在以度中心性（degree centrality）为衡量指标的节点影响力排名中，前十名影响力节点近一半为官方媒体和政府机构。[①] 央视网、人民网、新华网等媒体及其媒体官微积极传播抢险救灾时出现的典型人物与正面事件。

（2）微博的平台传播量位居首位，社交媒体成为传播的主要平台。微博平台数据显示，"台风利奇马""台风利奇马登陆""台风利奇马袭来""台风利奇马今晚登陆山东""台风利奇马遇难人数"等话题，阅读量均达到上亿次，讨论量和互动量达到上万次，热度较高，微博成为媒体、网民传播"利奇马"相关信息的主要平台。实证分析表明，社会公众在发生重大自然灾害事件时，会通过

---

① 陈健瑶，夏立新，刘星月 . 基于主题图谱的网络舆情特征演化及其可视化分析［J］. 情报科学，2021，39（5）：75–84.

社交媒体来表达自己的情绪、处境以及所见所闻，这一现象能够在很大程度上反映灾难发生时的人类活动。[①] 同时，通过社交媒体上的相关信息，我们可以观察到人们在灾难中的行为模式、心理变化及社会互动等方面的特点，这对于了解灾难的影响、评估灾区的需求与制定有效的救援和恢复策略具有重要的参考价值。

表7-1　台风"利奇马"相关话题数据统计表（数据来源：微博）

话题	阅读量/亿次	讨论量/万次	互动量/万次
台风利奇马	17.4	51.8	61.8
台风利奇马登陆	6.5	9.9	11.8
台风利奇马袭来	6.2	31.0	37.6
台风利奇马今晚登陆山东	3.4	5.2	6.2
台风利奇马遇难人数	2.7	3.1	3.7

（3）负面情绪较浓，公众对社会与人身财产安全关注度高。台风"利奇马"登陆的6天内，悲伤是情绪的主基调，不断出现的恐惧则是公众对这次巨灾事件严重程度最明显的反应；在台风"利奇马"登陆的整个过程中，公众的负面情绪占绝大部分，公众情绪以悲伤和恐惧为主，普遍担忧社会安全、生活环境和周围人的生命健康，并基于灾害造成的严重后果，对政府公信力和救援工作产生怀疑。[②]

（二）四川凉山木里县火灾事件

1. 事件概况

2019年3月30日18时许，四川省凉山州木里县雅砻江镇立尔村发生森林火灾，着火点在海拔3 800米左右，地形复杂、坡陡谷深，交通、通信不便。截至2019年4月4日15时15分，这次森林火灾已确认遇难31人。2019年4月5日，火灾确认为雷击火，整个火场得到全面控制，已无蔓延危险，火场总过火面积约20万平方米。

---

① 郑苏晋，郭海若，宋姝凝，等. 社交媒体数据对台风灾害的预警研究：以利奇马台风为例 [J]. 管理评论，2021，33（10）：340-352.

② 陈凌，宋衍欣. 基于公众情绪上下文的 LSTM 情感分析研究：以台风"利奇马"为例 [J]. 现代情报，2020，40（6）：98-105.

2. 舆情分析

四川省凉山州木里县突发森林火灾事件不仅造成了重大人员伤亡，还在舆论场上掀起了轩然大波。火灾发生后，各种信息通过不同渠道迅速传播，公众情绪也随着事件的发展不断变化，整个舆情事件呈现出以下特点：

（1）突发性与高关注度。由于火灾造成了包括救火人员在内的 31 名人员牺牲，这一惨痛事实迅速成为舆论焦点。该事件影响力大，传播范围广，事件热度高，舆论关注时间长。除国内主流媒体报道之外，国外主流媒体如美联社、路透社、法新社、《纽约时报》、英国广播公司（BBC）等也对该事件予以报道。

（2）以人道主义关怀积极引导舆论。一方面，应急管理部官网和官方微信公众号界面均以黑白色调为背景，这一简约举措有助于传递哀悼和沉痛之情，同时体现出对受灾群众的慰问和支持。另一方面，在凉山州西昌市和木里县，官方以降半旗的方式致哀，这不仅是一种仪式上的表达，更是对遇难者及其家属的敬意和悼念。这些举措有助于积极引导公众情绪，增强社会凝聚力。

（3）舆论整体向好，大多为悼念扑火英雄。在火灾救援过程中，救援人员英勇无畏的事迹被广泛传播，成为舆情中的重要内容。媒体详细报道了牺牲消防员的个人故事和英勇行为，社会各界对英雄的敬仰和悼念形成了强烈的正能量，进一步增强了公众对救援人员的认可和尊重。

（4）经济发达地区更为关注本次火灾事件。在舆情关注的空间分布方面，江苏省的网友表现出最高的关注度，紧随其后的是广东省的网友，这些经济发达地区的网友对事件的关注程度也较为突出。这种地域上的关注差异反映了不同地区对事件可能产生影响的关注度和敏感度，同时揭示了地域发展水平与舆情关注度之间的潜在联系。

（三）九寨沟地震事件

1. 事件概况

2017 年 8 月 8 日 21 时 19 分 46 秒，四川省阿坝州九寨沟县发生 7.0 级地震，震中位于北纬 33.20 度、东经 103.82 度，九寨沟核心景区西部 5 公里处比芒村。截至 2017 年 8 月 13 日 20 时，地震造成 25 人死亡，525 人受伤，6 人失联，176 492 人（含游客）受灾，73 671 间房屋不同程度受损（其中倒塌 76 间）。

2. 舆情分析

通过对事件的时间持续、空间分布和舆论情绪三个方面的详细分析，可以全面了解在重大自然灾害背景下的舆情演变特征。九寨沟地震事件的舆情特点反映了现代社会中政府应对突发事件的能力、公众的关注焦点，以及媒体和社交平台在信息传播中的作用，具体如下：

（1）政府积极合理地应对地震，快速消解舆情。在九寨沟地震事件中，政府积极合理的应对措施大幅缩短了公众持续关注的时间。地震发生后，习近平总书记作出重要指示，要求各级党委政府部门立即开展救援、尽可能减少人员伤亡；国家旅游局（现文化和旅游部）第一时间启动应急预案，开通国家旅游服务热线12301；四川省旅游发展委员会从统计游客伤亡情况、协调旅行社和酒店的救灾工作到管理地方旅游部门、舆论控制等方面做出了应急工作安排。① 这种高效、透明的应对措施不仅稳定了公众情绪，也增加了公众对政府的应急管理能力的信任，减少了长期关注和猜测的时间。特别是对于重大突发事件来说，政府的快速响应和信息透明是防止舆论失控、保持社会稳定的重要手段。

（2）经济发达地区关注度更高。九寨沟作为全国著名的旅游胜地，其地震事件不仅引发了四川省内的高度关注，也吸引了其他省份尤其是经济发达地区的广泛关注。根据网络数据分析，广东、浙江、安徽、江苏等经济发达省份的关注度甚至超过了四川本地。这一现象可以归因于九寨沟的旅游吸引力，使得这些省份的游客群体对该事件特别关心。同时，这些地区的媒体传播力和公众的媒介素养也较高，他们能够迅速获取和传播关于地震的信息，进一步扩大了事件的影响范围。这种高关注度反映了经济发达地区对公共安全事件的高度敏感性和舆论引导能力。

（3）整体舆论呈现出积极正面情绪。在九寨沟地震事件发生后，媒体通过有针对性的议程设置和迅速准确的辟谣，有效引导了公众的舆论情绪。具体来看，官方媒体和各大新闻平台在第一时间发布权威信息，消除谣言和不实消息，同时强调救援进展和正面事迹。这些报道内容不仅增强了公众对政府应对措施的信心，也激发了网友的同情心和正能量。大量网友在微博上为灾区人民祈福加油，表达支持和慰问，形成了一种积极向上的舆论氛围。

---

① 吴仁献，谢朝武，谈天然．突发事件政务舆情内部人际传播机制研究：以8·8九寨沟地震旅游政务微信传播为例［J］.情报杂志，2019，38（9）：118-125.

（四）河南特大暴雨灾害事件

1. **事件概况**

2021 年 7 月 20 日 8 时至 21 日 6 时，河南省遭遇历史罕见特大暴雨，全省平均过程降雨量 223 毫米，285 个气象站超过 500 毫米；有 20 个国家级气象站日降雨量突破建站以来历史极值，其中，7 月 20 日郑州气象观测站最大小时降雨量突破我国有记录以来小时降雨量历史极值。多条河流发生超警以上洪水，郑州、新乡、鹤壁等多地遭受特大暴雨洪涝灾害，受灾范围广、灾害损失重、社会关注度高。

灾害造成河南省 150 个县（市、区）1 478.6 万人受灾，因灾死亡失踪 398 人，紧急转移安置 149 万人；倒塌房屋 3.9 万间，严重损坏 17.1 万间，一般损坏 61.6 万间；农作物受灾面积 873.5 千公顷；直接经济损失 1 200.6 亿元。

2. **舆情分析**

河南特大暴雨灾害事件不仅造成了广泛的物质损失和人员伤亡，还在社会舆情领域引发了极大的反响。通过深入分析这次灾害的社会关注度、舆论焦点和舆情演变，可以更好地理解在重大自然灾害背景下的舆情特征及其演变规律。河南特大暴雨事件的舆情呈现如下特点：

（1）广泛的影响和严重的损失，引发了极高且持续的社会关注。极端气象灾害和郑州特殊的地理条件是河南特大暴雨灾害的直接成因，城市"生命线"业务中断是灾害破坏力升级和辐射面扩大的重要致因。[①] 多种因素叠加，致使郑州市遭受重大人员伤亡和财产损失，并导致大面积停水停电停网，严重影响城市正常运转，郑州市因灾死亡失踪 380 人，占全省因灾死亡失踪人数的 95.5%。[②] 本次灾害影响范围广泛，损失惨重，进一步加深了公众的关注和焦虑情绪。

（2）舆情自下而上发酵，舆论领袖和草根群众作用明显。一方面，地铁被困人员及众多普通网友通过微博、抖音和微信等平台发布或转载求救信息，不断引发舆论关注；另一方面，微博大 V 转发扩散求救信息，以扩大消息覆盖面。舆论领袖与草根群众在本次灾害事件中扮演着重要角色，致使舆情热度不断上涨。

---

① 王永明，郑姗姗. 地方政府应急管理效能提升的多重困境与优化路径：基于"河南郑州'7·20'特大暴雨灾害"的案例分析 [J]. 管理世界，2023，39（3）：83-96.

② 张楚汉，王光谦，李铁键. 变化环境下城市暴雨致灾防御对策与建议 [J]. 中国科学院院刊，2022，37（8）：1126-1131.

（3）大量不实谣言与流言充斥网络，次生舆情频发，舆情风险点多。一方面是大量谣言的传播。7月20日晚有网友在微博中发布图片和聊天截图，传播鲨鱼跑出郑州海洋馆的谣言，还有网友发布虚假截图称郑州进入灾难一级战备。由于公众在重大突发事件中判断能力较低、易被煽动、不理智的特点，谣言与流言的快速传播大大增加了舆论场的复杂程度。另一方面是一些企业利益至上、蔑视生命的灾难营销行为引发众怒。郑州某本土房企集团发布"居住高地，让风雨只是风景""就算大雨让这座城市颠倒，有车位无烦恼"等广告语，遭到了广大网友的厌恶抵制，使舆论场中的情绪极化。

（4）正负面情绪交织，舆论声势浩大。一方面，郑州海绵城市建设、暴雨预警和应急响应联动机制遭受民众质疑，高价酒店发国难财等事件的曝光，引发公众的负面情绪。另一方面，腾讯、阿里巴巴、京东等几十家国内知名企业陆续宣布驰援河南，则赢得公众好感，衍生出"野性消费"。正负面舆论交织的情况使得舆论的关注度进一步上涨，也增加了舆情的治理难度。

二、自然灾害事件的舆论演变特征

在台风等自然灾害发生前，往往是有预警的。针对这一情况，一开始舆论主要聚焦在这一自然灾害动态、可能造成的影响，主要是对于自然灾害发生地区的影响，同时包括官方发布的自然灾害预警、应急部署和防范措施等。以2020年第4号台风"黑格比"为例，在台风登陆前，主要议题为"台风黑格比登陆""台风黑格比即将在浙江登陆"。

自然灾害发生之后，舆论主要关注自然灾害相关信息、影响及灾害损失、受灾救灾情况等。在事件爆发期和蔓延期公众主要关注议题均为自然灾害带来的伤亡情况和灾后救援，以及灾后救援的牺牲英雄，对于灾害发生原因也有一定关注。这一时间舆论的情绪大多是悲伤的。在四川凉山火灾中，对于救火英雄牺牲的关注分布在整个事件当中，引起极大讨论和关注，人们往往自发悼念牺牲英雄。在云南漾濞6.4级地震事件、四川凉山火灾事件中，人们对于地震发生原因和林火爆燃原因也有极大关注。

在自然灾害发生后期，舆论转到对于灾后重建、救援措施、风险排查等方面，也意味着对于自然灾害的关注即将告一段落。尽管在自然灾害中，公众关注的焦点有所不同，但是关注点都集中在灾难本身及其对社会的影响上，这一点也能看到重大自然灾害所带来的巨大冲击和强大的社会反响。

总之，随着自然灾害的发生及其造成影响的变化，社会舆论关注的议题也不断变化，分为发酵期、爆发期、蔓延期、衰退期四个阶段。

表 7-2　四个突发自然灾害事件的舆论阶段划分与关注议题

事件	舆论阶段划分		阶段关注议题
台风"利奇马"登陆	发酵期	2019 年 8 月 8 日—8 月 9 日	台风动态
	爆发期	2019 年 8 月 10 日—8 月 12 日	台风带来的天气影响及人员伤亡情况
	蔓延期	2019 年 8 月 13 日—8 月 14 日	中央气象台停止对"利奇马"编号
	衰退期	2019 年 8 月 13 日—8 月 15 日	台风动态后续、救援措施
四川凉山火灾	发酵期	2019 年 4 月 1 日 13—19 时	森林火灾扑火消防员牺牲
	爆发期	2019 年 4 月 1 日 22 时—4 月 5 日	烈士悼念活动、森林火灾林火爆燃原因
	蔓延期	2019 年 4 月 6 日—4 月 8 日	林火出现复燃
	衰退期	2019 年 4 月 8 日—4 月 16 日	火灾得到有效控制
九寨沟地震	发酵期	2017 年 8 月 8 日 21—22 时	九寨沟突发 7.0 级地震
	爆发期	2017 年 8 月 8 日 21 时—8 月 9 日 9 时	现场情况及人员伤亡情况
	蔓延期	2017 年 8 月 9 日—8 月 11 日	救援进展、震后恢复及捐款情况
	衰退期	2017 年 8 月 11 日—8 月 14 日	震后恢复情况及悼念死者
河南特大暴雨灾害	发酵期	2021 年 7 月 20 日 12—18 时	暴雨实况
	爆发期	2021 年 7 月 20 日 18 时—7 月 21 日 9 时	救助信息、郑州地铁 5 号线伤亡情况及救援行动
	蔓延期	2021 年 7 月 21 日—7 月 29 日	救援行动及捐款驰援行动
	衰退期	2021 年 7 月 30 日—8 月 18 日	对风险隐患进行排查整治

三、自然灾害事件的网络动员

网络动员是指组织和个人等通过互联网来达到一定的目的，通过对事件进行宣传、号召、动员、组织等活动，对事件的过程产生影响，具有组织性、低成本、快速传播和广泛性的特征。互联网为进行广泛而具有影响力的动员活动提供了人群资源、信息资源、组织效力、操纵效力和多元的动员方式，[①] 使得网络动员已成为重大突发事件中一项越来越重要的动员活动。而在自然灾害事件中，网络动员呈现出不同于其他公共事件的作用机制。

（一）政府主导动员模式发生转变

在网络社会中，社会管理者和社会成员之间的关系形成了不同于以往的新形态，传统的由上而下的政府主导动员模式有所转变，建立在工业社会基础上的传统政府管理模式面临着不可回避的困境。[②] 在互联网环境中，公众获得了信息权和话语权，表达自由度和表达速度相比于政府、媒体都要更高、更灵活，许多重大突发事件的信息一开始是由公众率先发布在网络上，引起一定的讨论和关注后，官方再开展通报和引导等活动。虽然政府可能是出于信息真实和准确的要求，从而严格掌控信息发布，但是在信息瞬息万变的互联网中，此类做法会迫使政府主导动员的方式改变，政府从原来的社会动员角色向重要信息的核实者与权威信息的发布者转变。需要注意的是，在自然灾害事件中，政府的动员主导地位并没有丧失，一是政府进行的信息核查与权威信息发布在自然灾害事件中对于稳定民心和告知形势极为重要；二是以央媒为代表的官方媒体在网络上具有广泛的影响力，能在事件进展中引导网络舆论。比如在四川凉山火灾事件中，央视网、中国青年网、人民网等几十家媒体关注报道的火灾牺牲人员被评为烈士、举办悼念活动等事件，得到了全网大量的关注、转发、评论，在网络上形成了悼念英雄、尊崇英雄的氛围。

---

① 岳璐，袁方琴. 突发公共事件传播中网络动员的基本态势与运作机制［J］. 湖南师范大学社会科学学报，2014，43（4）：145-151.
② 宋辰婷，刘少杰. 网络动员：传统政府管理模式面临的挑战［J］. 社会科学研究，2014（5）：22-28.

（二）民间自发网络动员地位凸显

民间自发网络动员愈发成为一股强大力量。互联网传播使得数以亿计的人以极低的成本卷入同一个事件中。在事件刚发生时，公众对于该事件的关注和讨论大多是零散琐碎的，随着事件的发展，越来越多拥有更多话语权的意见领袖进行发声，将事件信息和观点在更大的范围内传播，使之得到更多人的关注，从而影响公众的观点。由于意见领袖本身就有一定的关注积累，又善于运用文字来引发共情，所以往往能在网络动员中形成一股强大力量，甚至改变事件走向。例如在2021年7月20日晚，有网友在微博发布自己被困在郑州地铁5号线的信息进行求助，以微博大V为代表的许多意见领袖通过转发和联系相关救援机构，一定程度上促进了救援行为。但是也需要注意，民间自发网络动员中不乏一些失范的现象。在重大突发事件下的群体具有情绪化、易被煽动、不理智的特点，面对大量信息往往会丧失自主判断力，这样就很容易被一些具有攻击性、煽动性的不实言论所影响，导致过度恐慌情绪乃至对抗情绪被激发。比如河南暴雨事件中，有网友在微博中发布图片和聊天截图，传播郑州海洋馆的鲨鱼跑出的谣言，还有人发布虚假截图称郑州进入灾难一级战备，这些不实信息在网络上被大量传播，加剧了人们的恐慌。

（三）情感动员模式

从社会层面来看，情感不仅是社会团结和稳定的重要纽带，还是社会行动的直接动力。[①] 社会运动的组织者必须懂得爱、恨、信任、尊敬、忠诚、愤怒、悲伤、羞耻等与社会运动相关的情感因素对于运动参与者的影响，这能积极调动有利于动员的因素，排除不利于动员的因素。[②] 部分学者认为，在微博动员中，参与者的情绪波动常常会对其参与公共事件的程度和参与的方式产生直接的影响。[③] 因此，在自然灾害事件这类容易引起人们悲伤、无力等消极情绪的事件中，网络动员通常注重采取情感动员的方式。例如，人民网在报道凉山火灾事件烈士牺牲中，多次使用"英雄回家，一路走好""兄弟们接你回家了""泪别"

---

① 孙卫华，咸玉柱.同情与共意：网络维权行动中的情感化表达与动员［J］.当代传播，2020（3）：93-97.

② 邱林川，陈韬文.新媒体事件研究［M］.北京：中国人民大学出版社，2011：48.

③ 杜忠锋，郭子钰.微博舆情中情感选择与社会动员方式的内在逻辑：基于"山东于欢案"的个案分析［J］.现代传播（中国传媒大学学报），2019，41（8）：20-24，29.

"与大火赛跑"等话语，构建"艰难""无奈"等情感体验空间，激发网友的敬仰、怜悯等情感，还运用"蜡烛""哭脸"等表情来直接表达情绪，加深了情感表达。

（四）舆论动员与行为动员相互交织

网络舆论动员与网络行为动员齐发力。有些网民除了在网上表达自己的悲痛、鼓励和安慰等情绪，还利用网络发动了一系列的活动，为那些受到影响的人提供了实际的帮助。例如，在地震和台风等灾难中，很多人都在网上进行捐款，以帮助灾区的救灾和重建。

四、自然灾害事件的舆论影响

相对于其他公共危机而言，自然灾害危机具有突发性、季节性、地域性和不可控制性等特点。与此同时，当自然灾害危机爆发时，媒体的传播使得其威力更强、更具有天然的冲击力，能够直接影响到公众的情感，使他们的心态发生改变，从而骤然产生一股"舆论浪"。

（一）受灾谣言肆意传播，拼凑信息不断发酵

互联网时代，突发自然灾害事件的传播除了以事件发展为基础，还包括以个体为基础的意见与情感的传播，这使得信息的传播规模变得越来越大，传播的速度也越来越快，呈现出辐射式、交错式的传播链，很难对其进行有效的阻断，极易造成突发自然灾害舆论的难控化和无序化。在纷繁复杂的信息之中，谣言往往是伴随着真理一同流传开来的，并且呈现出隐蔽性、非理性的特征。一般来说，谣言传播的过程中，通常会添加说服性、善意提示性、权威性来源和因果逻辑，以增强"真实"的程度。因此，在事情发生的早期，公众对事实的了解模棱两可，很难分辨出信息的真假，谣言往往会比真实的情况更加容易被人所相信。

（二）自然灾害新闻成为舆论传播和讨论的焦点

互联网所具备的开放性、共享性、虚拟性、匿名性等特征，显著地降低了信息传播的门槛，提升了公众在信息交流与表达方面的自由度和广度。[①] 同时，数

---

① 苏宏元，王月琳. 智能传播时代网络舆论生态变化及其治理 [J]. 中国编辑，2022 (12)：21-25，31.

量庞大的网民群体及重大突发自然灾害与公众生命财产安全密切相关致使相关事件极易成为网络上的热门话题。一般来说,在突发事件中,牵连人数越多,消息的传播速度就会越快,特别是在当前互联网高度发达的时代背景下,信息传播呈现出前所未有的即时性和互动性。每个个体都能借助网络平台迅速发表自身观点,相关信息迅速汇聚成庞大的信息流,并在短时间内吸引大量网民的注意。由此产生的社会影响力和冲击力不容小觑,往往对社会秩序和公众心理造成显著影响。以自然灾害为例,灾害发生后的一小时内,相关信息极有可能登上微博热搜榜的榜首,成为公众关注的焦点。众多媒体机构会基于信息的热度和流量,迅速创作并发布相关新闻报道,这些新闻在社交媒体和新闻网站等渠道迅速传播,进一步扩大了事件的影响力。与此同时,公众对于突发事件的看法和意见也会随着时间的推移而逐渐显现,情感的表达可能助推相关舆情的进一步发酵与传播。

(三)舆论极化固化灾害讨论立场,增加管理难度

自然灾害事件中的舆情存在着表达主体群体失衡与诉求复杂、平台割裂与传播偏向、观点分化与共识缺失等问题。由于自然灾难事件中的舆情大多是公众观念或在互联网上集聚形成的意见,其参与主体多元、信息海量,致使舆情复杂多样。当自然灾害等危机事件发生时,网民往往会迅速聚集,并发表大量带有强烈情感色彩的言论。同时,由于信息的不对称和公众心理的复杂性,很容易形成"站队"现象,即公众倾向于支持与自己情感倾向一致的立场,而对不同观点产生排斥和抵触。然而,当情感成为主导,公众往往容易忽视对客观事实的深入分析和理性判断,没有基于坚实的事实依据,舆情容易走向极化。此外,由于从众心理,不少网友在网上肆无忌惮地发帖,宣泄着自己内心的种种怨气。一方面,它促使越来越多的公众站在自己的立场上发表意见,另一方面,它的负面效应也在不断地放大,加大了政府舆情治理的难度。

五、自然灾害事件的传播策略

(一)建立灾害重点公布信息档案,健全对话机制回应各方关切

在自然灾害事件突发的情况下,政府新闻发布的时间选择,首先要做到"快"。及时通知是政府在对外宣传中应遵循的一项重要原则,在应对突发性自

然灾害时，应抓住"突发性"这一特点。如果官方的声音来得太晚，就会引起公众的猜疑，从而滋生出网络上的流言，甚至引发公共危机。2016 年，国务院办公厅在《关于在政务公开工作中进一步做好政务舆情回应的通知》中明确表示，对涉及特别重大、重大突发事件的政务舆情，要快速反应、及时发声，最迟应在 24 小时内举行新闻发布会。对其他政务舆情应在 48 小时内予以回应，并根据工作进展情况，持续发布权威信息。这就需要政府在应对突发性自然灾害的信息发布时，建立健全相应的预警机制。其次要把握好时间点。政府部门应利用舆论监控，对可能出现的舆论危机点进行捕捉，适时将灾害的具体情况和调查结果等关键问题公布给社会，以消除公众的疑虑，掌握话语的主动权。最后，还需要有持续的信息披露。尤其是对与二次灾害相伴的突发自然灾害，要及时通报新情况和新举措，掌握信息发布的节奏，保障公众的知情权。

此外，还需要在各级政府间持续改进对话机制。第一，要打造以均衡为重点的对话模式。在表述问题时，要坚持实事求是的原则，不回避问题，不含糊其词，不纠缠不休。同时，要善于倾听，收集、分析和判断舆论，倾听民意。第二，要充分发挥多层次的对话平台，以提高对话的有效性。除了在记者招待会上与媒体进行互动对话之外，政府也要采用圈层化的传播战略，将官方新媒体的作用发挥到极致，在微博、微信公众号、抖音、哔哩哔哩等新媒体平台上，对公众的关注给予积极的回应，让不同圈层的观众形成多元的共识。第三，在话语的运用上，要摒弃官话和套话，以求表达自己的诚意和感染力。官话和套话往往空洞无物，缺乏真实的情感和具体的内容，难以引起受众的共鸣和信任。而真诚的表达不仅能够更好地传达信息，还能有效地拉近与公众之间的距离，增强沟通的效果。因此，在处理危机时，务必注重语言的真实性和贴近性，用真情实感打动人心，以实现更有效的危机传播与社会治理。

（二）以道德价值为准绳，增强"共同体意识"，提高政府灾后重建的效率

"共同体意识"是一种社会责任感和归属感，它能使公众在面对危机时更加团结一致，共同应对挑战。增进公众的国家归属感，是在"四个共同"的多民族交融汇聚史中，牢固树立休戚与共、荣辱与共、生死与共、命运与共的共同体理念，不断强化"五个认同"，用故土家园的情结凝聚起最广大同胞的政治文化

认同，使中华民族共同体成员深刻感知领土的重要意义。① 因此，在引导层面上，首先应以提升公众的家国情怀为出发点，号召公众积极投身到家园建设中来。为此，政府应增强公众的"国"意识，引导公众做出正确的价值判断和价值抉择。其次，要增强公众的责任感，促使他们主动担负起建设家园的义务。在公共信息公开过程中，政府应明确官方的职责，使公众对官方职责有清晰的认识。这不仅能提升政府的透明度和公信力，还能使公众更好地理解和配合政府的工作。最后，增强公众的政治认同感，使其能够有序地应对突发事件。这是一个长期的过程，也是一个漫长的过程。要充分调动公众对突发自然灾害事件的了解和治理参与，就必须在平时强化党建教育和政治教育，并构建正常的交流机制，防止政府失去对突发事件的导向作用。

同时，政府需要建立健全信息公开和透明度制度，确保信息透明、及时公开，增强公众对政府的信任和支持。第一，在突发自然灾害事件发生时，政府应及时、准确地向公众发布信息，避免谣言的传播和民众的恐慌。第二，政府应建立多渠道的沟通机制。通过新闻发布会、社交媒体、官方公告等多种方式，及时与公众沟通，解答疑虑，回应关切。第三，政府应积极推进公众参与的机制。通过培训、演习等方式，提高公众在面对危机时的自救和互救能力，使其在突发事件中能够积极应对；通过社区活动、志愿者组织等方式，鼓励公众参与灾后重建和救援工作，以此增强公众的责任感和参与感，形成全民动员、共克时艰的良好局面。第四，政府应重视公众意见和建议的反馈机制。倾听公众的声音，吸纳合理的意见和建议，不断改进和完善危机治理的各项措施。这种良性互动不仅能增强政府的公信力，还能让公众感受到自身的价值和作用，进一步增强共同体意识。总之，在危机面前，增强"共同体意识"，能够促进政府与公众齐心协力，最大限度地减少灾害带来的损失和影响，实现社会的长治久安。

（三）强化共情传播疏导消极情绪，鼓舞公众积极乐观参与灾后重建

共情传播是一种建立在共情现象基础上的传播学理论，诠释了公众在获取信息后的心理特征与情绪变化，是危机事件中用户心理与情绪共振特征分析的有效

---

① 王伟，丁怡. 铸牢中华民族共同体意识与增进国家意识的机理研究［J］.西北民族研究，2023（6）：16-25.

视角。① 在面对自然灾害时，人们往往情绪波动较大，因此，坚持以感情为基础，强化共情传播，更好地引导公众情绪，凝聚共识，提升其应对灾害的能力。首先，应该以感情为基础，通过讲述灾区的感人事迹、揭示幸存者的生命力等情感化的叙事方式来引发公众的共鸣和同情，从而激发他们的爱心和关怀，促使他们积极参与到灾后救援和重建工作中。其次，要强化共情传播，通过报道灾区人民的真实生活、展示他们的坚强和乐观等方式，让公众产生更强烈的同情和认同感，从而积极参与到救灾和援助工作中去。

面对自然灾害等危机事件，通过正面宣传和发布积极向上的信息，引导公众正确看待灾难，保持乐观心态，增强战胜困难的信心和勇气，是舆论引导中的重要策略。习近平总书记高度重视正面宣传对于舆论引导的作用，他提出："充分发挥正面宣传鼓舞人、激励人的作用。"② 突发性灾难事件具有毁灭性的特点，常导致公众情感受损，形成悲观失望的社会情绪氛围。因此，在报道灾害时，新闻媒体应注重传播积极向上的信息，强调团结协作的重要性，展示公众互帮互助的感人事迹，增强社会的凝聚力和共同抗击灾害的信心。正面报道不仅能够有效消解公众恐慌和担忧等负面情绪，还能激发公众的责任感和参与感，促使他们积极投入到灾后重建和救援工作中，从而更有效地应对自然灾害，减少灾害带来的损失和影响。

六、自然灾害事件的危机管理策略与应对机制

目前我国政府与媒体在应对自然灾害舆情时已有一定经验，但是仍存在着一些问题。自然灾害事件波及面广、危害性大、突发性强，在自然灾害事件中公众往往心理脆弱，容易产生无助感和心理失衡，种种因素使得自然灾害舆情复杂多变。因此，应对自然灾害舆情不是政府或者媒体的独角戏，而是需要政府、媒体、公众三者合力，互相连通，用科学合理的方法共同应对。

（一）政府要健全自然灾害舆情治理机制，主导自然灾害信息发布和灾后重建恢复

政府是自然灾害及其舆情应对的领导者和决策者，在整个应对过程中发挥着

---

① 唐润华．用共情传播促进民心相通［J］.新闻与写作，2019（7）：1.
② 习近平．习近平谈治国理政（第一卷）［M］．北京：外文出版社，2018：155.

统筹全局、充当权威的重要作用，政府行为应该贯穿于自然灾害舆情事件发生的前、中、后三个时期。

在自然灾害舆情事件发生前，应加强舆情监测、研判与应对策略的制定，做到防患于未然。在做好自然灾害的监控工作中，应进一步健全舆论监控体系，强化重大事件和突发事件的应急处置机制，培养相关部门和人员的应急意识，确保相关人员在自然灾害发生时保持冷静，避免因人员或设备等问题增加舆情的复杂性。同时，处于自然灾害高发的地区或自然灾害多发的时期，政府应重视在日常生活中普及自然灾害防护知识，提升公众的应对能力，减轻公众恐慌情绪。

在自然灾害舆情事件发生期间，舆情应对处于关键阶段，此时政府发布权威信息和进行灾害处置的作用尤为重要。首先，政府应及时公开灾情详细情况。在自然灾害发生时，公众处于无序恐慌的状态，迫切需要详细且可靠的灾情信息。官方及时具体的信息公布不仅能让政府从一开始就掌握舆情主动权，而且还能在一定程度上减少谣言的滋生和蔓延。相反，如果政府未能把握这一黄金时期，或信息公开程度无法满足公众需求，则会进一步加剧公众的恐慌和反感心理，增加舆情应对的难度。其次，政府披露的灾情信息应全平台布局，以确保最大接触率，但需注意信息应符合各平台特点，避免内容和形式的同质性，以充分发挥传播作用。其次，政府应尽快召开新闻发布会。通过新闻发布会，政府可以直接回应公众关切的问题，解答疑虑，提供透明的沟通渠道。再次，新闻发布会也是展现政府决策的透明度和责任感的重要方式，有助于建立政府与公众之间的信任关系。最后，政府应积极运用网络舆论领袖来引导舆论走向正确方向。舆论领袖具有亲和力，在塑造民众观念和态度方面具有不可忽视的影响力。政府在日常工作中应重视培养自身的舆论领袖，并在舆情出现时，利用他们发布权威声音，阻断谣言传播渠道，实现对舆论的正确引导。政府应做好谣言监测工作，及时辟谣，避免谣言扰乱舆论场。同时，需重视公众在自然灾害舆论中的表达权，保障沟通与倾听，以进一步发现问题，避免限制公众言论。

自然灾害舆情事件结束后并不意味着政府的舆情治理结束，政府要做好灾后的反思总结工作，特别注重灾后重建和心理疏导，尽量降低灾害给公众带来的身心危害，用积极的话语叙述模式引导公众回到正常的舆论轨道。

（二）媒体要具有人文关怀，慎重传达灾情信息，做防灾减灾的支持者

媒体在自然灾害舆情事件中具有揭示真相、传递信息、引发思考、引导舆论等重要作用。为更好地发挥媒体作用，需要注意以下三个方面：

一是要完善信息沟通机制，配合政府做好信息公开工作，确保公众及时了解真实情况，增强应对灾害的能力。同时，媒体应坚持客观公正原则，以准确、及时的报道为社会提供可靠的信息支持，避免夸大渲染，减少谣言传播的可能性，从而有效引导舆论，维护社会稳定。此外，部分地方媒体或自媒体，应当重视信息的来源和真实性核查，避免成为舆论场中谣言的助推者。

二是避免陷入表面化和同质化的典型灾难报道范式。例如，应当避免简化地将"灾害不是新闻，救灾才是新闻"作为原则，以及过度报道领导人、过度渲染灾害中的悲情事件等做法。此类报道模式只关注事件的表面信息，缺乏对灾区真实情况的全面、深入和系统性报道。在自然灾害事件中，过多采用此类报道模式不仅无法提供亟须的关键信息，还会加重公众反感，不利于总结经验教训和提高抗灾能力。因此，在进行自然灾害事件的报道时，媒体应科学、具体地分析灾害原因，引导公众深入思考灾害背后的成因，从而真正为防灾减灾工作提供支持。

三是注重自然灾害事件中的人文关怀。在自然灾害事件中，公众往往脆弱无助，亟须安慰和引导。因此，媒体在选择报道内容时，应注重正向积极地报道，以安定人心，体现对生命的尊重。特别需要重视情感动员，通过表情、图片等符号构建情感空间，深化情感表达。

（三）公众要加强对自然灾害信息的学习，提高自救能力的同时积极响应国家号召

自然灾害中的舆情往往迅速且复杂，通常受到公众言论与情绪的影响。因此，在应对自然灾害舆情时，需要从公众自身入手，提升公众的媒介素养。具体来说，公众应学会分辨谣言，保持理智冷静的态度，积极思考。提升公众的媒介素养能够有效引导舆论向正面的方向发展，从而更好地应对自然灾害带来的挑战。

首先，增强公众的危机意识。自然灾害以其强大的破坏性和不可预测性，对

人类社会构成了严重威胁。鉴于自然灾害的波及较广，因此，增强公众的危机意识和参与意识在自然灾害应对中尤为重要。这不仅有助于公众在面对灾害时保持警觉，更能促使社会在面对灾害时能够更为有序和高效地展开应急救灾工作。

其次，加强自然灾害知识的学习，提升自救能力。自然灾害发生时，最先受到冲击的往往是个人，故加强个人防护意识是应对灾情的首要步骤。公众应掌握高发自然灾害的预警信号、发生征兆及避险方法，确保在灾害来临时能够迅速采取正确的应对措施。同时，急救方法和自救技巧的学习也至关重要，其能在关键时刻挽救生命，减少灾害带来的损失。

最后，积极响应政府举措，为抗灾救灾贡献个人力量。政府是灾情应对的主要力量，公众应充分信任政府的专业性和权威性，相信政府采取的措施是基于科学、合理的考量的。公众应积极配合政府的各项工作，如参与灾害预警信息的传递、遵循紧急疏散指示等，以形成共同的风险抵御战线。同时，当个人切身利益受到灾情影响时，应采取合理、合法的方式寻求帮助，避免采取过激行为或散播不实信息，以免对社会的稳定和救灾工作造成负面影响。

第二节　社会安全事件的危机传播管理

习近平总书记指出，"社会稳定是推进改革发展的重要前提，国家安全是安邦定国的重要基石，必须坚持总体国家安全观，坚定不移走中国特色国家安全道路，夯实社会稳定和国家安全的基础"[①]。近年来，各类突发社会安全事件时有发生，该类事件往往涉及公众利益，在短时间内造成极大舆情，给社会治理造成较大困难。因此，分析各类社会安全事件舆情发展趋势及特点，并提出应对策略，能够为此类事件的舆论引导提供借鉴。

---

① 中共中央党史和文献研究院．习近平关于防范风险挑战、应对突发事件论述摘编［M］.北京：中央文献出版社，2020：11-12.

一、社会安全事件案例

（一）埃塞俄比亚空难事件

1. 事件概况

2019 年 3 月 10 日，埃塞俄比亚航空公司航班 ET302，计划从埃塞俄比亚首都亚的斯亚贝巴的博莱国际机场出发，飞往肯尼亚首都内罗毕。该航班飞机起飞后不久在埃塞俄比亚的比绍夫图附近坠毁，机上 157 人全部遇难。经确认，其中有 8 名中国人。相关舆情量于 2019 年 3 月 11 日达到最高点。

2. 舆情分析

在我国，微博是该事件最大的传播平台，其次是新闻网站，最后是新闻客户端。在网络上，关于埃塞俄比亚飞机失事的消息，以 85.12% 的比例登上了微博热搜榜的榜首。央视新闻、新浪视频、头条新闻等官方微博第一时间发布了关于空难的视频和伤亡情况，引起了很多网友的转发与评论，许多大 V 博主纷纷发文表示惋惜并追悼遇难者，8 位遇难者的新闻更是引起了网友们的广泛关注。媒体官微与评论员博主针对"失踪人员的身份资料""中国民航 737-MAX 8 航班停运""波音 737-MAX 8 安全隐患"等问题发表了一系列评论，在网络上引起了热烈讨论。

但媒体对该灾难性事件报道缺乏人文关怀，造成了二次伤害。首先，一些媒体在报道中泄露了遇难者及其家属的隐私信息，如个人身份信息、社交媒体账号等，这种对隐私的侵犯无疑给遇难者家属带来了二次伤害，缺乏对其情感的尊重和保护。其次，部分媒体在报道中过度关注个别遇难者的生前事迹，试图通过挖掘其个人故事来吸引公众眼球，却忽略了对其他遇难者的关注和尊重。最后，一些媒体在报道中使用了过于煽情和渲染的语言和图片，过度消费逝者，不仅无法给家属带来安慰，反而可能加剧他们的痛苦和悲伤。

此次空难引发的网络讨论戾气较重，遇难者还遭受着有仇富心理网友的网络暴力。埃塞俄比亚客机失事，包括一名学生在内，共 8 名中国乘客死亡。大部分网民都在为该学生的不幸而惋惜，但也有一些网民对该学生进行了人身攻击，指责遇难者行事奢靡，认为其选择去埃塞俄比亚看长颈鹿是一种奢侈和浪费。这些攻击言论在短时间内迅速传播，数量破万条，形成了一种网络暴力。它们不仅给遇难者的家庭带来了二次伤害，也让整个社会风气变得恶劣。

（二）唐山烧烤店打人事件

1. 事件概况

2022 年 6 月 10 日凌晨 2 点 40 分左右，在唐山市一家烧烤店内，发生了一起寻衅滋事、殴打他人的事件。从现场的录像来看，打人者肆无忌惮，下手狠毒，让人不寒而栗。这段视频一出，立即引起了公愤，在网上引起了轩然大波，演变成当地一起重大的网络舆情事件。

2. 舆情分析

在该事件中，性别对立舆论高度极化，地域舆论暴力不断强化。最突出的特点就是性别对立，由于一群膀大腰圆的男子在公共场合之下因骚扰不成而殴打女性的行为，女性弱势群体的地位再次在舆论场内凸显。不少传播者通过传播"girls help girls"（女性帮助女性）等话语内容将性别对立扩大化，同时在这件事中不少为之发声的演艺人士及公众人士，也表达了类似的立场，这在一定程度上强化了网络环境中的性别矛盾。随着这种性别对立舆论的高度极化，一些主流媒体及相关方面呼吁不要过分强化舆论场域内的性别矛盾。

除了性别对立之外，在该事件中的地域黑舆论也由此形成，唐山一时间甚至被网友们调侃成"暴力""恶势力"的代名词，"穷山恶水就是出刁民"之类的言论带着满满的地域歧视和攻击。因此不少当地居民强烈呼吁不要对唐山地域歧视。

网络情绪空前片面化甚至突破公共边界，舆论焦点呈现模糊化之势。对于这场极为恶劣的负面事件，几乎所有网民都产生了极为愤怒的情绪，网络中各种负面情绪空前汇聚，强度极高。各种非理性宣泄情绪的言论此起彼伏，毫无根据的攻讦、谩骂、臆测、想象等充斥在网络环境中。由于负面情绪集体宣泄，使该事件的舆论焦点呈现模糊化的趋势，借助舆论推动事件解决、加快相关部门调查的舆论呼声总体上还是弱于网络负面情绪的宣泄力量。

舆论搭车搅动舆论场，同时带节奏、虚假传播、蹭热度等传播乱象不断显现。这一起恶性暴力事件形成了一系列连锁反应，最突出的就是在当地产生了多起实名举报的涉黑或暴力事件，短时间内类似事件被不断揭露曝光，使其在舆论场形成了鲜明的"舆论搭车"现象。"舆论搭车"的本质是公众的诉求无处可讲，只能通过其他热点事件传播，而唐山烧烤店打人案就是给一些不起眼的投诉提供了一个渠道，沿着这一热门话题，其他投诉也会通过这条渠道，搭载该热门话题来传播。而这种"舆论搭车"现象在为一些人维护合法权益提供途径的同时，也在考验地方执法机关的执法能力。

（三）东航 MU5735 航班坠机事故

1. 事件概况

2022 年 3 月 21 日 14 时 38 分，东方航空一架波音 737-800 客机发生坠机事故，在广西壮族自治区梧州市藤县埌南镇莫埌村神塘表附近山林坠毁，并引发森林火灾。

2. 舆情分析

（1）主流媒体占据主导地位。MU5735 客机坠毁作为一起震惊全国甚至是世界的空难事件，深受瞩目。各大传播主体纷纷介入传播，新闻媒体尤其是主流媒体展现出强大的传播力量。这也在一定程度上表明，在重大公共危机事件中，主流媒体传播力量仍旧占据主导地位。

从主流媒体的传播力量来看，所有的主流媒体都进行了及时全面的跟踪报道，充分展现出主流媒体在重大灾难面前的传播影响力；从传播议题来看，议题内容涵盖多个方面，但是不同传播议题所占比例存在较大差异。以《人民日报》为例，《人民日报》报道议题中占比最高的为现场救援情况，其次是新闻发布会上的情况通报，再次是黑匣子被找到时的基本情况。除此之外，家属情况、事件最新情况汇总、相关问答等也得到了一定的传播，但是总体上占比较小。

（2）舆论聚焦多样性。该事件下网络舆论的聚焦也是多方面的，由于该事件是一起巨大的悲剧，空难之下的悲痛情感的释放在舆论中占据了最高的比例，形成了一股强大的舆论悲情力量；聚焦搜救过程及搜救结果舆论占比位居第二，在这类舆论讨论中，除了对现场情况的讨论之外，还有对救援人员尤其是消防员的敬意，对附近提供、运输物资村民的感谢的表达；追问空难发生的原因位居第三，对于这起空难为何发生，舆论场内形成了多种讨论，对相关因素进行积极追问；关注家属相关情况的位居第四，除了对家属基本信息的关注之外，更多的是表达了对家属的同情和关怀；解读可能出现的结局位居第五，空难后人员幸存的可能性、可能呈现的相关画面等话题都在一些社交媒体上形成了舆论解读。

透过舆论聚焦的内容，我们可以感受到这起空难之下全网的情绪涌动，这种情绪带有强大的负面性，以悲痛为主导，同时饱含着深切的同情。这也在一定程度上表明，空难事件下如何疏导公众负面情绪无疑是值得重视的问题。

二、社会安全事件的舆论演变特征

从上述社会安全事件中可以看出，由社会安全事件引发的网络舆论存在以下特征：

（一）舆论发展趋势具有地域性和阶段性

从学历、年龄、地区来看，受教育程度高、城镇化程度高的青年群体是舆论参与的主体。此外，地理位置和心理位置的贴近性，使得网民更愿意关注当地或者与地方相关的信息，表达他们的观点。同时，由于当今社会多数人通过新闻媒体获取消息的倾向，因此新闻媒体的社会关注度与网络舆论的活跃程度存在正相关关系，即社会关注度越高，网络舆论就越活跃，反之亦然。总体趋势表明，一旦危机出现，将会迅速传播，而经过适应期后，公众的态度会逐渐趋于平稳。

（二）舆论自身具有随意性和攻击性

由上述案例可知，社会安全事件的网络舆论本身具有随意性、冲突性特征。首先，网络是一个相对自由的空间，网民在网络上发表意见的门槛较低，且可以以匿名的方式发表意见看法，这就导致了网络舆论的语言随意性。一是语言文本的随意性。在网络媒体上，任何使用网络终端的人都可以以自己独特的方式对当前热点事件进行评论和发表观点，而不受传统媒体严格的采写编评规范的约束，语言形式也不受拘束。二是网络的匿名性导致发表意见的个体能够较轻易逃避法律责任，使得网民在网络上的发言不顾后果，进而在同一议题上，众多网民持有各种不同甚至极端的观点和意见。意见的多样性导致最终形成的舆论往往具有相当程度的随意性。

另外，社会安全事件的网络舆论存在攻击性。随着越来越接近真相的主流舆论逐渐显现，持不同观点的网络舆论会表现出极大的冲突，例如网上的攻击和谩骂等现象。这种对立的舆论使得网络环境充满了争议和对抗。

三、社会安全事件的危机管理策略与应对机制

（一）健全社会安全应急预警机制，防止负面舆情蔓延

当今，社会安全事件频发，给公众的生命财产安全带来了严重威胁。为有效

应对社会安全事件，必须建立健全应急预警机制，确保对舆情的全面掌握和积极应对。通过多渠道收集舆情信息，及时分析和研判舆情动态，可以在危机发生前做好预防工作，减少事件带来的负面影响。

作为一种互动的、开放的网络平台，公众经常利用互联网来表达诉求，并对热门的社会事件进行评论。因此，应采用先进的舆情监测技术，建立稳定、高效的舆情监测平台，实时抓取和分析来自社交媒体、新闻网站等渠道的舆情信息。当舆情监测平台抓取到的信息达到预警标准时，系统将自动向相关部门和人员发送预警信息。通过有效利用网络论坛、微博、搜索引擎等多样化的渠道，相关部门能够实时追踪公众的关注度和情绪趋势，从而把握社会动态。在此基础上，相关部门应该积极承担起对网民的疏导和教育责任，通过发布和转发权威信息、澄清事实真相、引导理性讨论等方式，对网民进行有针对性的疏导和教育。

此外，在公共安全事件的信息传播中，由于网络平台海量信息的特性，大量无用的、虚假的信息在网络媒体中泛滥，这不仅干扰了公众对事件真实情况的感知，还可能对社会的稳定与安全构成威胁。因此，网络平台必须扮演"把关人"的重要角色，运用科技手段，有效治理信息"噪音"，构建良好的舆论环境。

（二）建全社会安全类信息公开政策，依法及时公开有关信息

社会安全事件的舆情的产生往往源于其不可预见性和突发性，在缺乏预先信息的情况下，个体基于对自身权益、生命安全及财产安全的关切，会本能地展现出对事件相关信息的强烈渴求。鉴于此，政府及其他相关组织应承担起关键的信息传递职责，借助新闻媒体作为权威信息发布的渠道，将所发生的情况及政府已经或打算采取的措施及时、准确地传达给公众，保障公众的知情权，减少因信息不对称而引发的恐慌和误解，同时增强政府的透明度和公信力，进而获得社会的广泛信任。《中华人民共和国政府信息公开条例》作为对政府信息公开透明度的规制和调整各级政府与媒体之间的关系的一项重要规定，为媒介开展信息传播和进行的舆论监督提供了一种有力的法制保证。

网络媒介作为一种双向互动的媒介，具备强大的信息传播能力。一方面，网络媒介能够将社会安全事件的发展态势、政府部门的应对措施等重要信息迅速传达给公众，减少误解和恐慌；另一方面，网络媒介也能够快速收集和分析公众对于事件的反应、意见和建议，以及媒体的报道和评论，为政府决策提供重要参考。通过这种双向反馈机制，政府和公众之间能够形成有效的沟通渠道，提高信

息的透明度和公信力。政府可以通过网络媒介及时发布权威信息，展示其应对突发事件的决心和能力，从而增强公众对其的信心和信任。此外，公众也可以通过网络媒介表达自己的关切和诉求，为政府决策提供民意基础。这种双向反馈机制有助于形成一个统一指挥、快速反应、高效运转的突发事件管理体系，提高应对突发事件的效率和效果，减少损失和影响，维护社会的稳定和发展。

（三）采取建设性议程，加强主流舆论引导

在社会安全事件应对中，科学制定议程以加强主流舆论引导至关重要。首先，应根据事件的性质和社会影响，精确设定议题，明确报道重点和核心信息。合理选择信息发布的时机和渠道，避免因信息滞后或过早而引发不必要的恐慌或猜测。其次，必须确保所有传递的信息准确无误，建立严格的信息审核机制，以防止信息错误或不一致引发公众疑虑。

在危机发生时，舆论的导向对于维护社会稳定和公众信心至关重要。需要建立健全的舆论引导机制，及时、准确地发布权威信息，回应公众关切，消除谣言和误解；倡导公众自我约束，避免不实信息的传播，共同维护良好的舆论环境。同时，还可以通过网络媒介对网络意见领袖的言行进行约束，并通过对其进行道德约束和社会价值的培育，使其能够更有威信地引导网民，形成一种合理的观点，调节网民的心理状态，实现"网民对网民的引导"。在社会安全事件中，专家、学者、政府官员等在网络社会中扮演着重要的"意见领袖"角色，网民可以依靠他们的意见做出合理判断。另外，网络媒介可以让论坛、博客、微博等平台上的资深网友担任"评论员"，对网络舆论进行引导，强化正向舆论的主导权。这些网友"评论员"有丰富的互联网经历和学识底蕴，以及出色的语言和写作技巧，他们在网民中有着极高的声望。

此外，在应对突发事件中的议题设定中，将互联网和传统媒介有机融合亦是网络媒介需要重点关注的内容之一。网络媒介应充分利用传统媒介对事件的深入报道及其所表达的态度和观点，将其作为自身报道的核心内容。主流媒体可以根据不同媒介的特性，再借助网络媒介实现"场景效应""广泛覆盖""共识引发"，加强主流媒体的权威性和舆论引导能力。

（四）建全相关法律法规，强化行业自律

为了对网络媒介进行有效规制，有必要借助法律手段。在我国，网络法律体

系仍在不断搭建和完善中，在实践中仍然存在诸多问题，主要表现为：互联网的快速发展与法律更新滞后之间的矛盾；对网络媒介的法律管理缺乏经验，且法律的可操作性不强；立法人员对网络技术的理解不足，导致立法模糊且不切实际等。这些问题使得我国的互联网规制存在诸多缺陷，因此，完善与互联网相关的法律法规对于舆论引导尤为重要。

首先，应当在现行法律基础上，辅之以司法解释，并在必要时予以修正、补充，以确保现行法律秩序的稳定性。其次，在网络法律法规体系内部应保持和谐有序的状态，与网络发展的脉搏保持密切联系，以确保网络媒介在面对现实问题时有合法依据。最后，网络立法者应与技术人员进行有效交流，制定出切实可行的网络法律，使网络技术规范和网络法律规范能够相互促进、协调发展。在法律难以全面覆盖的网络空间，自治法则在行为规范中起着重要的支配作用。

在社会安全事件的信息传递过程中，强化行业自律是应对舆情危机的内在驱动力，这是一种积极的、自觉的行为模式。行业自律与法律法规、技术管控相结合，共同推动舆论走向正面积极的方向。从业者在强化行业自律的同时，还需提升自身的专业素养，以提高舆论导向的专业化水平。在实际发生的事件中，需要充分利用互联网的多渠道和互动优势，实时关注和理解公众的信息需求。网络媒体应充分发挥信息链接和集合功能，利用多媒体特性构建匹配的信息架构，有效传播信息、引导舆论。

第三节　公益事件的危机传播管理

公益组织是一种以社会公益为己任、解决各类社会问题的社会组织，其影响力日益扩大。但在当前新媒体环境下，公益组织在网络中的传播组织化程度低、管理松散，而且发布内容泛滥、超载、失实，信息公信力不足，[①] 在网络传播效应的影响下，公益组织不仅面临着舆情危机，而且承担着更大的风险和挑战。本节将通过对两个具有代表性的公益组织在舆情应对方面所出现的问题进行分析，探讨公益组织的危机管理策略。

---

① 傅蓉. 网络公益传播的问题与对策［J］. 新闻与写作，2017（10）：104-106.

一、公益事件案例

(一) 郭美美事件

1. 事件概况

2011 年 6 月 20 日，一位名叫"郭美美 baby"的网红以"中国红十字会商务部总经理"的名义在微博上展示了她的豪车、奢侈品和奢华派对，引发了公众对红十字会财务管理和透明度的质疑。

2. 舆情分析

本次公益危机事件中，舆情应对存在以下问题：

一是反应不够迅速，态度不坦诚，信息不透明。2011 年 6 月 21 日晚，郭美美通过微博澄清了自己的身份，声称其公司与中国红十字会有业务往来，并简称为"红十字商会"。中国红十字会相关部门负责人丁硕立即否认了这一说法，声称并没有此类组织。然而，网友经过查证发现，虽然中国红十字会下属单位中并无"红十字商会"，但存在一家名为"中国商业系统红十字会"的组织，这使得许多人认为郭美美的说法并非完全子虚乌有。在事发 48 小时后，中国红十字会总会在其官网上发布了首个声明，明确否认郭美美与中国红十字会总会之间存在任何关联。然而，由于此前丁硕的"辟谣"声明被网民发现存在漏洞，该官方声明的可信度被严重削弱。在危机爆发初期，中国红十字会总会的正式公告滞后于丁硕的"个人辟谣"，致使原本旨在还原事件真相的声明未能发挥应有的效力。

二是未能有效转移舆论关注焦点。"郭美美事件"的起因是网友对郭美美 20 岁时即开始"住豪宅、开玛莎拉蒂"，并在微博上以"中国红十字会商务部总经理"的身份炫富的行为感到质疑。这件事有两个舆论焦点，一个是郭美美的炫富，另一个就是中国红十字会。后者如果能明确表态坚决抵制恶意炒作，并对相关内容进行澄清，声明个人行为与组织无关等，或许公众对事件的注意力会产生转移。

三是未能正确借助媒体力量扭转舆论。郭美美丑闻发生一周后，中国红十字会再次陷入两条负面消息的风波中。在此关键时刻，中国红十字会发布了最新的消息，虽然内容并无错误，却仅邀请了《人民日报》、新华社等六家主流媒体参加发布会，排除了所有其他前来采访的媒体。同时，其在书面通报中，更是大谈中国红十字会的建设与成绩，对此前危机事件仅作重复声明，这种无效传播再次让媒体舆论一边倒。

在此次危机事件中，中国红十字会采用了新媒体传播和沟通工具，积极利用多种渠道发布信息。回顾 2011 年，当时新媒体传播手段相对新，中国红十字会为了有效应对危机，主动注册了微博账号，通过微博与广大网民进行交流，并在其官方网站上发布了一系列权威的进展报道。此外，中国红十字会还通过第三方媒体广泛宣传其行动。然而，尽管中国红十字会希望通过新媒体传播和与公共交流恢复公众对其的信任，但这并不能一蹴而就。随后中国红十字会收到的捐款显著下降的事实显示，这场危机处理并未如人所愿。这一事件凸显了在危机应对中，单纯依赖新媒体的传播能力可能无法彻底修复组织受损的声誉，更需要结合透明沟通、真实行动和持续改进，才能真正重建公众信任。

（二）儿慈会疑用公款出国考察事件

1. 事件概况

2012 年 10 月 24 日，《新快报》记者刘虎在自己的微博上发了一条名为《惊爆，儿慈会疑用公款出国考察》的文章，称 10 多名中华少年儿童慈善救助基金会（以下简称"儿慈会"）成员将于 10 月 29 日前往美国，并表示该会迄今无任何一笔指定捐款是用于出国考察，极可能非正常使用善款，[①] 还喊话儿慈会官方微博要求解释。中华儿慈会在该帖文发布将近 22 个小时后在其官方微博发布了一则新闻式的报道："中华儿慈会，受美国爱心基金会会长尼尔布什之邀，定于 10 月 29 日至 11 月 6 日，前往美国进行访问，由中华儿慈会有关部门的工作人员共 9 人，深入了解美国的公益事业，交换有关社会发展的经验，借鉴各国公益事业的成功经验。"

2. 舆情分析

尽管儿慈会发表了官方声明，但其舆情应对仍存在以下问题：

一是未能在事件曝光后第一时间进行处理。儿慈会官方微博在刘虎发布相关信息后近 22 个小时才发布了一条新闻式的声明。在自媒体时代，信息传播速度以几何倍扩散。在信息扩散过程中，不断出现的谣言和误解往往迅速脱离了最初

---

① 中华儿慈会回应"出国考察"质疑：经费来自理财收入［EB/OL］．（2012-10-27）［2024-06-17］．https：//news. sina. cn/sa/2012-10-27/detail-ikmyaawa4353999. d. html？from=wap.

的内容背景。儿慈会的延迟反应让网民对刘虎微博内容的解读早已经发生了偏移，同时，儿慈会的沉默也给公众留下了负面印象——即事件（公费出国）确实存在。

二是闪烁其词，逃避回应。儿慈会面对记者刘虎提出的"非法挪用"问题时，并未直接做出回应，而是使用了大量专业术语试图混淆视听。这种闪烁其词的做法既不符合公众期待的诚实和透明，也未能消除公众对事件的疑虑。危机处理最为关键的是针对问题本身提出有效的解决方案，而不该毫无思考地应付了事。本次回应为儿慈会实名认证的员工微博账户，该员工面对所在组织的潜在公关危机，选择了从个人角度出发，采取了撇清关系的回答方式。这种做法忽略了一切发言且并不能代表整个儿慈会，因此在应对危机时显得不当。

三是缺失官方立场的正式回应。微博作为一个双向沟通的大众媒体平台，在处理危机和回应公众质疑时具有重要作用。儿慈会应当派出专门负责的官方发言人，以更加口语化的方式直接面对问题，并提供具体的解释和资料来源，使公众能够理解和信任其处理方式。同时，最好能够结合第三方的证明和支持，以进一步提高信息的可信度和透明度。

二、公益事件危机高发原因分析

（一）当下公益活动存在伦理失范现象

1. 传播过程中虚假信息泛滥

公益传播是传播中的一种，必须遵从传播的规律与原则——传播内容的客观真实性。传播者需要将事情的真相告知公众，这不仅是公众知情权的体现，而且是传播者的责任与义务。如今，随着互联网的普及和传播力量的增强，诈捐、骗捐、慈善炒作等现象层出不穷。这些问题严重损害了公益组织的信誉，也给其带来了严重的舆论危机。同时，这些负面事件也对社会的整体信任产生了负面影响。当公益组织涉嫌掩盖事实或放大灾难的惨状时，公众可能会对慈善行为和捐款意愿产生怀疑，从而影响到公益事业的正常开展和捐助活动的效果。例如，在"吴花燕事件"中，众筹平台对其描述为每天只花两块钱，无依无靠，没人帮助，因饥饿而得此现状（身体方面），但实际上，吴花燕的原话是"有一天只花了一两元"，其校园消费记录也是平均每天 14 元，此外学校为其发放了助学金，政府也发放了低保，身体方面则是患有早老综合征的缘故，众筹平台隐瞒不利于获得捐款的真实情况，放大受捐者的各种惨况以博取捐款。

2. 个人隐私泄露

诚信是社会交往的根本要求，慈善事业获得公众的信任，是发展的底线。然而，由于互联网虚拟性的特点及相关网络法律体系建设尚未完善，网络慈善领域的诚信体系不健全，导致个人隐私泄露问题频发，进一步影响整个慈善领域的氛围，阻碍网络慈善的发展。具体而言，社交平台的大众化和便捷化大幅提高了信息传播的速度，部分网民出于怀疑和好奇的心理，通过细微线索从大数据中检索出大量个人隐私，并在社交媒体上进行散布，对当事人造成了严重的危害。另外，部分不法分子恶意盗取网络求助者的身份信息、联系方式和银行账号等敏感数据，并将这些信息用于非法活动，严重侵犯了个人隐私和合法权益，导致公众对网络慈善的信任度大幅下降。当然，还存在一个亟待解决的矛盾，即捐款者对信息了解的程度直接影响其捐款行为，而信息的公开展示可能侵犯受捐助者的个人隐私权。

3. 道德捆绑

慈善在法律上的准确表述应当是"赠予"，而赠予作为一种民事行为，其首要的法理基础是"意思自治"，也就是说，捐助人是否捐款，捐款多少，甚至是撤销权的行使，都是捐赠人的自由，其他人无权干涉。[①] 法律明确规定慈善活动具有自主性。然而，在公益组织开展慈善活动时，常常伴随一种"道德绑架"现象，而这种道德绑架的对象往往是富裕的企业家和明星。例如，在河南特大暴雨发生之际，众多演艺人士和企业家积极参与捐款援助，展示了强烈的社会责任感和公益精神。然而，部分网民对捐款数额较少的演艺人士进行了道德绑架，甚至对其进行诋毁和攻击。这种行为不仅忽视了慈善捐赠的自愿性原则，还扭曲了公众对慈善行为的理解，导致一种不健康的舆论氛围。

（二）对当下公益组织的监管不足引起信任危机

我国公益组织频频遭到社会的质疑，缺乏公信力，监管不足是主要原因。

第一，我国没有对公益事业进行有效的监督。《中华人民共和国慈善法》赋予了民政部门监督职权，但在实际操作中，监督机构通常为民政机关的内设部

---

① 李迎生. 慈善公益事业的公信力建设论析［J］. 中共中央党校学报，2015，19（6）：85-92.

门，还存在设立时间较晚、实践经验不足、人员编制有限等问题，相关部门能否有效履行监督职责令人怀疑。[①] 有效监督的实现仍然面临诸多挑战，亟须在制度设计、资源配置和人员培训等方面进一步加强，以提升监督实效。

第二，缺少对善款使用信息披露的强制性。在政府层面，目前仅有的一些法规，如民政部发布的《公益慈善捐助信息公开指引》和《基金会信息公布办法》等，缺乏足够的强制性。公众最为关心的是公益组织内部的财务流水状况，但这些信息在日常生活中往往不予公开，通常只有在出现危机后，公益组织才会勉强公开部分信息。这种做法不仅削弱了公众对公益组织的信任，也不利于慈善事业的健康发展。因此，有必要进一步完善相关法律法规，增强信息公开的强制性和透明度，确保公益组织在平时也能自觉、全面地公开财务状况，从而提高公众的信任度和参与度。

（三）当下公益组织模式不足

目前，中国红十字会和中华慈善总会等少数几家公益组织在我国的慈善领域中占据主导地位，形成了一种几乎垄断的局面。这种市场结构的集中性，使得这些组织在信息公开、自我改进及捐赠资金使用效益方面缺乏足够的动力和外部压力。公益事业是一项重要的社会活动，其本质属性是群众性、社会性。公益事业的健康运作需要接受全社会广泛参与和有效监督，以确保其在公众监督下的阳光运行。然而，在实际运行中，规模较大、影响较深远的慈善组织具有较强的独立性，也存在过于复杂的行政管理制度，从而导致了慈善组织的官僚化。由于官僚主义的存在，低效率、腐败和寻租等问题也层出不穷，导致一些慈善组织的发展与其建立的初衷发生偏差。此外，我国公益事业虽与公共权力关系紧密，却未能明确界定与公共权力的边界，导致其治理结构和运作模式混淆。同时，随着慈善商业化趋势的加剧，为了追求经济利益而牺牲公共利益的现象也可能日益增多。

三、公益事件的危机管理策略与应对机制

慈善事业中频发的失范现象，尤其是公益组织内部管理存在的诸多漏洞和问题，令公益组织发生危机事件的风险显著提高。危机事件一旦发生，往往严重影

---

① 朱志峰. 慈善法制的当下问题与完善路径［J］.社会科学战线，2022（9）：225-229.

响公益组织正面的公益形象，消解公众信任，致使后续运营与公益筹款遭遇打击，甚至对社会上整体公益事业的发展形成阻力。格兰诺维特认为，经济行为是嵌入在社会网络当中的，而这个网络的最重要基础就是信任。[①] 因此，公益组织自身的危机事件发生后，必须采取有效的公关策略和手段积极应对，修复公众对组织的信任，努力把危害降到最低。公益组织应对危机的方法主要可从以下几点展开：

（一）启动调查机制，有效应对危机风险

当出现突发事件时，社会公益组织必须立即启动紧急响应机制，确立应急小组或危机管理团队，明确责任分工，迅速收集并分析相关信息，判断出危机的种类和严重程度，判断出危机原因是真是假，并判断出危机的范围。在初步应对阶段，组织需要准确判断安全事故、财务不当行为、声誉危机等多种情形的危机的性质和严重程度，根据情况与严重程度的不同采取不同的应对措施。

（二）滚动播报事件全流程信息和调查结果

在应对突发事件时，公益组织应充分利用各种新媒体平台及时公布公益信息。与公众有效地沟通是控制危机规模的关键因素。为此，各公益组织需充分利用全媒体的双向交流条件，关注公众意见和舆论热点问题，以便有针对性地做出回应。同时，积极与各大媒体保持联系，借助良好的媒体关系加大宣传力度。回避式和淡化型策略往往会加剧负面舆情的扩散，而主动的信息公开和积极的舆情应对策略，可以有效减少危机带来的负面影响，维护公益组织的声誉和公众信任。[②]

（三）公布追责结果，平息负面情绪

因公益组织危机舆情事件中的直接受害者多是应受帮助的弱势群体，同时公众认为自己的善意和捐助遭到滥用，故易产生愤怒情绪。此时通过权威部门如上级政府或公安机关公布追责结果，能有效平息负面情绪，促进舆情发展向好，修复公众对组织的公共信任。

---

① 格兰诺维特. 镶嵌：社会网与经济行动 [M].罗家德，译. 北京：社会科学文献出版社，2007：11.
② 王炎龙，刘叶子. 情境、应对与修复：公益组织的舆情危机传播与治理研究：基于湖北红十字会新冠疫情事件的分析 [J].新闻界，2020（5）：65—71.

（四）建立公益事件危机管理案例库

通过全面反思和总结相关危机的经验和教训，公益组织能够识别出管理和操作中的不足之处。通过不断优化和改进，公益组织能够更好地维护其社会形象和公众信任，确保在未来的公益活动中更加有效地服务于社会。同时，要充分利用各种平台和信息传播渠道，重塑公益组织的形象。例如，与主流平台加强合作，提高本组织高质量的报道，并将其作为热门新闻优先考虑，以扩大正面消息的曝光度。①

第四节　教育事件的危机传播管理

教育事件是指发生在学校教育教学及校园生活中，对学校师生员工的生命和财产安全有重大威胁、对学校组织的利益和形象有较大危害的突发危机事件。它具有不可预测性、威胁性、紧迫性等特点。教育事件的负面影响是深远而复杂的，可能波及个体、教育机构乃至整个社会。因此，预防教育事件的发生，以及在事件发生后进行及时、透明、公正、有效的处置与善后，是教育事件危机管理的重中之重。

一、教育事件案例

（一）成都四十九中学生坠亡事件

1. 事件概况

2021年5月9日，成都四十九中发生了一起学生坠亡事件，此事迅速引发了公众的广泛关注。2021年5月10日下午，成都四十九中在其官方微博上发布回应称：学校已成立工作组，全面配合调查工作，并全力做好善后事宜。2021年5月11日凌晨3点54分，成都市成华区教育局官方微博发布相关通报称：排除刑

---

① 郑功成. 中国慈善事业发展：成效、问题与制度完善［J］.中共中央党校（国家行政学院）学报，2020，24（6）：52-61.

事案件。随后，学生家属表示事件疑点重重，关键视频缺失，不认同教育局通报。5月11日晚，成都市公安局成华区分局官方微博发布警方通报：经现场勘验、走访调查、调阅监控、尸体检验等，认定成都四十九中高二学生林某某系高坠死亡，排除刑事案件。公安机关已依法将调查结论告知林某某家属，家属对调查结论无异议。

该事件的舆论焦点主要集中在几个核心问题上：家属方面披露了校方未能提供完整监控视频的细节，这使得公众对事件的真实情况产生了猜疑；家属还提到救护车到达现场的时间似乎不够及时，这一细节进一步加剧了公众的担忧和不满；部分网民对官方微博删除评论的行为表示强烈不满，认为这是逃避问题、压制舆论的表现；官方通报的冰冷僵硬和细节不清也引发了公众的不满情绪。

2. 舆情分析

（1）危机潜伏期。随着事件的持续发酵，相关话题在事件发生当日（5月9日）的微博阅读量迅速攀升，讨论量也大幅增加。2021年5月10日左右，话题"成都四十九中学学生从楼道坠亡"的阅读量已超过4 500万次，讨论量更是高达8万条以上；而话题"成都49中回应学生从楼道坠亡"的阅读量超过了5 300万次，讨论量达到7 000多条。这些数字充分说明了该事件在公众中引发的广泛关注和热议。

面对如此强烈的舆论压力，2021年5月10日下午，成都四十九中在其官方微博上发布回应称，已成立工作组，全面配合调查工作，并全力做好善后事宜。5月11日凌晨，成都市成华区教育局发布相关通报，认定该事件为一起高坠死亡事件，并排除了刑事案件的可能性。随后，成都市公安局成华区分局官方微博也发布了相应的警方通报，对事件进行了进一步的澄清和说明。然而，尽管有了警方通报，部分公众对于事件的某些细节仍然存在疑虑和不满。他们希望学校和相关方面能够进一步公开透明地处理此事，提供更多详细的信息和证据，以消除公众的疑虑和不安。

（2）危机爆发期。5月11日相关通报发布后，坠亡学生的母亲在微博上表示不认同通报结果，会继续向警方和学校寻求事件真相及全部视频，新华社、央视新闻、《人民日报》等媒体接连对此事发表评论性观点，公众密切关注事件进展，在微博中形成"成都坠亡学生家属不认同教育局通报""校方否认学生坠亡与化学老师有关""成都学生坠亡事件有哪些疑点"等多条话题，促使舆情信息达到峰值。

教育局通报发出后未能平息舆论质疑，反而再次激起公众情绪，舆论出现反弹。舆论焦点主要集中于：认为官方通报无说服力，缺乏事件经过监控等更有力的公开证据，官方应公布事件细节，还原事件真相；质疑通报为何是教育部发布而非警方发布；猜测学生坠亡有其他原因，林某某本人无自杀动机。

公安局分局在官微上发布通报后，依然未能平息舆论，焦点集中于：官方二次通报细节披露依旧不够清晰；认为调查需要真相，期待后续真相揭露；不相信"家属对调查结果无异议"；以及指出通报不严谨，含有错别字。

（3）危机蔓延期。5月12日，"四川网警巡查执法"发布并置顶了一条博文，并带上了"警惕颜色革命"的热搜话题，话题声量开始回落，舆情热度呈现下降态势。5月13日，成都四十九中学生坠亡事件调查详情公布，多媒体对事件还原进行报道，微博中出现相关高热度话题，"监控还原成都49中学生坠亡前轨迹"阅读量超12亿次，讨论量超19万条；"新华社还原成都49中学生坠亡事件"阅读量近4亿次，讨论量超5万条，舆情数量再次回升。

网民态度出现反转，舆论焦点集中于：相关机构舆情处理公关方式不够专业需反思；认为相关部门应重视网络生态管理，严惩造谣者；以及要重视青少年心理健康工作。

（4）危机痊愈期。在调查详情公布，舆情热度再次回升之后，大众终于接受事件真相，在进行反思以后，此次公共危机也逐渐进入痊愈期。

在此次危机事件中，信息传播速度快，情绪占据主导地位，因此滋生了不少阴谋论，例如，在危机爆发期，有人爆料林某某是被硫酸虐杀；有自称死者同学的父亲称林某某因为占了化学老师孩子的出国名额，被化学老师推落身亡。这些情绪化甚至极端化的臆测，掩盖了官方发布事件调查进度和主流媒体引导舆论的声音。诸多信息以微博、微信截图的面目示人后经过多次转发，也导致了多个谣言的广泛传播，像"警察拖行死者家属"的谣言，真相实则是醉酒男子试图冲撞学校现场警戒线，在多次警告、劝离无效后采取的强制带离措施。[①]

此外，此次舆情危机从潜伏期发展到爆发期，其中的一个重要原因就在于官方通报引发的争议。可以看见，因为教育局及公安等相关部门细节披露不清晰、

---

① 周靓. 后真相时期舆情引导的难点与策略：以成都市第四十九中学校学生坠亡事件为例［J］. 新闻研究导刊，2021，12（12）：177-179.

未回应网民关注焦点等问题可能导致政务媒体的公信力危机，致使更多猜测和谣言出现。同时境外势力也借机参与其中，扰乱社会秩序，将矛头指向了中国教育体系，这都导致了舆论的不断发酵，公共危机治理的失效。

（二）校园食堂"鼠头鸭脖"事件

1. 事件概况

2023 年 6 月 1 日，网络上出现一个"江西某高校饭菜中疑吃出老鼠头"的视频。通过视频画面，可清晰地看见饭菜中确有一个黑色异物，上面有类似动物的牙齿。视频中，该学生把在食堂吃出黑色异物一事告诉了食堂工作人员，对方回应说，异物是鸭肉。

6 月 2 日，被怀疑为涉事方的学校食堂承包餐饮公司回应，已看到视频，会去调查核实处理。

6 月 3 日，江西工业职业技术学院官方微博发布情况通报。

6 月 4 日，南昌市高新区市场监管局昌东分局局长江协学在接受媒体采访时表示，经监管员反复对比，初步认定"异物"为鸭脖。另外通报还指出，南昌市高新区市场监督管理局接到情况报告后，第一时间派出执法人员到该校开展调查，问询学校工作人员、食堂负责人、当事学生及相关知情人，对食品留样进行采样检测。另据江西当地媒体报道，南昌市高新区市监局工作人员表示，昌东分局执法人员第一时间赶到现场，反复对比确认"异物"就是鸭脖。随即当事学生也再次发布视频澄清，表示自己看错了，确实是鸭脖。

6 月 6 日，该公司在其社交账号发表声明称，"江西高校饭菜中疑吃出老鼠头"视频涉及的是江西工业职业技术学院瑶湖校区，该校区餐饮公司为中快餐饮，与该公司无关。

6 月 7 日，江西教育厅职业教育与成人教育处工作人员接受媒体采访表示，相关处室已经介入该事件。

6 月 8 日，江西工业职业技术学院的学生表示，又在饭里吃出了大青虫。随后，又有不少类似的视频曝出，涉事食堂饭菜出现异物已属常态化，几乎每天都发生，瑶湖校区食堂意见反馈群中有大量关于饭菜异物的照片流出。

6 月 10 日，"江西工职院'6·1'食品安全事件联合调查组"发布情况通报，称江西省已经成立了由省教育厅、省公安厅、省国资委、省市场监督管理局等部门组成的联合调查组，会及时向社会公布调查处理情况。

6 月 13 日，有媒体致电餐饮公司，其相关人员表示，正在配合调查。

6 月 17 日，联合调查组通报调查结论，确认异物为老鼠类啮齿动物头部。

2. 舆情分析

（1）数字时代下的网民对抗式解读。

在"鼠头鸭脖"舆情事件中，尽管主流意识形态话语在媒体主导文本中占据优先解读的位置，然而并非所有网民都会无差别地接受这种解读。随着数字化时代的来临，"鼠头鸭脖"相关视频在网络平台上广泛传播，虽然政府、学校等主体接连发声，坚称异物为"鸭脖"，却引发了众多观众的疑虑。更为糟糕的是，当事人的澄清声明反而激起了网友更强烈的反响，导致传播效果适得其反，引发了受众的对立性解读。

（2）网络舆情发酵下公信力危机产生"塔西佗陷阱"。

"鼠头鸭脖"视频迅速在网络中蔓延，激起了公众对食品安全问题的广泛关注与讨论。事后，校方和涉事餐饮公司被揭露存在食品安全问题的历史记录，还被指责以毕业为条件逼迫学生承认异物为鸭脖。接着，当地市场监管部门负责人的公开回应，声称"送检结果显示为鸭脖"，这一声明进一步加深了公众的疑虑，并损害了政府的形象。原本，舆论的焦点主要集中在涉事学校和食堂承包方身上，然而监管部门的通报却似乎为其提供了某种程度的支持，将原本单一的食品安全问题上升为公众对公权力的质疑。愤怒和不满的网民将矛头指向了监管部门，质疑其是否存在包庇和纵容的行为。这一系列事件使得整个政府部门的公信力受到严重挑战，加剧了社会的不信任感。即便省级联合调查组发布了通报，也未能平息公众的疑虑，反而陷入了"塔西佗陷阱"，即当政府或权威机构失去公信力时，无论其发布的信息多么真实可信，都难以得到公众的信任。

二、教育事件的舆论演变特征

（一）舆论传播主体多元化

从舆论主体看，网络讨论发声主体呈现多元化的表达倾向，但部分网民或受到利益驱动，或为博人眼球而发表一些极端言论，可能对主流价值观造成一定冲击。

数字时代实现了公共话语权的民主化，在线平台为那些传统上可能代表性不强或被排除在主流舆论之外的个人提供了一个发声的平台。这种对不同观点的包容，有助于形成更全面、更有代表性的公共话语。在今天的数字时代，舆论讨论中出现了新的参与者，将新的观点和不同的声音带到了前台。在教育事件中，需要考虑以下几个关键群体：

（1）教育类舆论领袖。教育类舆论领袖的传播影响力一方面依赖于其媒介素养与个人魅力，另一方面则倚重于粉丝的支持，这些粉丝不是孤立存在的个体，而是由粉丝汇集的"粉丝社群"。除了能广泛影响大众的综合型舆论领袖之外，垂直类舆论领袖能在专门领域发挥其影响力，这种影响使他们能够在教育领域内引导公众舆论，如高考志愿填报名师张雪峰、法学教授罗翔等。他们通过自身的影响力来提高公众的认识，并推动公众对基础教育改革、教育公平、终身学习等问题的关注和行动。

（2）教育相关者。虽然之前已经提到过影响力强大的舆论领袖，但值得强调的是"个人新闻"的崛起。多数网络用户可能拥有较少的粉丝甚至完全没有粉丝基础，但在特定的群体具有很大的影响力，或是其身份或经历容易引起公众共鸣。例如"教师开直播拍视频的边界何在""家长曝光一中学食堂4人同吃一盘素菜"等大多事件都是由教育相关者爆料进入大众视线，这种影响力较小的主体也有能力在某领域引导公众舆论，并能对公众产生重大影响。

（3）青年群体。年青一代，如"千禧一代"和"Z世代"，其通常被称为数字原生代，他们伴随着科技的发展而成长，对网络特性有深入了解，并乐于参与舆论讨论，推动关于各种社会、政治和环境问题的对话。青年群体有能力在网络利用社交媒体标签、病毒式挑战和在线请愿来放大他们的声音并呼吁变革，从而组织与宣传线下活动来感染公众情绪。青年人热衷于探索社会问题，其独特的视角、强大的数字能力与新颖的表达方式扩大了其观点的传播力与影响力，特别是与这一代息息相关的教育话题上。

（4）教育弱势群体。教育弱势群体的声音反映出其生存现状，有助于社会增强对边缘化人群的关切。与此同时，他们的声音也是暴露不平等问题与促进包容性政策和做法的催化剂。教育弱势群体往往有交叉的身份，交叉性主要是指社会类别的重叠性，如种族、性别、阶级。参与舆论讨论的边缘化群体则从这些因素切入，为其代表人群发声。通过分享他们的生活经验和提高公众对系统性不公正的认识，并引导公众围绕特权、公平和社会变革进行讨论，这在一定程度上将挑战现有的权力结构和社会规范。

（5）境外势力。目前，境外势力主要有直接介入与间接参与我国舆情事件这两种情况。一方面，他们通过各种渠道，包括社交媒体、新闻机构和在线平台，宣传虚假信息和采用误导性叙述等方式来放大矛盾，并且常常通过创建傀儡账户和机器人水军以制造虚假民意。另一方面，这些境外势力向我国的个人、组织或媒体机构提供秘密的财政支持或资源，以塑造有利于他们的公众舆论。需要注意的是，境外势力擅长利用突发社会事件、现有社会分歧或制造新的分歧，挑拨离间，分化舆论。他们通过宣传极端主义观点、宣扬阴谋论等方式来加剧紧张局势，而以学生为代表的受教育群体因社会经验不足、价值观未成形等易受到境外势力渗透，"成都四十九中学生坠亡事件"等几起热门舆情事件中都有境外 IP 账号和机器人账号的身影。总的来说，境外势力介入我国舆情事件旨在塑造舆论以发起政治运动，其目的就是制造分裂，颠覆我国政权，因此必须严加警惕。

（二）舆论传播网络复杂

数字时代的发展更迭，互联网技术、人工智能和 5G 技术飞速发展。这些新技术的出现不仅改变了人们获取和传递信息的方式，同时深刻地影响着公众的舆论意识和思维方式。在信息爆炸时代，信息的传递变得更加迅速，公众的意见也变得更具影响力。随着社交媒体、短视频、网络直播等新兴传播渠道的出现，舆论的传播范围更广，速度更快，实时性更强，传播网络复杂，难以把控。

（1）社会矛盾与公众情感交织。结合教育事件，公众情绪容易被煽动。目前，我国正处于社会转型期，社会矛盾和现实风险日益突出，伦理道德、价值观念等各个层面的问题都非常复杂，其中充满了很多的意识形态风险。随着突发舆情事件的出现，公众舆论领域也开始呈现出社会矛盾与公众情感相融合的态势，当一系列的事件发生后，很容易引起全民的关注和讨论，从而形成舆情引爆点。

（2）传播格局瞬间分裂式扩散。区别于传统舆情事件线性、扇形的传播方式，社交媒体时代下的突发事件舆情在互联网上形成了多个来源、多线渠道的瞬间"裂变"，在事件发生时，负面情绪迅速扩散，在短时间内如洪水般席卷而来，令人措手不及。例如，在"学术姐己事件"中，首先有网友在小红书爆料称，学生介入导师婚姻，并且表示是导师帮助其发表高水平论文。随后短视频网站曝光这位学生的答辩视频，引发网络争议。在短时间内，网民借助多个媒体平台曝光其导师和本人身份，并喊话校方和官方媒体，形成了"学术姐己""学术不端"等微博话题并迅速成为各大平台的热门话题。

（3）隐喻式表达使舆论环境更为复杂。数字技术的发展给社会与媒体带来了深度融合，公众的生活方式有了全新的变化，其在互联网上态度、观点的表达、展现上也有了新的方式。随着短视频、emoji 表情包、梗图等被网民所了解和接受，网络舆论场有了更多隐喻式的表达，也加大了舆情监测的难度。虽然也有舆情监测机构研发了以图搜图、短视频抽帧等舆情监测方式，但是随着人工智能的发展和推广，舆论场中存在的更多表达方式对舆情治理提出了新的挑战。

（三）舆论情感倾向明显

从情感倾向来看，如今的网络突发舆情中，负面情感占据主流，产生诸多情绪对立，且极易激起网络暴力，使舆情呈现出构成更复杂、反转更快速的特点。

网络突发舆情之所以会在短时间内呈现爆发趋势，主要原因在于这些事件具有强烈的情感煽动性，能够迅速激发公众的情绪反应。舆情还可能触及个体的经验和利益，引发他们与事件内容产生直接关联的联想。因此，舆论的情感倾向明显，并且呈现出以下新的特点：

（1）负面情感倾向占据主流，且不良情绪易激起网络暴力。通过对网络舆情的分析发现，舆论呈现出明显的消极情绪倾向，多数网民在讨论中都表达了强烈的非理性的情感宣泄，这些宣泄往往会造成一定的不良影响，甚至酿成悲剧。

（2）情感出现反转，变化速度快。在"人人都有麦克风"的环境下，产生了很多"蜂窝新闻""洋葱新闻"。事件在发展中出现变化反转，也带动着网民情绪不断变化。同时，由于传播速度快与匿名性，网民对自己言论的责任感降低，因此，态度的反转、倒戈快速且常见。如 2020 年广州"教师体罚学生至吐血"事件，后经证实该事件为谣言，网友呈现出从激动维权到产生信任危机的情绪变化。

（3）情感倾向的构成相较以往更加复杂。通过互联网传播的舆情事件由于信源广，构成更加复杂，导致涉事的主体可能会随着事件的发展或者真相的进一步澄清而增多，进而可能致使事件更加复杂，情感倾向也更为多元，各个群体看待同一事件或事件中的不同主体都会产生不同的观点与情绪。如 2023 年 6 月，江西一考生迟到 37 分钟仍能进考场，部分网友认为处理方式人性化、值得点赞，但也有网友表示不满，质疑考试的公平性。

（4）情感倾向中表现出对立现象。舆情事件的报道过程中会将涉事个体通过群体的代名词呈现在新闻报道上，由此在互联网的传播中会出现身份认同和身份确认所造成的区隔与对立，在情感倾向中就会出现对立现象。如2024年1月，大量河南学生中考移民黑龙江，聚焦地区教育发展差异，质疑"中考移民"背后的产业链，呼吁教育公平。

三、教育事件的危机管理策略与应对机制

（一）主流媒体要积极澄清教育谣言

发挥主流媒体引导作用，减少信息阻塞、信息闲置和信息封锁等情况。一是考虑纳入多元化的观点。作为信息的"守门人"，主流媒体具有广泛的影响力，可以为不同的声音提供平台，促进建设性的对话，确保少数人的观点和被边缘化人群不被忽视并更平衡地表达公众意见。二是对争议性话题"脱敏"。面对敏感性话题选择回避报道、关闭评论或是删除评论，都可能引起公众猜疑。提供背景丰富、经过充分研究与考量的报道，可以帮助公众了解事件背后的复杂情况，促进知情讨论，帮助消除误解，化危为机。

（二）利用话语主体为教育官方发声

识别并吸纳教育领域意见领袖，以及在话语权较弱或缺乏的领域培养舆论领袖。利用专业网络、行业协会、学术机构和在线平台等各种来源，分析现有舆论领袖的可信度和影响力，确定各领域潜在的舆论引导帮手。同时，需要在民族宗教及多种亚文化等话语权较弱的领域培养舆论领袖，通过公开承认、奖励或邀请其在高知名度的活动中发言等举措，来提升其影响力，发挥其舆论引导的协同功能。

（三）与其他部门合力联动

教育部门可借助各方力量和智慧，构建多部门联动的公共事件应急响应机制。随着信息的不断更新和迭代，互联网上的舆论呈现出多样性和复杂性，仅凭个别部门或个人的力量，很难取得理想的治理结果。因此，各地应整合多部门和多专业领域的资源，建立横向和纵向的资源共享与协同响应机制，努力构建完善的跨区域、跨部门宣传联动和信息交流机制，研究建立统一的意识形态工作指挥协调中心，把应对网络环境下教育领域突发舆情的工作提升到新的战略高度。

（四）线上线下共振

面对教育领域突发舆情，需注意线上线下同步应对，形成全流程闭环管理。把握"实情决定舆情，线下决定线上"的工作特点，以线上线下一体化合成作战机制为支撑，建立健全"预警—指令—处置—反馈—评估"工作闭环，细化工作流程，明晰任务职责，完善运作机制，强化全程指导，实现及时防范化解和有效引导教育领域突发舆情，防止重大负面舆情事件发生。坚持效果导向，区分舆情不同特征，讲究方式方法，注意分寸尺度，确保舆情能在短时间内得到控制，降低衍生风险，确保达到最佳治理效果。

复习思考题

一、名词解释

1. 网络动员

2. "舆论搭车"现象

3. 公益活动中的"道德绑架"现象

4. 隐喻式表达

二、简答题

1. 自然灾害事件的网络动员机制与舆论演变特征是什么？针对此类危机该如何应对？

2. 社会安全事件有什么特点？如何做好该类事件的危机管理和应对？

3. 公益事件危机频发的原因是什么？应对此类危机有何策略？

三、论述题

1. 借助案例解释说明重大突发事件的危机管理。

2. 教育事件的危机应对有哪些困难？相关主体应如何做好教育事件的危机应对？

后　记

　　笔者从事舆情与国家治理研究已近 10 年，见证了中国舆论生态的发展与演变。当前青年已成为网络的主力军。然而，在具体的舆情事件中，青年群体容易受到极端言论的蛊惑和煽动。在新形势下提升青年群体，尤其是大学生群体的舆情素养，以及增强他们应对舆情的能力，是本教材编写的主要目的。

　　有关危机传播与社会治理的研究不是简单一本教材可言透的。随着技术的飞速发展，舆论生态的复杂性与日俱增，许多新问题、新现象、新技术都需要深入分析，需要业界和学界的不断探索，以发现其背后的本质与规律。尽管笔者也想就危机传播与社会治理展开全方位的研究，然而限于学识和能力，本教材终究只是有关危机传播与社会治理某些领域的介绍。

　　在本教材的撰写过程中，笔者的同事马路遥、张哲恺老师提供了宝贵的修改意见，笔者所在研究院的团队成员都为此书的写作贡献了力量。在此，谨对他们付出的智慧和辛苦表示真诚的感谢。

　　常言道，"板凳坐得十年冷，文章不写半句空"，然而这句话要在实践中做到却十分不易。本教材仍有诸多不完善之处，使笔者惴惴不安，希望在以后的学术研究中自我鞭策，追求尽善尽美，不负读者。

李　龙

2025 年 3 月